W0189491

Barbara Guwak | Matthias Strolz

Die vierte Kränkung

Barbara Guwak | Matthias Strolz

Die VIERTE KRÄNKUNG

Wie wir uns in einer chaotischen Welt zurechtfinden

Bildrechte Grafiken: promitto gmbh, Wien

ISBN Print: 978–3–902729–98–9
ISBN E-Book: 9978–3–902729–99–6

© 2012 Goldegg Verlag GmbH
Friedrichstrasse 191 • D-10117 Berlin
Telefon: +49 800 505 43 76-0

Goldegg Verlag GmbH, Österreich
Mommsengasse 4/2 • A-1040 Wien
Telefon: +43 1 505 43 76-0

E-Mail: office@goldegg-verlag.com
www.goldegg-verlag.com

Layout, Satz und Herstellung: Goldegg Verlag GmbH, Wien
Druck und Bindung: Theiss GmbH

Allen, die – bewusst – in den Fluss des Lebens steigen.

Inhaltsverzeichnis

Vorwort 11
Prolog Barbara: Wie ich auf unser Buch schaue 14
Prolog Matthias: Wie ich auf unser Buch schaue 16

I. Was ist da los?

1. Die vierte Kränkung der Menschheit 19
   Reif für die nächste Beleidigung? 20
   Die Aufklärung als Licht- und Schattenspiel 21
   Mit Geist gegen Geister und Götter 23
   Willkommen im Größenwahn 25
   Ohnmacht greift um sich 27
   Politiker, Experten und Optimierer 30
   Speed wins, speed kills 32
   Irren tut weh 34
   Die Welt ist keine triviale Wurstmaschine 36
   Europa gefühlte 30 Mal am Abgrund 38
2. VUKA: Verrückte Welt als Normalzustand 39
   Volatil 40
   Unsicher 41
   Komplex 42
   Ambivalent 45
   Das US-Militär stellt auf VUKA um 48
3. Lost in options 49
   Von der Eindeutigkeit in die Unüberschaubarkeit 50
   20 Jahre Ehe und jenseits der Kontrolle 51
   Viele Optionen führen zu später Mutterschaft 52
   Im Fallen fliegen lernen 54
4. Flüchten: Die destruktiven Sackgassen 55
   Von Ignoranz über Zynismus bis zum Burn-out 56
   Ich will's gar nicht wissen, nicht so genau 57
   Was willst du, Würstl? 59
   Wozu Gefühle, wenn ich mir selbst genug bin? 60
   Über zynische Organisationen 62

Raffen, Gieren, Konsumieren 64
Ich bin noch nicht tot, aber gehe nicht weiter 66
Die vielen Gesichter des Stillstands 68
Ausgebrannt. Vorhang zu. 71
Eine lebenslange Herausforderung 73

II. VUKA-Mastering: Gut durchs Chaos steuern

5. Eine andere Sicht der Welt 79
   Anerkennen was ist – und der Geist öffnet sich 79
   Das ganze Feld wahrnehmen 81
   Die Welt ist, wie wir sie konstruieren 84
   Erleben ist mehr als Dabeisein 87
   Testen hilft 89
   Wirklichkeitsräume sichtbar machen 91
   In den Schuhen der anderen gehen 92
   Von Modellen geleitet 94
   Das Große im Kleinen – das Kleine im Großen 96
   Wer sind unsere Verbündeten? 98
   Homo sapiens emotionalis 99
   Weniger „Weg von", mehr „Hin zu" 101
   Hinein in die Emotionalität 103
   Eine Fülle von Perspektiven als Ressource 104
6. Eine neue Haltung zur Veränderung 105
   Baden im Fluss des Lebens 106
   Wie Franz es in der Schule anlegt 107
   An Regeln halten und diese brechen 109
   Muster und Musterbruch 111
   Loslassen und Entstehen 113
   Lebendigkeit als Motor und Ziel 114
7. Im Sturm bewähren 115
   Die Grenzen der Optimierung erkennen 116
   Entfaltung als Leitidee 118
   Harry Potter zieht aus 119
   Der göttliche Funke wächst über die Zeit 121
   Sich der Herausforderung und der Angst hingeben .. 124

    Kein gerader Weg – eine Spirale, eine Odyssee 126
    An etwas glauben – die handlungsleitende Vision 128
    Die Mission, die mein Handeln lenkt 131
    Wenn Manager zeichnen 132
    Von der Lust, Opfer zu sein 134

8. Die Segel anders setzen 136
    Think global – act local 136
    Von möglich zu wirklich – Improvisieren 139
    Nicht alles auf einmal – Inseln bauen 141
    Sich an VUKA erfreuen – Reframing 143
    Spannung als Energiequelle nutzen 145
    Den Regelbruch als Wert begreifen 147
    Leadership – Das Richtige tun! 151
    Sich von großen Ideen leiten lassen 154
    Das Glück trainieren 156
    Ein Blick auf den Segelschein 158

9. Eine andere Idee von Entscheiden 159
    Nach der Entscheidung wird's interessant 160
    Das Gegenteil von Zwang ist Entscheidung 161
    Zwei Gesichter oder gar mehr? 162
    Europa – es geht um alles? Oder was? 164
    Mit dem Tetralemma zu neuen Lösungen 166
    Der Wunsch zu handeln 168

10. Zutaten für gelungene (Selbst-)Führung 171
    Der Fuhrmann – erfolgreich steuern 171
    Identität 173
    Beziehungsfähigkeit 175
    Signalresonanz 176
    Ambiguitätstoleranz 178
    Resilienz 181
    „Wer bin ich?" als Dreh- und Angelpunkt 184
    Selbst- und Fremdbild vergleichen 186

11. Exkurs: Führen in Organisationen 186
    Führen in Lernenden Organisationen 187
    Führungskraft in einer konstruierten Welt 188

III. Von der Kränkung zur Lebendigkeit

Leben wir in einer Scheitelzeit? 191

Drei Herzensthemen 194

Das Wesen der Kränkung 194

12. Freiheit und Verantwortung 196

Freiheit leben – Von den Griechen lernen 196

Freiheit durch Bindung 198

Freiheit als Prozess des Ganzwerdens 201

Die Freiheit wohnt in meiner Brust 202

Verantwortung heißt antworten 204

Suche nicht, finde! 206

Kann man Freiheit bewahren? 208

13. Geborgen in der (Un-)Endlichkeit 211

Vom Wert des Glaubens 212

Wir sind nur Gast auf Erden 216

Dem Sterben seine Würde geben 217

Der Tod als Teil des Lebens 220

Habe ich mein Lied gesungen? 223

Ein „Innerer Ort" leitet unser Tun 225

Die Einkehr unaufgeregter Spiritualität 227

14. Ein neuer Menschheitsbegriff: Verbundensein 229

Zeitalter der Kooperation 230

Vom Individualismus zur Hingabe 231

Aus der Loslösung in die Bindung 233

Liebe, die Essenz des Lebens 234

Wettbewerb und Kooperation 237

Eine „Ideologie" des Verbundenseins 239

Nachwort 241

Literatur 242

Vorwort

Unsere Welt ist VUKA – volatil, unsicher, komplex und ambivalent. Dieses Buch richtet sich an Menschen, die an der Dynamik dieser VUKA-Welt interessiert sind. An Menschen, die sich davon berühren lassen, was da läuft um uns herum, in uns und mit uns. Wir wollen unseren Leserinnen und Leser verschiedene Perspektiven anbieten, wie man das Geschehen der Welt und des Alltags betrachten kann. Wir wollen Haltungen, konkrete Ansätze und Techniken vorstellen, die dabei helfen, in diesen bewegten Zeiten nicht unterzugehen. Wir wollen ermutigen und unterstützen, immer wieder gut ins Tun zu kommen. Wir möchten inspirieren.

Mit diesem Buch führen wir den VUKA-Ansatz im deutschen Sprachgebrauch ein. Ursprünglich vom amerikanischen Militär geprägt, wurde VUKA als hilfreiches Mindset von der zivilen Leadership-Debatte aufgenommen. Wir haben das Konzept durch eigene Forschungsarbeiten vertieft und liefern konkrete Ansatzpunkte für alle, die „Führen und Steuern" für relevante Disziplinen halten. Das Buch soll ein reicher Fundus sein für Leute, die sich aktiv selbst führen wollen oder in Teams, Unternehmen oder in gesellschaftlichen Sphären Verantwortung tragen.

Unsere Ausführungen gliedern sich in drei große Kapitel. In „Was ist da los?" beginnen wir mit einer Analyse. Wir beschreiben die vierte Kränkung und das VUKA-Phänomen und zeigen, welche destruktiven Reaktionen Letzteres bei Menschen und Organisationen auslösen kann. Das zweite Großkapitel widmet sich der Fragestellung, wie wir gut durch das Chaos steuern können. VUKA-Mastering statt Burn-out. Wir präsentieren Haltungen, Ansätze und Techniken, die uns entscheidungs- und handlungsfähig machen und halten. Konkretes Rüstzeug für all jene, die sich in der VUKA-Welt bewähren wollen.

Abschließend vertiefen wir drei unserer Herzensthemen, von denen wir überzeugt sind, dass sie in unseren westlichen Gesellschaften zukünftig eine gewichtigere Rolle spielen werden als dies aktuell der Fall ist.

Wir laden unsere Leserinnen und Leser ein, mit uns nachzuspüren, welches Wachstum wir nähren sollten. Wir sind davon überzeugt, dass wir uns als Menschen in unserem Kulturkreis zukünftig stärker als emotionale und spirituelle Wesen begreifen und dadurch einen anderen Umgang mit den Herausforderungen unserer Zeit finden werden. Wir werden in eine größere Verbundenheit mit uns und unseren Umwelten kommen. Wir werden in ein integraleres Verständnis dessen finden, was uns und die Welt bewegt.

Dieses Buch versucht Widersprüche aufzuzeigen. So hat uns das individuelle und gemeinsame Schreiben auch selbst immer wieder ambivalent berührt. Wie können wir zu einer Einheit kommen, wenn wir doch zwei eigenständige, freiheitsliebende Menschen sind? Beide mit unterschiedlichen Lebensgeschichten, mit unterschiedlichen Zukunftsplänen, mit unterschiedlichen Motivationen. Wir machen als Personen einen Spannungsbogen auf, dem die VUKA-Welt Pate steht – es ist nicht immer alles eindeutig, und das ist okay so. Wir bieten Perspektiven an und wechseln munter zwischen dem Ich und Wir hin und her, zwischen Privatleben und beruflichen Sphären, zwischen wissenschaftlicher Erkenntnis und eigenwilliger Bewertung. Unsere Probeleserinnen und Probeleser haben uns mitgeteilt, dass dies mitunter zwickt. Gut so. So ist sie, die VUKA-Welt. Sie ist nicht „entweder-oder".

Wir haben uns folglich auch für ein gemeinsames Vorwort entschieden *und* für zwei eigenständige Perspektiven in Form von Prologen. Wir sind beide durch unseren Werdegang, durch Ausbildungen und berufliche Tätigkeiten in einer systemischen Weltanschauung gut verankert. Wir sind

beide unterwegs. Die eine kommt aus dem Wiener Platten-
bau, der andere von einem Vorarlberger Bergbauernhof; der
eine von der Wirtschaftswissenschaft, die andere von der
Psychologie; die eine ist Frau, der andere ist Mann. Diese
Spannungsbögen vertragen sich schwer mit engen Wahrheiten. Sie sind eine Einladung, die Welt mit aller Lebendigkeit
zu begreifen und im Fluss des Seins und Tuns Zuversicht,
Gelassenheit und Dankbarkeit zu gewinnen.

Wien, September 2012

Barbara Guwak & Matthias Strolz

Prolog Barbara:
Wie ich auf unser Buch schaue …

Als ich im Herbst 2008 meine Facilitator-Ausbildung begann, begegnete ich Christian von Oppen als Lehrer. Alte, männliche Lehrer, die mich von Beginn an in meiner Lebendigkeit bremsen wollten, kannte ich zur Genüge. So versuchte ich, ihm mit meiner erprobten Gleichgültigkeit zu begegnen. Die er mir zugestand, aber nicht erwiderte.

Im zweiten Modul der Ausbildung, die ich heute als die beste Lernumgebung für die VUKA-Welt begreife, demonstrierte er uns einen prototypischen Veränderungsprozess mit sich selbst als Beispiel: ein Mensch, der weiß, dass er sterben muss. Nicht irgendwann, wie wir alle, die im Raum saßen. Sondern aufgrund seiner Krankheit viel eher, als er es sich erdacht und gewünscht hatte. Diesen Weg musste er gehen, und er hatte Ideen dazu und eine unglaubliche Bereitschaft.

Ich weiß noch, in welche Fassungslosigkeit mich und auch alle anderen Mitglieder der Ausbildungsgruppe diese Eröffnung katapultierte. Ich hatte diesen Menschen gerade erst kennengelernt und wusste, dass er bald nicht mehr sein würde. Es gab keinen logischen Grund und auch keine Verpflichtung, sich auf eine tiefgehende Begegnung einzulassen. Und sie passierte trotzdem. In einer ganz besonderen Weise. Ich begann Texte zu schreiben, in denen ich meinen Blick auf die Welt beschrieb. Ein Blick, der sich durch die Begegnungen in der Ausbildung und vor allem mit ihm verändert hat und Klarheit erfuhr. Christian reagierte nicht als weiser Lehrer, den er nie zu geben versuchte, sondern mit Begeisterung. Meine Texte haben ihn bis zum Moment seines Todes begleitet. Eine Freundin erzählte mir, dass sie in unmittelbarer Nähe seines Sterbebettes lagen.

Christian hat mich darin bestärkt, meine Fähigkeit, Veränderungen wahrzunehmen, zur Verfügung zu stellen. Wie schon Nelson Mandela so klar formulierte, fürchten wir uns mehr vor unserer Größe als vor unseren Schwächen. So löste auch diese Bestärkung durch einen echten Lehrer viel Angst in mir aus. In unserem letzten Gespräch vor seinem Tod im September 2009 erzählte ich ihm von meiner Angst, diese Fähigkeit zur Wahrnehmung und präzisen Formulierung vielleicht gar nicht in ausreichendem Maße zu besitzen. Und auch von der Angst, meinen Fähigkeiten nie gerecht zu werden. Ich habe mir weise Worte für die Ewigkeit erhofft, die mir Kraft geben sollten, den Weg weiterzugehen, wenn er nicht mehr sein wird. War es doch zu diesem Zeitpunkt sonnenklar, dass seine Tage gezählt sind. Doch er hat nur herzlich gelacht und seine spitzbübischen Augen haben dabei gegrinst. „Das wird schon." Das war alles, was er sagte. Und er hatte Recht. Es ist geworden und es wird.

Wien, September 2012

Barbara Guwak

15

Prolog Matthias:
Wie ich auf unser Buch schaue ...

Ich erlebe Schreiben wie eine Art Schwangerschaft. Etwas wächst in einem, eine Form der Lebendigkeit erwacht. Es zwickt, es pulsiert, es spannt. Und wenn alles gut geht, dann folgt die Geburt. Man ist nachher ein anderer als vorher. Das Kind ist da; und es geht seinen Weg.

Im Frühjahr 2011 erwachte in mir der Wunsch, ein Buch über „Wege zu mir selbst" zu schreiben. Unser Leben ist, im Idealfall, eine Reise zu uns selbst. Eine Annäherung an unseren innersten Wesenskern. Im Zuge meiner Recherchen stieß ich auf das Selbsterfahrungsformat „Vision Quest" – ein indianisches Ritual, das Menschen fünf Tage in die Natur schickt. Sie erhalten dort ihr „Lied des Lebens". Rasch war mir klar, dass ich darüber nicht nur schreiben sollte, sondern dass ich diese Erfahrung selbst machen wollte. Ich begab mich fünf Tage und vier Nächte alleine in den Wienerwald, fastend und nur die Baumwipfel und das Himmelszelt über mir. Am Morgen des letzten Tages saß ich auf einem Felsen in der Sonne, mit Blick auf den Wald und die Stadt. Das Lied war da. „Du bist ein Gärtner des Lebens. (...) Kultiviere Formen und Felder sämtlicher Art. Nutze deine Talente. (...) Suche nicht, finde. Alles kommt zu Dir. Sei aufmerksam, sei wachsam. Entscheide." Ich war ergriffen.

Und so kam in den Folgewochen auf mich zu, dass Barbaras Buchpläne und meine eigenen sich verdichteten. Jeder hatte ein eigenes Projekt im Kopf. Und wir entschieden uns schließlich, dass wir gemeinsam ein Buch schreiben sollten. Wir wollten gemeinsam in Form bringen, was uns bewegt. Beide einer existenziellen Neugierde und dem Kultivieren sozialer Felder verpflichtet.

Ich lasse derzeit los – und packe kräftig zu. Meine Rolle als Mitinitiator einer politischen Bewegung nimmt meine

Ressourcen zunehmend in Besitz. Ich werde in unserem Unternehmen, das ich zwölf Jahre lang mitaufgebaut habe, nicht mehr diese Rolle spielen, die ich bisher innehatte. Das was ist, vergeht. Das Neue bahnt sich den Weg. Multiple Schwangerschaften. Mehrere Kinder. Ich schätze mich glücklich. Das Buch passt wundersam in diesen Abschied hinein – ich werde da sein, auch wenn ich weg bin, um andere Felder zu bestellen.

Wien, September 2012

Matthias Strolz

I. Was ist da los?

1. Die vierte Kränkung der Menschheit

Es war wie eine große Ohrfeige für die Menschheit. Sigmund Freud (1856–1939) behauptete, wir seien „nicht Herr im eigenen Haus". Etwas Unbewusstes regiere uns mit, das sich unserer Kontrolle entziehe und unser Denken, Tun und Handeln triebhaft lenke. Die Anfeindungen waren groß, als der Arzt, Neurologe und Begründer der Psychoanalyse im Wien der Jahrhundertwende seine Erkenntnisse über die Beschaffenheit der menschlichen Psyche präsentierte. Die Kritik vieler Fachkollegen entlud sich ebenso breitflächig wie die öffentliche Empörung. 1917 stellte Freud seine Entdeckung der Macht des Unbewussten in einen geschichtlichen Kontext: Er sprach von der „dritten Beleidigung des menschlichen Narzissmus". Wie jene von Nikolaus Kopernikus und Charles Darwin sei seine Theorie eine „Kränkung der Menschheit".

So sollte es dem Abendland also ergehen: In unregelmäßigen Abständen über die Jahrhunderte treten geschichtliche Ereignisse ein, die den Stolz und das Selbstwertgefühl der Menschheit tief verletzen. Mit Nikolaus Kopernikus (1473–1543) mussten wir erkennen, dass sich die Erde um die Sonne dreht. Wir seien nicht Mittelpunkt des Universums, unser Planet sollte einer unter unzähligen sein, und es drehte sich nicht alles um uns. Der Mensch rückte in eine beklemmend unbedeutende Position. Das war schwer zu akzeptieren.

Kopernikus Werk wurde bis 1835 im „Verzeichnis der verbotenen Bücher" gelistet. Dieser „Index Romanus" der römisch-katholischen Inquisition zählte jene Bücher auf, deren Lektüre für jeden Katholiken als schwere Sünde galt. Charles Darwin (1809–1882) wollte belegt haben, dass der Mensch aus der Tierreihe hervorgegangen sei. Dabei hatte Gott den Menschen doch nach seinem Ebenbild erschaffen. Gerade noch waren wir die Krone der Schöpfung – und nun „ein besserer Affe"? Die Empörung darüber ist bis heute nicht abgeklungen.

Reif für die nächste Beleidigung?

Schon mehrfach also mussten wir die abendländische Vorstellung des Menschen ganz grundsätzlich umkrempeln. Und nun wären wir mal wieder so weit. Die Zeit ist reif für die nächste Enttäuschung. Unser Dasein lehrt uns wieder eine Lektion. Und auch diesmal tut es weh. Auch diesmal ist es ein Hieb auf unseren menschlichen Narzissmus.

Narziss ist jener Schönling in der griechischen Mythologie, der sich an einer Quelle in sein eigenes Spiegelbild verliebt. Es existieren verschiedene Versionen davon, was dabei passiert. In der bekanntesten Fassung von Ovid gerät Narziss in eine Art Wahn: Er verliebt sich in sein Spiegelbild, das er im Wasser sieht und versucht verzweifelt, es zu greifen und festzuhalten. Am Ende stirbt der schöne Jüngling – er konnte nicht loslassen.

Auch wir Menschen sind auf ein Bild von uns selbst fixiert, das wir – oft durchwachsen, aber doch – lieben und an dem wir festhalten wollen. Wir stehen als westliche Gesellschaft derzeit vor der historischen Aufgabe, unser aktuelles Bild loszulassen. Das ja nur eine vereinfachende Täuschung ist. Eine lieb gewonnene Reduktion der Welt, die aber den Herausforderungen, die das Leben an uns stellt, nicht mehr gerecht wird. Wie ein Foto von unserem Haus, auf dem leider nur der erste Stock zu sehen ist. Das Foto zeigt nichts Falsches, aber auch keinen brauchbaren Ausschnitt, um beispielsweise einen Dachausbau zu diskutieren.

Die Art, wie wir vorrangig die Welt betrachten, die Bilder, die wir uns von unserem Miteinander und von uns selbst machen, zerfallen, wenn wir Entscheidungen treffen wollen und Handlungen setzen. Wir verlieren unsere Ordnung. Unsere Sicherheit, wie die Dinge zueinander stehen.

Welche Erkenntnis hat die gleiche Sprengkraft wie die Theorien von Kopernikus, Darwin und Freud? Was kommt nun nach der Offenbarung, dass wir nicht der Mittelpunkt des Weltalls sind, dass wir zu den „Schimpansenartigen" gehören und dass uns über weite Strecken das Unbewusste steuert?

Es ist die wachsende Erfahrung: Die von uns geschaffene Welt ist volatil, unsicher, komplex und ambivalent. Sie ist VUKA. Sie lässt sich nicht beherrschen! Wir können die Welt nicht planen und steuern, wie wir uns das bisher vorgestellt haben. Im stringenten Verfolgen von festgelegten Zielen, mit immer mehr Kontrolle und immer weniger Abweichungen, liegen nicht die Antworten, die wir so dringend suchen.

Die Aufklärung als Licht- und Schattenspiel

Trotz Wissensexplosion, rasanter Beschleunigung des technologischen Fortschritts und einem Wettbewerb in Wissenschaft und Forschung, wie ihn die Menschheit bisher nicht gekannt hat, rückt der Zeitpunkt, zu dem wir alles wissen, was wir brauchen, um die Dinge vorhersagen, planen und kontrollieren zu können, in immer weitere Ferne. Dabei wähnten wir ihn so nahe. Umso mehr Wissen wir anhäufen, desto gewisser wird, dass wir ihn wahrscheinlich nie erreichen können: Weil es diesen Punkt in seiner alles erleuchtenden Pracht nicht gibt, auch nicht als Zeitpunkt. Es passiert das, was der britische Schriftsteller Douglas Noël Adams (1952–2001) in seinem prophetischen Science-Fiction-Roman „Per Anhalter durch die Galaxis" schon vorweggenommen hat. Die Antwort auf „die Frage nach dem Leben, dem Universum und dem ganzen Rest" wurde nach sieben Millionen Jahren Rechenzeit von einem Computer errechnet und lautet: 42. Nun ja, nicht ganz das, was man sich erwartet hat, und selbst wenn es die Antwort auf alle Fragen ist, dann ist es eine wohl wenig handlungsanleitende Erkenntnis. Unsere Computer rechnen noch, doch wir ahnen, dass ihre Antwort von 42 nicht so weit entfernt sein wird.

Wenngleich dieser Gedanke aus einem lesenswerten Science-Fiction-Roman auch absurd erscheint, so ist er nur die konsequente Verfolgung eines Entwicklungsstrangs der Menschheit, der sehr frühe Wurzeln hat. Wir sind durch unsere abendländische Ideengeschichte und Tradition besessen von der Idee, dass es zu jedem Problem diese *eine* richtige Lösung gibt, die die Dinge vollendet. Und wir sind davon überzeugt, dass unser Streben der Suche dieser – alle Widersprüche enträtselnden – Lösung gelten soll. Gesucht ist die Weltformel, her muss das Patentrezept, punktgenau die goldene Mitte getroffen – und alles wird richtig. Dann haben wir die Dinge „im Griff, unter Kontrolle". Die Widersprüchlichkeit und Spannung, die uns so zusetzen, die so unerträglich erscheinen, lösen sich im Nichts auf. Mit dieser Idee geht eine Ästhetik einher, der man sich kaum entziehen kann.

Auch wenn es gegenwärtig nicht so schöngeistig zugeht, der Glaube an die *eine* Lösung ist ungebrochen, diese anzustreben, ist unsere höchste Aufgabe. Wenn sich diese eine Lösung nicht sofort zeigt, sie nicht den erhofften Spannungsabbau mit sich bringt, sie der Schönheit und Wahrheit entbehrt, dann müssen wir die Anstrengungen erhöhen. Frei nach Goethes Faust: „Wer immer strebend sich bemüht, den wollen wir erlösen." Immer weiter, immer weiter im selben Kreis der Erkenntnis entlang der Frage „Was können wir wissen?".

Mit Geist gegen Geister und Götter

Seine enormen Schwierigkeiten bei einem Spitalsprojekt in Afrika schildert uns ein befreundeter Arzt in etwa so: Wir kommen da mit unseren Vorstellungen von vernünftigem Management und Gerechtigkeit in eine Welt, die vom Glauben an mächtige, strafende Geister beherrscht ist. Alle meine Richtlinien sind nichts gegen die Angst vor dem Fluch der wütenden toten Großmutter, die einen Spitalsmitarbeiter überkommt, wenn er nicht das Mitglied seiner Sippe beim Betreten des Spitals offensichtlich bevorzugt behandelt. Und da alle irgendwie dazugehören und irgendwelche Ahnen, denen es recht zu machen ist, im Hintergrund haben, ist es unmöglich, irgendwelche – nach abendländischer Vorstellung – allgemeingültigen Abläufe festzulegen.

Die Aufklärung hat für die abendländische Kultur die Fenster weit geöffnet und die Repression der Geister und Götter ruchbar gemacht. Immanuel Kant (1724–1804) definierte bereits im Jahr 1784: „Aufklärung ist der Ausgang des Menschen aus seiner selbst verschuldeten Unmündigkeit." Das Bestreben, durch den Erwerb neuen Wissens Unklarheiten zu beseitigen, Fragen zu beantworten und Irrtümer zu beheben, währt nun schon lange. Die Durchsetzung des

Wunsches, die menschlichen Angelegenheiten von der Vernunft leiten zu lassen anstatt durch Religion oder Aberglauben, war kein Selbstläufer. Die Fesseln der Tradition und der willkürlichen Autorität waren zahlreich und zäh. Liest und hört man Schilderungen aus den 20er- und 30er-Jahren des letzten Jahrhunderts, dann spürt man 150 Jahre nach Kant immer noch diese beklemmende Enge, dieses Korsett aus Religion und Herrschaft, das sich den Menschen als höhere Ordnung verkaufte. Es schuf für viele Menschen alles andere als lebensfreundliche Bedingungen.

Kurt Steyrer (1920–2007), ehemaliger österreichischer Gesundheitsminister und sozialdemokratischer Präsidentschaftskandidat, erzählte bei einer Podiumsdiskussion über sein Aufwachsen als lediges Kind einer Arbeiterin. Er berichtete, dass ihm der ortsansässige Pfarrer bei jeder Begegnung eine schallende Ohrfeige gab, um ihm Gottesfurcht beizubringen, die er ob seiner misslichen Zeugungsumstände aus Sicht des Pfarrers nicht haben konnte. Dass der Priester als örtliche Autorität damit allen regelkonform Gezeugten das Freilos zum Zuschlagen gab, sei nur nebenbei erwähnt.

Wenn man sich das vor Augen führt, kann man erst nachvollziehen, welch große Idee es ist und war, die Macht der Religion durch die Vernunft und das „Glauben müssen" mit dem „Wissen können" zu ersetzen. Die Ideen der Aufklärung waren und sind die Basis für den Kampf gegen eine höhere Ordnung, deren Ziel es allzu oft war und ist, die Vielen durch Wenige zu beherrschen; das was ist, bis in alle Ewigkeit fortzusetzen. Wenn uns die Vernunft leitet, können wir einfach ganz anderes tun, als wenn uns die Angst und Repression mystischer Verbindungen im Nacken sitzt.

Allerdings steckt in dieser Befreiung von strafenden, höheren Ordnungen schon der Samen einer neuen Unfreiheit, wie Max Horkheimer (1895–1973) und Theodor W. Adorno (1903–1969) in ihrem Werk „Dialektik der Aufklärung" diskutierten: Der Mensch wird als „Herr" einer von Aberglauben entzauberten Welt installiert und strebt der Optimierung dieser Welt zu. So wird die Aufklärung mit ihrer Hinwendung zu Vernunft, Toleranz, Emanzipation und Naturwissenschaften als Quelle der Erkenntnis selbst zum unverrückbaren Mythos. Und findet Anschluss an alte Mythen. Sie wird zur Verheißungslehre, die sich selbst auf ein Podest stellt.

„Macht euch die Erde untertan", heißt es doch im Buch Genesis in der Bibel. Wir haben's getan, hoffentlich nicht vollendet. Die Wissenschaften mit ihren (naturwissenschaftlich) ausgerichteten Erkenntnistheorien bescheren uns eine immer schneller werdende Wissensexplosion, und technologische Revolutionen erweitern unaufhaltsam unseren Handlungsradius. Unsere Definitionsmacht als Menschen war noch nie so umfassend. Noch nie konnten – und mussten – wir so viel entscheiden wie heute. Da darf man schon größenwahnsinnig werden.

„Das letzte Geheimnis des Menschen" titelte das Magazin „Focus" in seiner Nr. 14 im Jahr 2000. Die Aufregung war groß, als das Human Genome Project nach einem Jahrzehnt Forschungsarbeit die vollständige Sequenzierung des menschlichen Genoms ankündigte. Die mediale Inszenierung lautete: „die Entschlüsselung". Bald sollten wir alles im Griff haben – selbst den Schlüssel zum Leben. Der Mensch aus dem Reagenzglas schien zum Greifen nahe. Die Jahrtausendwende brachte so etwas wie die Kulmination der positivistischen Wissenschafts-, Technik- und Machbarkeitsgläubigkeit. Und was jetzt, nur gute zehn Jahre später?

Gibt es irgendein ernstzunehmendes, führendes Magazin, das heute von den „letzten Geheimnissen" des Menschen oder der Menschheit spricht? Haben wir den Eindruck, dass diese Gefühlslage des „Wir regieren (bald) die Welt" von vor zwölf Jahren unserer aktuellen entspricht? Haben wir die Vermutung, dass wir alles im Griff haben? Mitnichten. „Wir können mehr und mehr, aber die Lücke zwischen dem verfügbaren und dem erforderlichen Können wird größer und größer", analysiert Günther Ortmann, emeritierter Professor für Betriebswirtschaft an der Helmut-Schmidt-Universität in Hamburg, treffsicher.

Die Explosion der Möglichkeiten zog uns magisch an, völlig außer Acht lassend, dass ein Mehr an Möglichkeiten immer einen Mangel an Notwendigkeit und damit ein Mehr an Entscheidungen mit sich bringt. Wer diese Entscheidungen wohl alle treffen wollte? Vielen Menschen beschert der Einkauf in einem kleinen griechischen Laden oder einem italienischen Minigeschäft im Urlaub eine ambivalente Freude: nur zwei Sorten Zahnpasta und nur drei Sorten Brot. Vielleicht passt uns zwar die Auswahl nicht, aber ein gewisser Grad an Freiheit schwingt allemal mit. Weniger ist mehr. Wer kennt nicht das Gefühl, dezent gereizt vor den Regalen einer XXL-Drogerieabteilung zu stehen, staunend über die 40 Sorten Hautcreme, um anschließend dann doch wieder zur traditionellen Wahl zu greifen. Es gilt, ob all der Möglichkeiten nicht in eine Handlungsstarre zu verfallen und leise Anflüge von Überforderung durch die Kaufentscheidung zu bannen. Man will sich ja im Meer der Möglichkeiten nicht verlieren.

Die kollektive Emotion, die aktuell wohl am dominantesten ist, lautet Ohnmacht. Sie steht in enger Verbindung mit der Wahrnehmung eines Stillstands.

Im Rahmen eines systemischen Aufstellungsabends in unserem Unternehmen in Wien im März 2012 gingen wir der Frage nach, welche kollektiven Emotionen aktuell unser Sein, Fühlen und Handeln als Gesellschaft dominieren. Wir führten dieses Experiment gemeinsam mit der in Berlin ansässigen School of Facilitating durch. Die Arbeitshypothese war, dass Gefühle unsere Möglichkeiten als Menschen und als Gesellschaft wesentlich bestimmen. Emotionen bilden den Rahmen dafür, was wir denken und tun können. Folglich ist es hilfreich, diese Gefühle bewusst wahrzunehmen, so wir in (gesellschaftlichen) Veränderungsprozessen bewusst intervenieren wollen. Im Kreise der gut 30 Teilnehmer sammelten wir 70 kollektive Emotionen, die in Österreich und der Welt von den anwesenden Personen wahrgenommen wurden. In einem anschließenden Verhandlungsprozess entschieden wir, unter anderem die folgenden kollektiven Emotionen in einer prototypischen, systemischen Aufstellung zu erforschen: *Stillstand, Ohnmacht, Wut, Aufbruch* und *Angst*. Wir wollten wissen, wie sie zueinander stehen und was sie füreinander zu bedeuten haben.

Die prototypische Aufstellung zeigte, dass der *Stillstand* die energetischste und machtvollste Position auf dem Feld war. Er stand entfernt zu allen anderen Positionen und bestimmte das Feld mit seiner Dynamik. Die *Ohnmacht* erlebte sich im Kreis der kollektiven Emotionen als „vorne stehend", mit den anderen Emotionen im Rücken. In ihrer unmittelbaren Nähe stand die *Angst*, aber sie hatten keinen Kontakt miteinander. Im Laufe der Aufstellung wandte sich die Ohnmacht den anderen Emotionen zu. Eine besonders wichtige Rolle spielte für sie dabei die *Wut*. Diese stand zwischen dem Aufbruch und der Ohnmacht, war sozusagen eine Art Verbindung, die es der Ohnmacht erlaubte, in Kontakt mit den anderen Emotionen zu kommen; auch mit dem Aufbruch. Der *Aufbruch* wiederum war gefangen in der am Boden liegenden Ordnung und Struktur in Form von Karten, die zuvor geschrieben wurden. Er war in Kontakt mit dem Vergangenen und nicht mit dem Geschehen im Hier und Jetzt.

Auf Einladung der BürgerInnen-Initiative „Österreich spricht" und wiederum in Kooperation mit der School of Facilitating wiederholten wir dieses Experiment im Juni 2012 mit ebenfalls rund 30 Teilnehmern. Wir wollten wissen: „Was kommt nach dem Stillstand?" Wir folgten der Frage: Was ist an kollektiven Emotionen im Raum, und welche Entwicklungstendenzen zeigen sich? Nach der Sammlung von circa 30 kollektiven Emotionen ging es auch hier in die prototypische Aufstellung jener Positionen, welche die Teilnehmer als zentral wahrnahmen: *Enttäuschung, Ohnmacht, Aufbruchsstimmung, Ärger, Verantwortung, Anspannung, manische Depressivität* und *Verwirrung.* Die *Ohnmacht* zeigte sich hier klar als die machtvollste Position im Raum. Sie war zunächst völlig unbeteiligt und wollte ihre Ruhe. Doch in ihrer Passivität manövrierte sie sich ins Zentrum des Geschehens beziehungsweise des Stillstands. Im Mittelpunkt stand somit auch hier wieder eine Allianz aus Stillstand und Ohnmacht, die den ganzen Rest definierte. Eine Art Lösung entstand durch die *Hoffnung,* die verspätet zusätzlich in die Aufstellung kam. Ihr strebten alle zu. Sie wurde ein zentrales Moment der Aufstellung und stützte die *Verantwortung.*

Wir fühlen uns durch diese zwei Aufstellungen in unserer Hypothese bestärkt, dass die Ohnmacht als kollektive Emotion ein Ausdruck der *vierten Kränkung* ist. Der Kränkung, dass wir die von uns miterschaffene Welt und die von uns kreierten Systeme nicht so beherrschen können, wie wir gehofft und angenommen haben. Wir wissen weder so recht, wie wir unsere gemeinsame Währung organisieren sollen, noch wohin mit all dem radioaktiven Müll, der allerorts auf seine Endlagerung wartet. Wir bezichtigten spanische Salatgurken irrtümlicherweise der Übertragung von EHEC, und wir stehen als Staaten fassungslos vor der Erkenntnis, dass wir über Jahrzehnte stets mehr ausgegeben als eingenommen haben und dies nun Konsequenzen hat. Es fehlen uns die Rezepte für die Erneuerung unserer Demokratien. Die Überzeugung, dass zumindest Finanzminister verstehen, wie unser Finanzsystem funktioniert, hat sich in Luft aufgelöst. Vielmehr beschleicht uns der Gedanke, dass dieses „mangelnde Verständnis" nicht nur für den Finanzbereich gilt, sondern auch für den Bildungs-, Gesundheits-, Sozialbereich … Ja, wahrscheinlich für so ziemlich alle Bereiche.

Uns geht es wie den Tieren bei den Experimenten zur sogenannten „erlernten Hilflosigkeit": Über Jahrzehnte haben wir uns eine Ordnung aufgebaut, haben gedacht, wir wüssten wie unsere Welt funktioniert, wir könnten sie beherrschen. Und irgendwann kommt beim Betätigen des Futterknopfes keine Futterration, sondern ein Stromschlag; und dann funktioniert es wieder; und dann passiert gar nichts; und so weiter und so fort. Völlige Unberechenbarkeit. Was tun all die Katzen, Hunde, Ratten, Tauben und sonstigen Tiere? Sie werden depressiv und apathisch. Laut dem Psychologen Martin E. P. Seligman, auf den diese Erkenntnisse zurückgehen, trifft die *Unberechenbarkeit* besonders hart Menschen, die

- diese auf sich selbst und nicht auf ihre Umwelt zurückführen,
- diese Unberechenbarkeit auf alle Lebensbereiche generalisieren und
- sie als unveränderlich betrachten.

Es entsteht der Eindruck und die Haltung: „Ich bin nicht okay." Ein Zustand, der die individuelle Handlungs- und Entscheidungsfähigkeit im großen Stil beeinträchtigt.

Politiker, Experten und Optimierer

So gesehen ist es eine gesunde Reaktion, auf die Unüberschaubarkeit der Welt beispielsweise mit dem Schimpfen auf Politik und Politiker zu reagieren. Politiker-Bashing als Volkssport Nummer 1 quer durch die westlichen Demokratien. Es regiert das Prinzip „Fremdabwertung zur Selbstaufwertung". Ich bin es also nicht selbst, der an all den Problemen und Unannehmlichkeiten Schuld ist, sondern die Politiker. Das ganze Schlamassel unserer Zeit begründet sich in einer Sphäre, die ich aus meinem persönlichen Aktionsradius ausblenden kann. Und es gibt die Fantasie von Veränderbarkeit, die allerdings außerhalb meines Handlungsspielraumes liegt. „Ach, hätten wir nur andere Leute vorne dran!"

Freilich, den Politikern trauen wir schon länger nicht mehr. In meinem Buch „Warum wir Politikern nicht trauen und was sie tun müss(t)en, damit sich das ändert" habe ich dieses Phänomen ausführlich beschrieben. Eine fast schon unüberschaubare Anzahl an Studien belegt den Verfall des Vertrauens in unsere politischen Eliten. Edelmann, das weltweit größte unabhängige PR-Netzwerk, erhebt seit zwölf Jahren einen sogenannten „Trust Barometer". Dabei wird weltweit das Vertrauen in die Regierungen erhoben. Die Zahlen für 2012 zeigen den höchsten Abfall seit Beginn der Erhebungen. Während noch im Jahr 2011 im weltweiten Schnitt 52 Prozent der Befragten ihrer Regierung vertrauten, fiel diese Zustimmung ein Jahr später auf 43 Prozent.

Natürlich hat das auch mit der weltweiten Finanzkrise und den damit verbundenen politischen Zuspitzungen zu tun. Aber diese Ereignisse sind ja wiederum geradezu exemplarische Symptome für unseren VUKA-Befund. Alles volatil, alles im Fluss. Und wir haben es nicht im Griff.

Sehen wir mal von Politikern ab, so waren wir zumindest überzeugt, dass es für alles Experten gibt, die das verfügbare Wissen um sich scharen und erweitern. Und die aufgrund dieses Wissens an den Steuerknüppeln zumindest die richtigen Kommandos geben oder solche empfehlen können. Wir waren doch gerade noch davon überzeugt, dass es Regeln gibt, nach denen die Welt funktioniert und wir kurz davor sind, diese wissenschaftlich objektiviert auch allesamt benennen zu können. Und würden wir schließlich alle Regeln herausgefunden haben, dann würden wir alles steuern können.

Hm, doch auch damit scheint es irgendwie vorbei. Schon immer galt das geflügelte Wort: „Drei Experten, drei Meinungen." Doch noch nie wurde uns dies so schmerzlich bewusst wie in diesen Tagen und Monaten, in denen wir um die Rettung unserer Währung ringen. Der deutsche Bundestagspräsident Norbert Lammert meinte im Sommer 2012: „Von allen denkbaren Verfahren in der Bewältigung dieser Krise (…) ist das am wenigsten taugliche die Umsetzung von Expertenempfehlungen gewesen." Das ist starker Tobak. Doch sein Ärger über die allgemeine Verwirrung der oder durch die Experten war zu verstehen. Einem recht emotionalen Aufruf „gegen die Sozialisierung der Schulden" hatten sich um den Ökonomen Walter Krämer (Universität Dortmund) in wenigen Tagen über 200 Fachkollegen in ganz Deutschland und darüber hinaus angeschlossen. Sofort formierte sich eine Contra-Position durch eine kleine Gruppe von Ökonomen. Doch damit nicht genug. Initiiert von den Professoren Frank Heinemann (TU Berlin) und Gerhard

Illing (Universität München) folgte innerhalb weniger Tage ein weiterer Gegenaufruf, den ebenfalls mehr als 200 Ökonomen unterzeichneten. Was also nun tun?

Unser Alltagsmodus ist jedenfalls empfindlich gestört. Denn unser westliches Credo war und ist „Predict, Control & Profit". Wir wollen die Geschehnisse in sämtlichen Lebenssphären vorhersagen, planen und kontrollieren. Von den möglichen Erbkrankheiten unserer Föten, über das Wetter bis hin zu den Börsenkursen. Optimierung ist die Antwort, der wir hinterherjagen. Dafür brauchen wir Experten. Doch an wem sollen wir uns orientieren, wenn selbst diese die Phänomene nicht mehr vollends erfassen können.

Speed wins, speed kills

Unser Optimierungswahn treibt mitunter seltsame Blüten. Im Sommer 2012 sorgte die Ankündigung für Aufsehen, dass auf dem Meeresgrund 6000 Kilometer Kabel verlegt werden sollen, um schnellere Börsendeals zwischen London und New York zu gewährleisten. Die zwei unscheinbaren US-Firmen Emerald Networks und Hibernia Atlantic investieren mehrere Hundert Millionen Euro für diese neue Superverbindung. Wenn die Rechnung aufgeht, könnten damit Daten zwischen den zwei Finanzmetropolen um fünf Millisekunden schneller als bisher hin und her geschickt werden. In 60 statt 65 Millisekunden. Zum Vergleich: Ein Wimpernschlag dauert rund 100 Millisekunden.

Der in Sachen Börsenhandel unbeleckte Durchschnittsbürger wird sich fragen, wie sich ein Investment von Hunderten Millionen Euro für Datenleitungen, die um fünf Millisekunden schneller sind als bisherige Kabel, rentieren kann? Dahinter steckt jene Form des höchst lukrativen

Börsenhandels, den es seit circa einem Jahrzehnt gibt und der zwei Drittel des US-Börsenhandels und die Hälfte des europäischen Handels ausmacht: Den Hochfrequenzhandel (High Frequency Trading). Hochkomplexe Computerprogramme von Hedgefonds oder Banken analysieren und handeln vollautomatisch alle Arten von Finanzprodukten in Bruchteilen von Sekunden über die Computersysteme der großen Börsen. Menschen sind dafür viel zu langsam.

Die Computersysteme wickeln in jeder Sekunde Zigtausende Transaktionen ab. Durch die riesige Anzahl an Geschäftsgängen summieren sich die Centbeträge für Hedgefonds und Banken zu Gewinnen in Milliardenhöhe. Dieses äußerst lukrative Geschäftsmodell ist übrigens auch der Dreh- und Angelpunkt für erbitterten Widerstand gegen eine international akkordierte Finanztransaktionssteuer. Der Ablauf der Dinge wäre empfindlich gestört – vor allem dadurch, dass die Phänomene plötzlich das Licht der Öffentlichkeit erblicken würden. Denn um einen Kapitalstrom zu besteuern, muss ich ihn greifbar machen. Mit einem „Steuermascherl" versehen kann ich nur, was konkret ist. Dies würde unliebsame Zuschauer bei einem Spiel bedeuten, das im Kreise der Eingeweihten bisher gut und ungestört ablief. Verständlich, dass die potenten Player unter sich bleiben wollen. Wie die Tageszeitung „Kurier" berichtete, ist den Finanzbehörden der Hochfrequenzhandel längst suspekt. „Schon lange können sie mit den Innovationen der Finanzbranche nicht mehr mithalten, sie verstehen sie nicht einmal vollständig", wird in der Ausgabe vom 24. Juni 2012 auf eine Offenbarung der Chefin der US-Börsenaufsicht verwiesen.

Doch Gier und Optimierungswahn stoßen auch hier an ihre Grenzen. Im Mai 2010 zeigte der US-Börsenindex Dow Jones innerhalb von fünf Minuten einen Kursverfall von fast zehn Prozent. Ein Rekord-Kurssturz in so kurzer Zeit. Zehn Minuten später hatte sich der Kurs weitgehend erholt.

Das Phänomen sollte unter dem Namen „Flash Crash" in die Börsengeschichte eingehen. Bis heute bleibt unklar, was an jenem Tag eigentlich passierte. Dem Hochfrequenzhandel werde jedenfalls die Rolle eines „Brandbeschleunigers" angelastet.

Der Wiener Wirtschaftsforscher Stephan Schulmeister wird im „Kurier" mit einer klaren Diagnose zitiert: „Dieses System ist reiner Wahnsinn." Es hätte das Potenzial, ganze Volkswirtschaften zu destabilisieren. Gleichzeitig bleibe die Arbeitsweise der Systeme im Dunkeln. Auch der deutsche Finanzexperte Sven Giegold, der für die deutschen Grünen im EU-Parlament sitzt, warnt: „Die Programme können Kaufbefehle geben, die sofort wieder storniert werden. Damit können Preise manipuliert werden."

Irren tut weh

Ob „Flash Crash" oder andere Aus-, Ein- und Umbrüche – die kollektive Erwartungshaltung ist, dass uns solche Geschehnisse in den nächsten Jahren und Jahrzehnten gehäuft begegnen werden. Die Ohnmacht ist groß, die Unsicherheit auch, von der Verwirrung ganz zu schweigen. Reden Sie mit Ihrem Nachbar, beobachten Sie die Schlagzeilen, verfolgen Sie die Gespräche beim nächsten Verwandtschaftstreffen. Nur eine Sicherheit wächst offensichtlich: Wir kommen immer mehr zur Überzeugung, dass wir „die Dinge" nicht im Griff haben, dass wir keine stimmigen Vorhersagen treffen können, dass unsere Planungen nicht greifen, und dass unser Kontroll- und Optimierungsansatz versagt.

Was für eine Enttäuschung. Die Wissensgesellschaft glaubte, alles zu wissen. Die Aufklärung versprach, dass die Vernunft die Lösung aller Probleme in sich trage. Wir waren bereit, Vernunft und Wissen als neuen Gott zu verehren und zeitgleich die Existenz von anderen Göttern zu leugnen, auf dass sich alle Probleme der Menschheit lösen würden. Es ging doch darum, „sachlich zu bleiben" – als Appell und Patentrezept für Lösungen aller Art. Glauben und Hoffen wurden zum Mythos einer vergangenen Zeit erklärt. Und nun soll das zu wenig sein?

Die Beleidigung ist ja nicht, dass wir die Welt und die Systeme nicht beherrschen können. Die fundamentale Kränkung liegt darin, dass wir geglaubt haben, wir könnten es. Wir müssen eine Irrung zugeben, und das tut weh. Dabei scheint diese Erkenntnis doch nicht neu. Die Systemtheorie lehrt uns zumindest seit den 80er Jahren des letzten Jahrhunderts, dass Systeme keine trivialen Maschinen seien. Man kann nicht einfach zehn Zutaten einwerfen und bekommt dann exakt die Wurst, die man haben wollte. Vielmehr seien Systeme Lebewesen mit einem Eigensinn, den wir nie ganz ergründen könnten, so die modernen Soziologen. Wir könnten Systeme daher auch nicht im herkömmlichen Sinne steuern. Der System- und Gesellschaftstheoretiker Niklas Luhmann (1927–1998) beispielsweise verglich wirtschaftspolitische Steuerungsbemühungen in einer ironischen Zuspitzung einst mit dem Regentanz der Hopi-Indianer und den Wohlfahrtsstaat mit dem Versuch, Kühe aufzublasen, um mehr Milch zu bekommen.

Auch die Quantenmechanik lehrte uns plötzlich, dass jede Messung bzw. Beobachtung eines Teilchens den Zustand von eben diesem verändert. Und: Wiederholt man die Messung bei exakt gleicher Versuchsanordnung, so kann das Ergebnis statistisch variieren. Hm, das war schwer zu fassen. Alles andere also als leicht überschaubar und objektiv steuerbar. Zuletzt waren es die Neurowissenschaften, die uns durcheinanderbrachten: Emotion und Kognition, also Denken und Fühlen sind nicht wirklich zwei verschiedene

Dinge. Sie sind vielmehr so komplex ineinander verwoben, dass wir sie eigentlich gar nicht als jeweils Eigenes fassen können. Aber wenn es das Gefühl ist, das den Gedanken bestimmt, wie lässt sich das mit unserer abendländischen Vernunftbetonung vereinbaren? Kann es sein, dass wir denken, was uns unsere Emotion erlaubt, obwohl wir sie gar nicht wahrnehmen? Vielleicht verhält es sich mit unseren Emotionen so, wie mit dem Wind beim Fahrradfahren. Haben wir den Wind im Rücken, unterstützt er uns bei unserer Fahrt, glauben wir meistens, es ist windstill. Erst wenn er uns ins Gesicht bläst, uns zu erhöhter Kraftanstrengung nötigt, nehmen wir ihn wahr. Ein weiterer verwirrender Mosaikstein in einem immer weniger klaren Bild. Und gleichzeitig blieben wir in der Masse emotional vorerst unbeeindruckt. Erst mit einiger Verzögerung wird nun diese Unklarheit zur emotionalen Befindlichkeit breiter Schichten unserer westlichen Gesellschaft.

Die Welt ist keine triviale Wurstmaschine

Warum hat es einige Zeit gedauert, bis sich die Unklarheit gesetzt hat, gleichsam als eine Gefühlslage? Weil wir Menschen meist nicht so funktionieren, dass man uns Dinge sagt und wir diese dann glauben. Wir funktionieren entlang dem Dreiklang *erleben – begreifen – gestalten*. Und gerade jetzt erfahren wir, dass eben unsere Welt nicht vollends steuerbar ist. Dass wir sie nicht beherrschen können. Keiner von uns versteht den Highspeed-Börsenhandel. Kein Experte konnte die Kernschmelze in gleich drei Reaktoren des Atomkraftwerks Fukushima Daiichi im Frühjahr 2011 verhindern. Egal, ob manche von uns in systemtheoretischen Abhandlungen schon gelesen hatten, dass wir die Dinge nicht beherrschen. Jetzt *erleben* wir es. Ja, die mannigfaltigen Erschütterungen der letzten Jahre – wir werden im nächsten Kapitel Beispiele dafür anführen – haben es uns *begreifen* lassen. Wir haben diese Erkenntnis nun intellektuell *und* emotional verinnerlicht. Wir haben verstanden, im Kopf und im Bauch, dass Planung und Optimierung keine allgemeingültigen Patentrezepte und stets verlässliche Allheilmittel sind.

Wir können allerdings noch nicht so recht *gestaltend* mit dieser gereiften Erkenntnis umgehen. Die alten, linearen Muster von „predict and control" sind dominant und hartnäckig. Sie lenken unser Denken und Tun. Die lassen sich nicht so einfach abschalten. Schon gar nicht, wenn wir dafür kein Ersatzprogramm parat haben. Wie kämen wir denn da hin? Wir wissen es nicht.

Wir befinden uns eben in einer Umbruchs- und Übergangszeit. Ziemlich ratlos. Die altgedienten Ansätze scheinen zu versagen. Nichts Neues scheint bislang überzeugend genug. Modernes Management hat uns gelehrt, dass wir eine Standortbestimmung machen (Punkt A), ein Ziel definieren (Punkt B) und auf Basis einer „Gap-Analysis" gleichsam einen Betonmischer bestellen, der uns die gerade Autobahn zum Zielpunkt aufschüttet. Doch wir begreifen aktuell, dass der Beton nicht aushärtet. Das wir nicht verlässlich zum Ziel kommen. Dass selbst die Standortbestimmung nicht mehr eindeutig gelingt. Daher wirken die regelmäßigen G20-Gipfel, das Aufeinandertreffen der Regierungschefs der 20 führenden Industriestaaten und großen Schwellenländer, in diesen Zeiten auch so beklemmend. Deswegen können wir auch die regelmäßigen Krisengipfel der EU-Finanz- und Regierungschefs nicht mehr so recht ernst nehmen.

Wir merken, dass die bisherigen Logiken der Eliten nicht mehr greifen. Dass ihre Antworten ungenügend sind. Mit ihrem linearen Steuerungsverständnis – zehn gleiche Zutaten ergeben immer die gleiche Wurst – wollen sie uns weiterhin „Würschtl" servieren, deren Rezeptur sie im Brustton der Überzeugung referieren. Doch wir wissen, dass es keine triviale Wurstmaschine ist, die sie hier bedienen. Wir wissen, dass sie teils im Blindflug navigieren, aber behaupten, sie sehen alles klar. Wir ahnen, dass sie die Hebel der Macht betätigen ohne sicher zu wissen, was dabei herauskommt, aber so tun, als hätten sie alles bestens im Griff und Blick.

Unser Unternehmen moderierte im Mai 2010 an der Wirtschaftsuniversität Wien eine Diskussionsveranstaltung zu Kapitalmarktthemen mit dem Vorstand der Wiener Börse und dem damaligen Finanzminister DI Josef Pröll. Letzterer kam gerade von nächtlichen Verhandlungen retour aus Brüssel. Er war sichtlich erregt und ob der gerade getätigten Rettungsaktion ergriffen: Europa habe so nahe am Abgrund gestanden wie noch nie seit Ende des Zweiten Weltkriegs. Die Mitglieder der Eurozone hatten gerade den ersten Euro-Rettungsschirm beschlossen, um für Hilfskredite an Griechenland gerüstet zu sein. Ein Kraftakt, der nur vor dem Hintergrund eines drohenden Systemkollapses gelang. Untergangsszenarien waren schon einige in den Monaten davor gehandelt worden, und mit etlichen Interventionen hatte die Politik auch bereits gegengesteuert. Mit dem Brachialakt des Aufspannens eines Rettungsschirms sei Europa aber nun vor dem Absturz gerettet. Der drohende Zusammenbruch unseres Währungssystems sei erfolgreich abgewendet, so die Offenbarungen des Finanzministers. Das Auditorium war ebenfalls ergriffen.

Zwischenzeitlich hat sich die Ergriffenheit gewandelt. Seit damals haben wir Europa gefühlte 30 Mal am Abgrund gesehen, und es wurde stets mit großem finanziellem und emotionalem Aufwand gerettet. Auch Griechenland wurde schon gefühlte 30 Mal gesichert und scheint mit Herbst 2012 trotzdem einem Staatsbankrott entgegenzugehen. Wie das sein wird oder sein soll – wir haben kein klares Bild. Es nervt uns zunehmend, wenn unsere wirtschaftlichen und politischen Eliten so tun, als hätten sie die Patentrezepte und dann doch nicht handeln. Wiewohl, wir als „Fußvolk" wissen es auch nicht besser. Wir sind hin und her gerissen. Es nervt uns, dass „die da oben" keine stimmigen Antworten mehr haben. Wir ahnen, dass Schimpfen und Argwohn nicht helfen. Wir realisieren zunehmend, dass wir hier alle gemeinsam in einem Boot sitzen, über dessen Reise keine Klarheit besteht. Eines wird immer greifbarer: Unsere bisherige Ordnung löst sich auf. Es droht der Totalverlust dessen, was war. Das Alte liegt im Sterben, das Neue ist noch nicht da. Wir sind nun ganz und gar angekommen in einer befremdlichen Befindlichkeit: Willkommen in der VUKA-Welt!

2. VUKA: Verrückte Welt als Normalzustand

Alles VUKA – wir haben diese Welt nicht zu uns eingeladen; sie kommt über uns. Wer am Abend die Weltnachrichten im Fernsehen verfolgt, den springen 20 Minuten VUKA an. Wer in der Früh die Tageszeitung aufschlägt, dem hüpft die VUKA-Welt entgegen. Alles ist volatil, unsicher, komplex und ambivalent.

Betrachten wir diese vier Attribute unserer Befindlichkeit mit dem Vergrößerungsglas.

Volatil

Der „Duden" übersetzt unser erstes Befindlichkeits-Attribut mit den Worten „unbeständig, sprunghaft, flüchtig". Und wir werden unsere Welt in dieser Übersetzung wieder erkennen. Wir beobachten und erleben immer häufiger unvorhergesehene, oft blitzschnelle Veränderungen.

Zwei Beispiele, die uns beschäftigt haben und noch über Jahrzehnte beschäftigen werden: Im Dezember 2010 beginnt, ausgehend von Tunesien, eine Serie von Protesten und Revolutionen in der arabischen Welt. Die Aufstände richten sich gegen autoritär herrschende Regime und die politischen und sozialen Strukturen in den betroffenen Ländern. Diese Protestbewegungen wurden weder in ihrer Breite noch in ihrer Tiefe von Experten vorhergesehen. Und wohin sie führen, getraut sich wohl heute niemand sagen. Aktuell – im Sommer 2012 – eskaliert gerade die Lage in Syrien. Es ist ungewiss, wie sich die Dynamiken fortsetzen. Die alte Ordnung ist vielerorts zusammengebrochen, die neue Ordnung ist meist noch sprunghaft, teils noch gar nicht richtig greifbar. Die Situation ist eben volatil.

Genauso überraschend und Ausgangspunkt für weltweite „Folge-Bewegungen": Das Tōhoku-Erdbeben vom 11. März 2011 löst als stärkstes Beben in Japan seit Beginn der dortigen Aufzeichnungen einen offensichtlich nicht kontrollierbaren Tsunami aus. Dieser führt zu mehreren Explosionen und Kernschmelzen im AKW Fukushima Daiichi. Der Deutsche Bundestag beschließt am 30. Juni 2011 den Atomausstieg für Deutschland.

War Bundeskanzlerin Angela Merkel gerade noch für eine Verlängerung der Laufzeiten der deutschen Atomkraftwerke – im Herbst 2010 von der Regierung beschlossen –, so proklamierte sie nun ihr vorzeitiges Ende. Ein politischer Bocksprung, den Atomkraftgegner vor dem großen Beben nicht in ihren kühnsten Träumen für möglich gehalten hätten. Nun schießen die Windräder in der Nordsee aus dem Wasser wie die Schwammerln im Walde nach dem Regen. Ein Erdbeben in Japan bescherte der englischen Sprache eine neue deutsche Vokabel: „The Energiewende" versucht sich nun Gestalt zu geben. Wenn solche japanischen Tragödien und deutsche Wendungen über Nacht möglich sind, was kommt als Nächstes? Und wann? Die Unbeständigkeit schwebt über uns wie ein Damoklesschwert.

Unsicher

Wer in das Textverarbeitungsprogramm Word den Begriff „unsicher" eingibt und nach Synonymen sucht, bekommt folgende Vorschläge: „angreifbar, unglaublich, gefährdet, bedenklich, gefährlich, fraglich, problematisch, unbegreiflich". So könnte man also unsere Welt auch beschreiben. Und es lässt sich gut belegen. Noch nie haben Naturkatastrophen so hohe Sachschäden verursacht wie im Jahr 2011. Laut Vereinten Nationen haben Erdbeben, Überschwemmungen und andere Unglücke weltweit 265 Milliarden Euro gekostet.

Rechnerisch übertroffen werden diese Summen von den Verlusten an den weltweiten Börsen im Rahmen der Finanzkrise ab 2008. Laut Expertenschätzungen hat der Kollaps der Finanzwirtschaft bereits im ersten Jahr nach der spektakulären Pleite der US-Investmentbank Lehman Brothers Inc. weltweit einen Schaden von 10,5 Billionen Dollar verursacht. Der Finanzkrise folgten Vertrauenskrise, Wirtschaftskrise, Staatsschuldenkrisen, diverse Regierungskrisen, unzählige Unternehmenskrisen … Das Undenkbare ist denkbar geworden. Was gestern noch absolut sicher war, ist heute schon unsicher.

Schon früher galt das geflügelte Wort: „Prognosen sind

schwierig, besonders wenn sie die Zukunft betreffen." Dieses Bonmot wird Karl Valentin, Mark Twain, Winston Churchill und anderen Persönlichkeiten zugeschrieben. Die weitverbreitete Skepsis gegenüber dem Berufsstand der Vorhersager hat also Tradition. Und sie hat aktuell Hochkonjunktur. Die Menschen begreifen, dass sich die Welt nicht als die lineare Fortschreibung des Altbekannten entwickelt, sondern mitunter in Brüchen. Auch komplexe Prognosemodelle scheinen nicht jene Verlässlichkeit in der Vorhersage zu bringen, die wir ihnen noch vor einem Jahrzehnt zugeschrieben hätten.

Die Zukunft ist ungewiss, die Gegenwart unsicher. Der perfekte Nährboden für apokalyptische Fantasien und Prophezeiungen aller Art. Nichts wird so sein wie es ist. Gerade im Weltuntergangsjahr 2012 rückt diese Befindlichkeit der Unsicherheit in den medialen Fokus. Wird am 21. Dezember 2012 das Leben auf der Welt enden? Wenn man in der Buchsparte unter www.amazon.com das Stichwort „Maya 2012" eingibt, werden insgesamt 726 Titel ausgespuckt. Das Geschäft mit der Unsicherheit blüht. Der amerikanische Schriftsteller Tennessee Williams (1911–1983) meinte einst: „Ein Prognostiker ist ein Mann, der in lichten Momenten düstere Ahnungen hat." Von der Prognose zur Prophezeiung ist es nicht weit. Und wir gewinnen den Eindruck, der Abstand zwischen den beiden verkürzt sich in VUKA-Zeiten.

Komplex

Versuchen wir eine saloppe Definition: Komplex ist ein Phänomen dann, wenn es unsere Fähigkeit übersteigt, die dazugehörigen Zusammenhänge und Wirkungsdynamiken zu durchschauen. Das klingt nach einer trefflichen

Beschreibung unserer Zeit. In eine Schlagzeile umformuliert lautet das dann: „Abstimmung zum ESM. Das Gegenteil ist auch okay." So titulierte die „Frankfurter Allgemeine Zeitung" (FAZ) am 30. Juni 2012 einen Bericht über den Europäischen Stabilitätsmechanismus (ESM). Dieser 700-Milliarden-Rettungsschirm, der einmal mehr die Zukunft Europas absichern soll, befindet sich zu diesem Zeitpunkt im Sommer 2012 gerade in der Warteschleife, weil das Verfassungsgericht in Karlsruhe über seine Rechtmäßigkeit zu entscheiden hat. Und Entscheidungen scheinen wahrlich nicht einfach. Das zeigte sich bereits in der Vorbereitung. Denn, so die FAZ weiter: „Eigentlich, finden die deutschen Abgeordneten, hat Angela Merkel in Brüssel alles falsch gemacht. Aber zugleich ist es irgendwie auch alles richtig gewesen. Es ist einfach sehr kompliziert."

„Ich weiß, das klingt alles sehr kompliziert …", sagte auch der österreichische Bundeskanzler Fred Sinowatz anlässlich seiner Regierungserklärung 1983 im Bemühen um die Darstellung der Herausforderungen der nächsten Jahre. Dieses Zitat – verkürzt auf „Es ist alles sehr kompliziert." – wurde zum Running Gag der österreichischen Innenpolitik. Auch wenn die Bemerkung oft mit polemischem bis zynischem Unterton serviert wird, so ist sie doch zum Common Sense unserer Epoche geworden.

Wer kennt sie nicht, die Pizzeria mit den 100 Pizzen. Zuletzt kam dann noch die Online-Pizza dazu. Wir können, dürfen und müssen – zumindest im urbanen Raum – unter Dutzenden Pizzadiensten mit jeweils 100 Pizzen auswählen. Das lässt dann die meisten Menschen doch die übliche Variante beim üblichen Lieferanten bestellen, weil Gewohnheit wohl einer der vertrautesten Ratgeber in der Unüberschaubarkeit ist.

Oder schauen wir zum Beispiel in den Himmel: Mit bloßem Auge kann man über 3000 Sterne sehen – in einem von

Menschen bewohnten Gebiet mit Lichtemission entsprechend weniger. Galileo Galilei (1564–1642) soll mit dem ersten selbst gebastelten Fernrohr ungefähr 30.000 Sterne gezählt haben. Untersuchungen mit modernen Teleskopen sollen nun ergeben, dass unsere Milchstraßen-Galaxie mindestens 100 Milliarden Sterne hat. Insgesamt soll es einige Billionen solcher Galaxie-Systeme in unserem Universum geben. Manche Experten sagen, das stimmt gar nicht. Macht nichts. In ein paar Jahren werden wir uns diesbezüglich ohnehin wieder etwas anderes erzählen. Eines bleibt jedoch klar: Es ist aussichtslos komplex. Nehmen wir einen modernen Supercomputer, der in der Sekunde ein paar Milliarden Rechenoperationen machen kann, dann würden wir auf diese Weise immer noch Millionen Jahre brauchen, um die Sterne zu zählen.

Der Himmel ist unfassbar und doch immer über uns. Ein komplexes Phänomen – jenseits begreifbarer Zahlen und auch in Worten schwer zu fassen. Da hilft dann fast nur noch die gute alte Religion: „Die Himmel erzählen die Herrlichkeit Gottes, und die Ausdehnung verkündet seiner Hände Werk." (Psalm 19,1) Oder Poesie: Unsere Erde als „ein winzig klaner Tropfen Zeit", wie es der Austro-Popper Rainhard Fendrich besingt. Oder Zynismus – eine häufig gewählte Schutzimpfung, um Komplexität zu ertragen: „And crawling on the planet's face, some insects called the human race. Lost in time. And lost in space ... and meaning." So rahmt es der erzählende Kriminologe in seinen letzten Worten in der „Rocky Horror Picture Show".

Ein besonderer Komplexitätstreiber unserer Zeit sind große Organisationen. Wir haben in den letzten Jahrzehnten in Umfang und Anzahl hochkomplexe Gebilde geschaffen, wie sie die Welt bislang noch nicht kannte. Als die Amerikaner sich während des Kalten Krieges vornahmen, den globalen Führungsanspruch durch eine Mondlandung zu unterstreichen, entfesselten sie nicht nur eine technologische Brachialleistung, sondern gebaren auch ein gigantisches soziales Gebilde. Das Apollo-Programm der NASA beschäftigte rund 400.000 Menschen und kostete etwa 25 Milliarden Dollar, circa 125 Milliarden nach heutigen Maßstäben. Fazit: Am 20. Juli 1969 landeten die Amerikaner auf dem Mond. Was die Staatengebilde vormachten, hüpften die transnationalen Konzerne parallel dazu mit. Sie sind ein dominantes Lebewesen unserer Epoche. Konzerne sind hochgradig differenzierte Großorganisationen. Sie spannen ihre Netze über sämtliche Länder dieses Planeten. Sie entwickeln ihren eigenen Sinn und ihre eigene Dynamik. Tritt man ein paar Schritte zurück und schaut auf diese Gebilde mit Abstand, scheint es unfassbar, dass sie funktionieren.

Ambivalent

Die Welt ist mehrdeutig und damit unauflöslich widersprüchlich.

Einige Beispiele: Wir können als freie Bürger tun und lassen, was wir wollen, und fühlen uns dabei eingeengt. Wir verbinden uns mit Hunderten von „Freunden" und fühlen uns einsam. Wir haben Geld und fühlen uns bedürftig. Wir retten Banken mit Finanzmitteln, die wir nicht haben, und diese Banken machen dann Gewinne. Die Sozialausgaben erreichen in Mitteleuropa fast ein Drittel des Bruttoinlandsprodukts, und wir bekommen die Armut nicht in den Griff. Wir sehnen uns nach Nähe, Zuneigung und Familie und lesen über neue Höchstwerte bei den Scheidungsraten. Wir steigern die finanziellen Transferleistungen für Kinder und senken die Geburtenquoten. Wir verabschieden im Parlament Kinderrechte, und jedes vierte Kind erlebt schwere

Formen von körperlicher Misshandlung. Wir fragen zwei Experten und bekommen zwei Meinungen. Wir sammeln Wissen und Informationen in einem noch nie bekannten Ausmaß und sind anschließend verwirrter als zuvor.

Unsere Welt ist also leicht bis schwer verwirrend, täglich aufs Neue. Griechischer Exkurs: Ich schreibe diese Zeilen im Juni 2012 auf der Insel Korfu. Gestern war es hier wieder mal soweit – verwirrte Welt. Aber nicht, wie man glauben würde: griechische Neuwahlen, Regierungsbildungen oder Währungskrise. Nein, meine griechische Verwirrung kam banaler daher. Nämlich leichtfüßig auf einem Blatt Papier und dann in einem Becher Bier: Für den Flug hatte ich mir ein E-Mail mit einem Attachement ausgedruckt. Von unbekannter Seite hatte ich eine Unterlage „Neustart Schweiz" erhalten. Da saß ich nun im Flieger und las über die 1000-Watt-Lebensweise, der es gilt, sich aus Gründen der Ökologie und Nachhaltigkeit anzunähern. Ein Rechenmodell eines Ökobilanzspezialisten illustrierte mir, wie ich auf 1000 Watt kommen könnte: „20 m² Privatwohnraum, kein Auto, keine Flugreisen, 9 Personenkilometer/Tag Bahnfahrten, Europareise von 2000 km mit Bahn pro Jahr, Schiffsreise von 12.000 km pro Jahr, 18 kg Fleisch pro Kopf und Jahr, 70 Liter Wasser pro Tag, 1 Zeitung pro 10 Bewohner."

Hm, ich wechselte kopfschüttelnd die Lektüre. Im „Trend Update" von Zukunftsforscher Matthias Horx lese ich: „Der Durchschnittsdeutsche isst pro Jahr circa 88 Kilo Fleisch." Und nach Lebensmittel- und Tierhaltungsskandalen und die daraufhin entstandene Gammelfleisch- und Dioxin-Angst würde nun eine allgemeine Bewegung hin zu bewusstem Konsum und ein Umdenken eintreten. Auf www.meinekleinefarm.org kann man seiner Wurst sogar ein Gesicht geben. Man kann sich beim Internet-Metzger das Schwein aussuchen, aus dem die persönliche Wurst entstehen soll. „Gute Idee", dachte ich mir und schaute etwas verloren auf mein

Hühnchensandwich der Billig-Airline Fly Niki. Das schaute echt lecker aus. Etwas trotzig biss ich hinein und beschloss, beide Unterlagen beiseitezulegen. Ich hatte zum Glück noch ein paar Zeitungen zur Hand – „quasi die gesammelte 1000-Watt-Ausstattung für alle Fluggäste – ganz exklusiv pour moi", murmelte ich vor mich hin. Doch Anflüge von Zynismus helfen nur kurz. Der ökologische Fußabdruck ist wie ein Hund, der dir nachläuft. Du kannst ihn nicht abschütteln, er entscheidet, ob und wann er dich wieder einholt.

Bereits am ersten Abend an der Poolbar war er wieder da – der Hund, also mein Fußabdruck. In Gestalt eines griechischen Kellners, der eigentlich Rumäne war. Ich hatte ihm den Plastikbecher zum Nachfüllen gebracht, aus dem ich das erste Bier geleert hatte. Er schaute mich ungläubig an und befüllte einen neuen Becher. Ich fuchtelte mit meinem leeren Teil, und da begriff er. Er schüttete das halbvolle neue Bier weg und griff mit einem milden Lächeln nach meinem Behältnis. „Ah, I understand, save the planet." Ja, er hatte verstanden. Meine Antwort murmelte ich etwas zerknirscht in den Bierschaum: „Danke, Becher. Dafür nehme ich zurück wieder das Flugzeug statt das Schiff."

Die Widersprüchlichkeit meines Handelns jedoch sollte mich den ganzen Urlaub begleiten. Bei anderen Gelegenheiten war ich ein Verfechter der Nachhaltigkeit, doch in diesen elf Tagen sollte unsere Familie geschätzte 200 Plastikbecher verbrauchen. Jedes Mal, wenn ich beim Abfallkübel an der Bar vorbeikam, begrüßte er mich vollmundig – überquellend mit weggeworfenen Plastikbechern. Die Ambivalenz meines Seins und Tuns gespürt. Jedes Mal ein kleiner Stich. Und schnell weiter zum Strand.

Das US-Militär stellt auf VUKA um

Ob im Kleinen oder Großen: Alles ist vielschichtig, vertrackt und schwierig. Unsere super-postmoderne Welt ist so uneindeutig, so schwer zu begreifen. Vielmehr haben wir das Gefühl: Sie greift nach uns. Die VUKA-Welt krallt zu Beginn des neuen Jahrtausends unser Gemüt. Unsere Bewusstseinshaltung ist im Wandel – „Shift of Mindset" würde der Amerikaner sagen.

Tatsächlich war es die Armee der Vereinigten Staaten, die den Begriff VUCA in den Sprachgebrauch einführte. VUCA steht im Englischen für *volatility, uncertainty, complexity* und *ambiguity.* Das Kürzel wurde gleichsam als Code für eine neue Bewusstseinshaltung vom US Army War College in den 90er-Jahren in Reaktion auf die Veränderungen in ihren relevanten Umwelten geprägt. Diese postgraduale Kaderschmiede mit Sitz in Carlisle Barracks/Pennsylvania wird mittlerweile unter Insidern als „VUCA-University" apostrophiert. Die Institution widmet sich insbesondere der Ausbildung der amerikanischen Militärelite im Bereich Leadership und Strategie.

Dass der militärische Komplex seit jeher technologische Innovationen wesentlich mit vorangetrieben hat, ist hinreichend bekannt. Der in vielen Kulturen ressourcenreiche Zustand und die hohe gesellschaftliche Exponiertheit des militärischen Bereichs scheinen offensichtlich zwei wesentliche Zutaten für hohe Vitalität und Innovationskraft zu sein. Dies gilt offensichtlich auch für den sozialtechnologischen Bereich. Jedenfalls erkannten die US-Militärs die Erfordernisse der Zeit, und dass sie mit linearen Planungen in diesen verrückten Zeiten nicht wirklich weiterkommen. Sie waren bereit, ihren Ansatz für strategische Planungen grundsätzlich zu adaptieren. So ist VUKA mehr als ein Akronym basierend auf vier Adjektiven. Es bedeutet den Wechsel von einem linearen Mindset des Planens, Kontrollierens und

Optimierens hin zu einem systemischen Bewährungsverständnis.

Das scheint allein mit Hausverstand gut nachvollziehbar. Die Strategie wird zwar seit dem 20. Jahrhundert als eine wirtschaftliche Disziplin abgefeiert, doch eigentlich ist sie Kernmaterie des militärischen Sektors. Dort hat sie auch mehrere Tausend Jahre Geschichte. Der Oberbefehlshaber formulierte stets die militärischen Ziele. Mit der Strategie, der Feldherrenkunst, wurden sodann die Pläne für die Zielerreichung festgelegt: die grundsätzliche Verwendung der Ressourcen (Menschen, Kriegsgerät, Geld etc.). Natürlich dachten auch die Feldherren früherer Zeiten immer schon in Optionen, in Szenarien. Und selbstverständlich bleiben auch in unserer Zeit die übergeordneten Ziele wichtige Dreh- und Angelpunkte für die Strategien. Doch hat sich dennoch einiges verschoben.

3. Lost in options

Die Zweck- und Zielsetzung der Nationalen Sicherheitsstrategie der USA ist laut der Grundlagendoktrin der United States Air Force, „die Souveränität und Unabhängigkeit der Vereinigten Staaten (mit ihren) zugrunde liegenden Werten und Institutionen (in intaktem Zustand) zu garantieren." Die Ableitung konkreter Investitionen und Handlungen war in Zeiten des Kalten Krieges wohl einfacher als in den Jahren danach. Die Einteilung der Welt in Gut und Böse bediente das Bedürfnis der Menschen und der Strategen nach einer trivialen, linearen Interpretation der Phänomene geradezu mustergültig. Der freie Westen gegen den finsteren Ostblock – die Spielanlage war unmissverständlich.

Von der Eindeutigkeit in die Unüberschaubarkeit

Doch plötzlich war das Schwarz-Weiß-Spiel vorbei. Was nun? Betrachten wir die aktuelle Situation, dann wird schnell klar, dass die Eindeutigkeit verschwunden ist. Die US-Strategie im Umgang mit dem Iran würde sich drastisch verändern müssen, wenn Israel Luftangriffe auf iranische Urananreicherungsanlagen oder andere Ziele fliegt. Die Nahost-Strategie der USA müsste neu geschrieben werden, wenn es zwischen der Türkei und Syrien zu kriegerischen Handlungen kommen sollte. Würde das Verhältnis zwischen Israel und Ägypten ins Negative eskalieren, dann wäre die aktuelle Israel- und Ägypten-Strategie der USA zu adaptieren. Sollte ein Hilfsschiff für Gaza unter türkischer Flagge von den Israelis versenkt werden, werden in den Folgetagen zahlreiche bisherige Strategiepapiere in einigen Ländern im Altpapier zu versenken sein. Die Aufzählung könnte beliebig lang erweitert werden.

Insgesamt zeigt sich, dass die übergeordnete Zielsetzung zwar Dreh- und Angelpunkt von Strategien bleibt, aber eine lineare strategische Ableitung der Ziele unmöglich ist. Die Szenarien moderner Feldherrn werden stärker von den systemischen Dynamiken der relevanten Umfelder als von den eigenen Zielsetzungen regiert.

Was für das Militär zu beobachten war, galt auch für sämtliche andere Sphären der Gesellschaft, insbesondere die Wirtschaft. In den letzten zehn Jahren fand das Akronym *und* das Mindset VUCA im angloamerikanischen Raum zunehmend Verbreitung in der strategischen Leadership-Debatte und im Bereich des Change Management. Mit dem vorliegenden Buch führen wir VUKA nun im deutschen Sprachraum ein. Wir tun das mit der Erfahrung, dass VUKA mit vier Buchstaben *das* auf den Punkt bringt, was uns wichtig ist: Es geht um den Abschied von einem mechanistischen Weltbild mit linearem Ursache-Wirkung-Denken.

Wir plädieren für eine Weltsicht, die der Mehrdeutigkeit und Unüberschaubarkeit der Welt Rechnung trägt. Doch wie sollen wir in solch einer Welt Entscheidungen treffen? Was soll unser Handeln leiten? Wir können und sollen uns Gestaltungsziele in und für Organisationen und die Gesellschaft setzen; wir können Erfahrungen sammeln und Muster erkennen; wir können mit Wissen, Erfahrung und Intuition Annahmen darüber treffen, welche Ergebnisse unsere Interventionen zeitigen werden. Wir haben jedoch zu keinem Zeitpunkt die volle Kontrolle. Die eigensinnige Verarbeitungslogik eines jeden Systems wird immer wieder für Überraschungen sorgen.

20 *Jahre Ehe und jenseits der Kontrolle*

Es ist wie mit einem Lebensgefährten. Sie können über 20 Jahre verpartnert oder verheiratet sein. Sie können Ihre Frau, Ihren Mann so gut kennen, dass Sie meist relativ präzise Annahmen über die Folgen Ihrer Interventionen, vulgo Handlungen treffen können. Doch zu keinem Zeitpunkt sollten Sie sich der Illusion hingeben, dass Sie alles unter Kontrolle haben. Ehepartner erleben das beispielsweise oft, wenn die Kinder das gemeinsame Heim verlassen. Dies bedeutet eine beträchtliche Veränderung der Umfelddynamik für die Paarbeziehung. Eine Bekannte hat sich mit der Begründung, dass ihr Mann ihr zu wenig Aufmerksamkeit schenke, beispielsweise einen Liebhaber zugelegt. Ein Verhalten, mit dem der Ehemann auf Basis bisheriger Erfahrungen nicht gerechnet hätte. Er meinte, er sei doch unverändert derselbe wie all die Jahre zuvor.

Der eheliche Alltag kann uns also die Demut lehren, dass ein und dieselbe Handlung mitunter unterschiedlich von unserem Gegenüber verarbeitet wird. Unsere Partner sind eben keine trivialen Maschinen, sondern lebendige biologische Systeme mit Eigensinn. So wie Organisationen lebendige soziotechnische Systeme mit Eigensinn sind. Ihre Eigentümlichkeit ist nicht vollends ergründbar. Wir können sie nicht vollends beherrschen. Ergo: Ein VUKA-Mindset ist hilfreich, nicht nur in der Ehe, sondern auch im Job und in allen anderen Sphären des Lebens. Überall, wo wir in Verantwortung sind.

Im Wort „Verantwortung" steckt auch und vor allem das Wort „Antwort". Und wer Antworten geben will, der muss entscheiden. Und nie waren Entscheidungen so wichtig, wie heute. In der VUKA-Welt klopft der Alltag unablässig an unserer Tür und verlangt Antworten.

Viele Optionen führen zu später Mutterschaft

Auf welcher Basis kann man in so einer sprunghaften Welt Entscheidungen treffen? Und es müssen immer mehr Entscheidungen getroffen werden. Das immer Mehr an Möglichkeiten zwingt uns dazu. Nicht alles, was wir können, müssen wir wirklich tun. Aber über alles, was wir können, müssen wir entscheiden, ob wir es tun. Das Mehr an Möglichkeiten sorgt aber auch dafür, dass wir Entscheidungen länger vor uns herschieben können. Denn die Zunahme an Optionen eröffnet natürlich auch ein Mehr an Ressourcen. Von dieser erweiterten Ressourcenausstattung können wir gleichsam als Reserve zehren. Bildlich gesprochen: Wir heiraten nicht mehr mit 18. Und die späte Mutterschaft ist ein gesellschaftlicher Trend, der seinen Höhepunkt noch gar nicht erreicht hat. In Deutschland bekommen die Frauen im Schnitt ihr erstes Kind aktuell zwischen dem 30. und 31.

Lebensjahr. Wenngleich sich das Alter der Erstgeburt zwischen den sozialen Schichten erheblich unterscheidet: Frauen aus gehobenen sozialen Schichten – also mit mehr Ressourcen und Optionen – gebären später als Frauen aus niederen sozialen Schichten.

Die Medizin-Psychologin Dr. Beate Schultz-Zehden erläutert im Gespräch mit n-tv.de: „Einerseits werden wir immer älter, andererseits ist die Lebensplanung von vielen Frauen so, dass sie sich tatsächlich erst um Ausbildung, Karriere, Partnerschaft, Geldverdienen und ausreichend Freizeitvergnügen und Genuss kümmern, bevor sie sich dann bewusst für ein Kind entscheiden. Viele Frauen wollen also erst einen befriedigenden Lebensstandard erreichen, bevor sie Kinder bekommen. Die modernen Empfängnisverhütungsmethoden machen diese Art von Lebensplanung erst möglich." Alles Optionen, die wir so vor einigen Jahrzehnten noch gar nicht hatten. Wir haben ein Mehr an Freiheit, aber es steigt damit auch „die Qual der Wahl".

Manche Menschen verzweifeln oder zerbrechen an dem Überangebot an Möglichkeiten. Wo sich die Alternativen vermehren, steigen auch die Erwartungen und Ansprüche. Viele Menschen erleben das Mehr an Optionen vor allem als erhöhten Druck. Die VUKA-Welt will andauernd etwas von mir, fordert unablässig, verlangt nach Antworten. Doch woran orientieren? Woran festhalten? Worauf bauen? Die Wahrheiten unterliegen einem Massensterben. Sicheres, das vom Gedanken einer anderen Möglichkeit berührt wurde, zerfällt wie Staub. Zersetztes Bollwerk. Ein Industrie- und Wohlfahrtsstaat ohne Gewerkschaften ist denkbar. Die ineffizienteste Lösung kann auch durch einen Markt entstehen. Und Finanzsysteme können über Nacht zusammenkrachen. Das ist ja fürchterlich, zum Davonrennen. Und das machen dann auch viele.

Mag sein, dass Ihnen die bisherigen Ausführungen etwas apokalyptisch erscheinen, doch so sind sie keineswegs gemeint. Wir sind zwar scheinbar in Möglichkeiten verloren, aber keineswegs ganz. Wir sind als Autoren davon überzeugt, dass unser Kulturkreis als Wissensgesellschaft derzeit damit beschäftigt ist, eine Schwelle zu überschreiten. Vielleicht kennen Sie diesen Prozess aus persönlicher Erfahrung. Es ist, wie wenn man sich in ein neues Wissens- oder Kompetenzfeld einarbeitet.

Phase 1: Am Anfang verstehen wir noch so gut wie nichts, aber es überwiegt die Entschlossenheit, dass man hier tiefer graben wird. Es dominiert die Hoffnung, dass man einmal viel wissen wird und vieles damit lösen kann: Der Mensch beschloss, mit großer Hoffnung den Weg des Wissens zu gehen und die Möglichkeiten der Technik voranzutreiben.

Phase 2: Dann erzielt man die ersten Fortschritte. Erstes Begreifen. Erfolge stellen sich ein. Man bekommt eine Vorstellung, die sich mitunter in Größenwahn entlädt und ahnt noch nicht, dass man nur einen winzigen Bruchteil begriffen hat: Der Mensch glaubte, die Phänomene verstanden und alles im Griff zu haben.

Phase 3 – die Schwelle: Dann kommt man tiefer in die Materie rein, wird zu einem echten Experten und erkennt, dass das Wissen nicht isoliert voneinander existiert. Obwohl wir in unseren Modellen und bei unseren ersten Schritten daran glaubten, dass lineare Wege der Erkenntnisgewinnung die Welt adäquat abbilden könnten. Doch wenn wir weiter in den Raum der Erkenntnis vordringen, können wir uns der Einsicht nicht mehr verwehren, dass die isolierte Linearität, der wir uns in den meisten Modellen bedienen, eine Illusion ist. Wenn wir nun nicht Linien, sondern den Raum eines komplexen Systems sehen, geht ein Ozean an Fragen auf: Wir bekommen Zweifel, ob wir als „Experten" überhaupt etwas zu „unserem" Spezialthema sagen sollen, angesichts der vielen Fragen und der wenigen Antworten.

Genau mit dem Erkennen der Größe des Raums geht eine Emotionalität einher. Und wie immer im Leben besteht genau jetzt die Möglichkeit, sich diesem großen Raum zuzuwenden. Zu akzeptieren, dass in einem Leben wohl nicht alles vollständig erfassbar ist. Freude und Lust für die Möglichkeiten zu empfinden, die sich offenbaren. Oder man kann davonlaufen, Distanz halten, den Raum in seiner Größe als unbedeutend oder die Erkenntnis darüber als sinnlos abtun. Sich nicht stellen.

Phase 4: Wenn es uns jedoch gelingt, uns dieser Erfahrung zuzuwenden und weiter den Pfad der Erkenntnis zu gehen, übernehmen wir Verantwortung. Der Wunsch bleibt aufrecht, Lösungen für wichtige Fragen zu finden. Mit diesem Motor ist wirklich nachhaltige Entwicklung möglich. Dann können wir im Fallen – das wir wohl in Anbetracht der Größe des Raums empfinden – fliegen lernen.

Bevor wir uns diesem Fliegen zuwenden, machen wir noch einmal einen Blick in die Abgründe.

4. Flüchten: Die destruktiven Sackgassen

Die Kränkung, dass wir die Welt nicht so beherrschen können, wie wir uns das ausgemalt haben, ist also groß. Die Verunsicherung durch das stete Anwachsen der Möglichkeiten ebenso. Wir sind in einem Übergang. Schwanken zwischen

Größenwahn und Ohnmacht. Wir erkennen, dass wir nicht alles wissen und wohl nie alles wissen werden. Wir passieren nun eine Schwelle, und vor uns geht ein neuer Raum auf – ein Meer an Unwissenheit. Es waren schon Menschen vor uns hier. „Ich weiß, dass ich nichts weiß", erkannte Sokrates (469–399 v. Chr.). Und wir haben es dazwischen wieder vergessen oder augenzwinkernd damit kokettiert. Nun folgen wir ihm als ganze Gesellschaft. Und das lässt uns nicht kalt. Ganz im Gegenteil: Das fordert uns heraus – als Gesellschaft, als Organisationen und als Individuen.

Wir müssen uns anpassen! Wir brauchen – frei nach Darwin – einen neuen „Fit". Wir müssen an dieser Stelle als Individuen und als Gesellschaft eine Anpassungsleistung erbringen oder die Gesetze der Evolution schlagen gnadenlos zu. Wer keinen konstruktiven Umgang mit den neuen Herausforderungen der Welt findet, der ist in seiner Vitalität bedroht. Der kommt in destruktive Gassen.

Von Ignoranz über Zynismus bis zum Burn-out

Im menschlichen Leben geht es immer wieder darum, entscheidungs- und handlungsfähig zu sein – und zu bleiben. Wer diese Fähigkeit verliert, der ist im Alltag verloren. Vor allem im VUKA-Alltag. Wer viele Optionen hat, der muss immer wieder ausdeuten, der muss sich entscheiden. Wer sich nicht definiert, der wird definiert. Und endet mitunter dort, wo er nie hinwollte.

Als findiger Organismus hat der Mensch natürlich zahlreiche Antworten auf die Herausforderungen der Zeit entwickelt. Da gibt es konstruktive Wege, welche die Chancen nutzen und die Potenziale heben – wir werden uns diesen später zuwenden. Und es gibt Pfade jenseits des Schöpferischen.

Zweifelsohne parieren viele Menschen die unzähligen VU-KA-Reize mit destruktiven Verhaltensweisen. Die Parade der problematischen Bewältigungsmuster ist bunt und breit. Wir kennen sie alle, denn sie sind in uns allen angelegt. Sie sind Teil von uns und stehen somit zur Verfügung, wiewohl natürlich jede Persönlichkeitsstruktur so ihre Neigungen und Vorlieben programmiert oder angenommen hat. Eine kurze Exkursion durch die lockenden Sackgassen und zu den bedrohlichen Abrisskanten unserer menschlichen Natur gefällig?

Ich will's gar nicht wissen, nicht so genau …

Beginnen wir bei der **Ignoranz**. Das Wort selbst geht auf das lateinische Verb „ignorare" zurück, was so viel wie „nicht wissen" oder „nicht kennen wollen" bedeutet. Dabei ist zu unterscheiden, ob eine Person einer Sache unkundig ist oder ob sie sich absichtlich nicht mit dieser befassen möchte. Die Frage, ob dumme oder ungebildete Menschen grundsätzlich glücklicher sind, füllt bekanntlich ganze Bücher und wird hier mal ausgeblendet. Sie würde nämlich eine differenzierte Abhandlung der Fragestellung „Was und wer ist schon gescheit?" erfordern.

Im VUKA-Kontext relevant erscheint uns jedoch die Haltung, einen Sachverhalt oder einen Vorgang bewusst nicht zur Kenntnis zu nehmen. So wie die Chefs von Enron, Lehman Brothers, Hypo Alpe Adria oder die spanische Bankia. Ist es glaubwürdig, dass über Nacht plötzlich ein paar Milliarden fehlen? Wie ist es erklärbar, dass die ersten zwei Unternehmen hochvitale Organisationen waren und einen Tag später plötzlich mit Milliarden-Pleiten eine Zerrüttung der Märkte bescherten? Wie ist erklärbar, dass die letzten zwei

Unternehmen – so wie mittlerweile zahlreiche andere Institutionen vom Typus „too big to fail" – mit Steuermilliarden gerettet werden müssen? Da gehört wohl viel dazu. Von Ungeschicktheit bis zu krimineller Energie wohl so einiges. Aber jedenfalls auch Ignoranz, also das Gegenteil von echter Neugierde. Da saßen Herren an den Schalthebeln der Macht, die von sich und ihrem Tun so überzeugt waren oder zumindest glaubten, es in ihrer Funktion unbedingt sein zu müssen, dass sie den Rest nicht mehr zur Kenntnis nehmen wollten. Getroffene Entscheidungen wurden einfach durchgezogen. Und zwar so lange, bis sie der Entscheidungs- und Handlungsfähigkeit verlustig gingen. Der Schaden ist immens.

Die Reihen dicht machen und durchmarschieren, bis es nicht mehr geht. Dies ist gemäß Lebenserfahrung eine sehr männliche Haltung. Es liegt der Verdacht nahe, dass sie oftmals nur durch stärkere weibliche Beteiligung zu durchbrechen wäre. So gesehen gibt es noch viel mehr Gründe als „nur" Gleichberechtigung und Gerechtigkeit, Frauen stärker an Führung partizipieren zu lassen.

Der Ignoranz etwas entgegenzusetzen ist nicht nur auf individueller Ebene von Bedeutung. Auch Organisationen sind in der VUKA-Welt gefordert, die Neugierde und den Blick auf das Ganze aufrechtzuerhalten. Als im Jahr 2001 die New Economy-Bubble platzte, durfte ich in einem börsennotierten Unternehmen miterleben, wie mit einem Schlag alle Dienstreisen von einem Tag auf den anderen wegen Cash-Problemen abgesagt und gleichzeitig Büroflächen im Ausland neu angemietet wurden, zu denen leider niemand mehr reisen durfte. In Organisationen werden solche Phänomene zumeist für ein Optimierungsproblem der Kommunikation gehalten. Mitunter, aber vorrangig sind es Probleme, die aus Ignoranz resultieren – als Folge der Überforderung mit der VUKA-Welt: Ich konzentriere mich ohne Wenn und

Aber auf meinen Plan und hebe am besten meinen Kopf nicht mehr in die Höhe. Ich mache das, was ich kann, völlig unabhängig von allen anderen.

Menschen, Organisationen und Gesellschaften zeigen in Situationen der Überforderung oft die Neigung, das weiter zu machen, was sie gut können. Dieses Verhalten kann adäquat sein oder in die totale Katastrophe führen. Das wusste bereits der florentinische Philosoph, Politiker und Diplomat Niccolò Machiavelli (1469–1527): „Es ist unmöglich, einen Mann, dem durch seine Art zu verfahren viel geglückt ist, zu überzeugen, er könne gut daran tun, anders zu verfahren. Daher kommt es, daß das Glück eines Mannes wechselt; denn die Zeiten wechseln, er aber wechselt nicht sein Verfahren."

Was willst du, Würstl?

Die Ignoranz ist also schlichtweg die Weigerung, sich durch das Sein betroffen zu fühlen und neugierig und offen zu bleiben. Von der Ignoranz ist es nicht weit zur **Arroganz**. Die zwei helfen sich ganz gerne aus. Der Hochmut, lateinisch „arrogantia", ist gleichzusetzen mit Anmaßung und Überheblichkeit, Einbildung oder Blasiertheit. Gemäß Wikipedia ist er „eine Haltung, die Wert und Rang (Standesdünkel) oder Fähigkeiten der eigenen Person besonders hoch veranschlagt. Der Gegensatz zum Hochmut ist die Demut."

Es geht also um Selbstüberschätzung und die Überbewertung des eigenen Seins und Könnens. Und es geht natürlich um Selbsterhöhung, auf Basis von Fremdabwertung. Eitelkeit und Narzissmus sind zwei wichtige Helferlein, um das Phänomen zum Blühen zu bringen. Innere Leere ist dafür ein guter Nährboden. Die letzten Jahre waren natürlich auch diesbezüglich ein reiches Feld für Fallstudien. Denn Ignoranz und Arroganz haben viele Geschwister, die meist im Verband auftreten.

Das Geschwister „Gier" spielt in Zeiten des schnellen Geldes beispielsweise eine prominente Rolle. Wir werden auf das Phänomen der Gier in Kürze detaillierter eingehen. Es scheint jedenfalls eine Tatsache zu sein, dass die Gier rascher und entschlossener um sich greift, wenn man diese Eigenschaft mit Arroganz stützt. Wer auf andere herabsieht und sich für etwas Besseres hält, der hat dann auch keinen Genierer, ordentlich zuzupacken und die Taschen vollzustopfen. Aus verhaltenspsychologischer Sicht ist die Arroganz freilich auch oft ein Schutzschild, um Unsicherheit zu verbergen. Allerdings, es ist eben eine destruktive Sackgasse. Am Ende des Tages geht's nicht weiter. Wie die Bibel (Spr 16,18) und der Volksmund wissen: „Hochmut kommt vor dem Fall."

Wozu Gefühle, wenn ich mir selbst genug bin?

Eine weitere Bewältigungsstrategie im Umgang mit VUKA-Zeiten ist der **Zynismus**. Er verfolgt ein Ziel: sich Emotionen vom Leib zu halten. Ich analysiere die Dinge messerscharf, und zu allen emotionalen Implikationen halte ich gekonnt Distanz: Die haben nichts mit mir zu tun, die gehen mich nichts an.

Zynismus ist ein Haltung, für die vor allem intellektuelle Eliten eine Neigung entwickeln. Er kommt meist verkleidet als „Erkenntnis" daher und ist doch nur der ärmliche Versuch, sich vor Gefühlen zu schützen, die man nur schwer zulassen oder ertragen kann. Er ist ein selbstgefälliges Bemühen, sich gegen die Unsicherheiten der VUKA-Welt zu immunisieren. Mit beißendem Spott gesellschaftliche

Konventionen oder die Gefühle anderer zu verletzen und sich dabei raus zu halten, entlarvt sich als Verlangen, nur ja nicht in eine tiefe Veränderung einzusteigen.

Der zynische, spottsüchtige Mensch gefällt sich darin, andere und anderes zu verhöhnen und dabei selbst unberührt zu bleiben. Er verkennt dabei jedoch, dass er damit resigniert. Er verwendet Erkenntnis dysfunktional. Jeder von uns weiß, wie entlastend und befreiend das mitunter sein kann. Damit plädieren wir für ein Grundrecht auf zynische Momente. Vielleicht lassen sich diese auch in geschliffene Ironie überführen. Es ist zeitweilig hilfreich, durch Über- oder Untertreibung auf die Kehrseite der Dinge und Phänomene aufmerksam zu machen. Wer jedoch Zynismus als Grundhaltung adoptiert und integriert, der beraubt sich der Möglichkeit, in echte Begegnung zu gehen. Zynismus verweigert Beziehung, obwohl er diese vortäuscht. Tatsächlich aber sucht er die Distanz.

Wir erleben in unserem beruflichen Alltag immer wieder, dass sich Zynismus gerade unter politischen Eliten großer Verbreitung erfreut. Immer wieder versuchen wir zu ergründen, warum gerade dort. Unsere Kernhypothese lautet, dass sich die Erwartungen an die Politik hinsichtlich Lösungskompetenz in der VUKA-Welt so weit von den realen Möglichkeiten der Einflussnahme und Eindeutigkeit entfernt haben, dass es für den einzelnen Politiker nur schwer zu ertragen ist. Politik ist ein sehr exponiertes Geschäft. Und sie war immer schon „das langsame Bohren von harten Brettern mit Leidenschaft und Augenmaß", wie es der deutsche Soziologe Max Weber (1864–1920) ausdrückte. Wer hier die Leidenschaft und das Augenmaß verliert, wer sich in Abhängigkeiten verfängt und an Sachzwängen scheitert, dem mag Zynismus ein vermeintlich rettender Anker werden. Denn der Zyniker begreift sich selbst als mächtig. Als jemand, der es nicht nötig hat, Rücksicht zu nehmen. Doch eigentlich baut er sich einen goldenen Käfig. Insbesondere Machtzynismus opfert dem Macht- und Profitstreben wichtige Werte wie Liebe, Beziehungsfähigkeit und Wahrhaftigkeit. Damit einher geht ein Verlust an Entscheidungs- und Handlungsfähigkeit.

Eine nicht so bekannte, aber heute durchaus beliebte Art des Zynismus ist das völlige Aufgehen in kontemplativen Praktiken. Die Veredelung des eigenen Körpers durch geradezu zwanghafte Beschäftigung mit ihm, die völlige Hingabe an eine Kunst, die totale Versenkung in die meditative Innenschau – das alles sind Spielarten, die zu einem Ausdruck von Zynismus werden können. Die vollständige Abschottung von der Welt um sich, um diese emotional nicht mehr an sich heranzulassen. Der österreichische Lyriker Erich Fried (1921–1988) bringt die Herausforderung mit einem wunderbaren Gedicht auf den Punkt:

Kein Unterschlupf

Nicht sich verstecken
Vor den Dingen der Zeit
in die Liebe.
Aber auch nicht
vor der Liebe
in die Dinge der Zeit.

Über zynische Organisationen

Doch nicht nur Individuen können zynisches Verhalten zeigen. Auch Organisationen. Die komplette Loslösung der

Form vom Inhalt ist ein häufiger Ausdruck von Zynismus. Die Sitzungen des Ministerrates der DDR verströmten diesen Charakter. Zwar war dieser laut Verfassung das höchste exekutive Organ des Staates und wurde ausschließlich von der Sozialistischen Einheitspartei (SED) und den mit ihr im „Demokratischen Block" vereinten Parteien gebildet. Doch allen Beteiligten – im letzten Jahr 1989 waren es 39 Mitglieder – wussten, dass das wahre Machtzentrum ein kleiner Zirkel hochrangiger Parteifunktionäre im und um das Politbüro der SED war. Dieses Beispiel zeigt deutlich, dass Zynismus auch Ausdruck einer gewissen Leere ist. Ein Beleg für mangelnde Vitalität.

Unseren westlichen Demokratien soll die Geschichte und das Ende der DDR sowie sämtlicher kommunistischer Regime ein Warnzeichen sein. Wenn viele Menschen das aktuelle Treiben in unseren Ländern nur mehr als zynisch empfinden, dann ist Gefahr in Verzug.

Anlässlich meiner Buchpräsentation im März 2011 traf ich eine Schriftstellerin aus der ehemaligen DDR. Sie lebt nun in Wien. Bei einem Bier philosophierten wir über Gott und die Welt. Sie servierte dabei eine Analyse, die mir bis heute leichte Gänsehaut bereitet. Sie meinte: „Es fühlt sich hier zur Zeit an wie 1987 in der DDR." Auf die Nachfrage, woran sie das festmache, konnte sie dies nicht genauer ausführen. Sie sagte nur: „Ich weiß nicht. Es ist ein Gefühl, eine Befindlichkeit. So hat es sich damals angefühlt. Ich kann mich nur an Eindrücke aus diesem Jahr erinnern. Ich war Schülerin kurz vor dem Abschluss. Wir hatten das Gefühl, das stimmt alles nicht mehr. Es war irgendwie sinnlos. Es hat uns irgendwie erzürnt, aber auch belustigt. Dass das Ende so nah war, darauf wären wir freilich nie gekommen."

Und vor ein paar Wochen, ein gutes Jahr später, hatte ich ein Déjà-vu. Da saß ich mit meiner Nachbarin im Garten. Sie stammt aus Tschechien. Sie meinte: „Irgendwie erinnert mich die derzeitige Situation an jene vor dem Zusammenbruch des Kommunismus bei uns in der Tschechoslowakei. Es passt alles nicht mehr zusammen."

Unsere Demokratien werden von vielen Menschen aktuell als die hohle Inszenierung überkommener Rituale erlebt, die nichts mehr mit der Lebenswirklichkeit breiter Teile der Bevölkerung zu tun haben. Offenbar ist die VUKA-Welt und die Erkenntnis, dass wir sie nicht beherrschen können, bei den Menschen angekommen, während sie sich noch nicht in politische Antworten übersetzt. Politik – die Ausverhandlung, wie wir miteinander leben wollen – findet in der Wahrnehmung vieler Menschen auf einem eigenen Planeten statt, der sich immer weiter „von uns" entfernt. Die etablierten Machteliten agieren zu oft als geschlossene Eigenwelt und halten sich dabei mitunter für das gesamte Universum. Das empfinden immer mehr Menschen als zynisch. Wir brauchen eine Revitalisierung unserer demokratischen Systeme, sonst wird dieser Zynismus weiter an Boden gewinnen.

Raffen, Gieren, Konsumieren

Eine weitere Spielart destruktiver Verarbeitung der überquellenden Reize der VUKA-Welt ist die **Gier.** Die Vermutung, dass die Krise unseres Wirtschafts- und Finanzsystems viel mit gierigem Raffen – nach schnellem Geld und allem Möglichen – zu tun hat, wird langsam zur kollektiven Einsicht. Erich Fromm (1900–1980) analysierte bereits vor Jahrzehnten, dass Gier immer Ausdruck innerer Leere sei. Der Psychoanalytiker und Sozialpsychologe, vielen bekannt durch seine Bücher „Die Kunst des Liebens" und „Haben oder Sein", verfasste in den 60er- und 70er-Jahren scharfsinnige Analysen über diese Wirkungszusammenhänge: „Es gibt ein Konsumieren, das ist der Ausdruck der Gier, das ist zwanghaft. Es ist ein Drang, immer mehr zu essen, immer mehr zu kaufen, immer mehr zu haben, immer mehr zu benutzen." Die Ursache für diese krankhafte Form des Konsumierens sieht er in einer depressiven und ängstlichen Grundstimmung vieler Menschen.

Seine Beschreibungen wirken wie eine Fallstudie unserer beschleunigten VUKA-Welt: „Es scheint so zu sein, indem man etwas in sich hinein nimmt – sei es das Essen oder indem man Dinge kauft –, dass man dadurch das Gefühl der Lähmung, der Schwäche, der Leere überwindet und fühlt: Ich bin ja wer, ich hab ja etwas – ich bin nicht nichts. Man füllt sich mit Dingen, um die innere Leere oder vielmehr das Gefühl der inneren Leere zu überwinden. Das ist der passive Mensch, der fühlt, dass er wenig ist, aber wenn er viel hat und benützt, vergessen kann, dass er wenig ist."

Das Anhäufen von Geld, das Kaufen und Konsumieren wirkt also dann wie ein Beruhigungsmittel, wie eine Droge. Der Mensch bekämpft damit die unterschwellige Ängstlichkeit und Depression. „Der moderne, nach außen oft sehr aktiv, geschäftig und gestresst wirkende Mensch, ist in Erich Fromms Sichtweise letztlich passiv, denn er ist meist ein Getriebener, der bloß auf Reize reagiert", resümiert der ORF in der Ankündigung des Radiobeitrags „Überfluss und Überdruss" zu dem Buch „Erich Fromm: Über die Liebe zum Leben". Getrieben werde der moderne Mensch von Leidenschaften, wie Eifersucht, Ehrsucht, Machtsucht, Geldsucht, Esssucht und so weiter. „Die Leidenschaften sind Passivitäten", sagt dazu Erich Fromm. Aktivität dagegen sei etwas, das die den Menschen innewohnenden Kräfte – vor allem Liebe und Vernunft – zur Entwicklung und Entfaltung bringt.

Wer sich dieser blinden Gier hingibt, der übersieht mitunter das Wesentliche. Auf der pseudo-darwinistischen Jagd nach immer Mehr stillen wir dann die Angst, etwas zu versäumen oder irgendwo zu kurz zu kommen. Es geht nicht darum, im Fluss des Lebens seine Richtung zu finden und seinen Weg zu machen. Es geht dann darum, möglichst viel zusammenzuraffen. Wir machen das nicht nur für uns, selbst unseren Kindern verordnen wir das mitunter. Chinesisch-Kurs im Alter von vier Jahren, in Abwechslung mit dem Besuch bei der Logopädin, dem Abspulen von Lern-CDs, dem vorschulischen Lesezirkel, dem privaten Klavierunterricht und dem sportlichen Ponyreiten – das macht aus den Eltern gestresste Kleinkindmanager und raubt den Kindern den Raum für die natürliche Entwicklung. Nicht das Leben hat danach gefragt, nicht das Kind hat den Impuls gezeigt, sondern die Eltern haben aus falsch verstandenem Pflichtgefühl möglichst viel in das Kind hineingestopft. Es soll ja gut vorbereitet sein auf das Leben in schwierigen Zeiten. Doch solcherart durch permanente „Bespielung", Leistungsorientierung und Zwangskonsumation verbogene Kinder verlieren den Zugang zu ihren eigenen Impulsen. Sie kommen nicht zu sich. Sie müssen zwangsläufig in der Entfremdung landen. Die Symptome sind zahlreich und unterschiedlich: von Aggressivität über Hyperaktivität und Konzentrationsschwächen bis hin zu späterer Beziehungsunfähigkeit und Depression.

Ich bin noch nicht tot, aber gehe nicht weiter

Die raffende Hyperaktivität kann bekanntlich auch ins Gegenteil umschlagen. Manche wollen alles, manche gar nichts mehr. Eine weitere destruktive Bewältigungsstrategie im Umgang mit der VUKA-Welt ist die **Apathie**. Das griechische „apátheia" bedeutet „Unempfindlichkeit" und meint nicht etwa mentale Robustheit, sondern eine Form von nicht mehr berührt werden können. Es ist die umfassende Teilnahmslosigkeit, Ausdruck einer mangelnden Erregbarkeit. Eine Immunisierung gegenüber äußeren Reizen. Letztendlich eine Form von abgeschlossen haben mit dem, dem man hilflos ausgeliefert ist. Die schon besprochene Theorie der erlernten Hilflosigkeit von Martin E. P. Seligmann kennt dieses Verhalten als das Ergebnis einer subjektiven Wahrnehmung, die die Welt als vollkommen unberechenbar erlebt, den Grund dafür nur bei sich selbst sucht und davon überzeugt ist, dass die Unberechenbarkeit niemals endet und allumfassend ist.

Eine Art Vorstufe zu dieser Apathie, also ein Verlust der Lebendigkeit, ist der **Stillstand**. Eine Haltung, in der man sich weder entschließen kann zu leben noch zu sterben, sondern versucht, ganz genau da zu bleiben, wo man jetzt ist. Es soll nichts Unerprobtes anfangen, das sich nicht kontrollieren lässt und dessen Ausgang man nicht kennt. Und es soll auch nichts wegfallen von dem, was derzeit ist. So wie es ist, soll es bleiben. Nicht weil es so wunderbar ist, sondern weil alles andere noch mehr Angst macht.

Das führt zu einer Verkeilung in einer Tür, durch die man nicht hindurch will. Eine Unbeweglichkeit, die einen früher oder später von jeglicher Lebendigkeit abschneidet und dann doch verlieren lässt, was man so gerne behalten hätte, den Status quo. Das Schlimmste aber: Der Stillstand bewirkt eine Auflösung der Ordnung des Wachsens. Eine Haltung, die für eine Öffnung zur Welt steht, wird aufgegeben – und damit auch die Möglichkeit, sich immer wieder aus der Umwelt mit Energie und Inspiration zu versorgen und diese in Wachstum zu verwandeln. Die Liebe zum Leben verkümmert, und lebensfeindliche Haltungen – wie beispielsweise ein zynisches „der Zweck heiligt die Mittel" – gewinnen Oberhand.

So destruktiv dieser Zustand erscheint: Viele von uns haben persönliche Erfahrungen damit – wir streben ihn mitunter an. Jeder Hollywood-Liebesfilm endet, wenn sich die zwei Liebenden gefunden haben. Diese Bilder suggerieren, dass die beiden Protagonisten an jenem Ort, wo sie jetzt sind, bis an ihr Lebensende bleiben können. Dabei wissen doch alle, die in langjährigen Beziehungen leben, dass die wirklichen Herausforderungen zu diesem Zeitpunkt *vor* einem liegen. Aber freilich, in uns allen lebt auch der Wunsch nach Beständigkeit – die Hoffnung, die Vergänglichkeit zu besiegen und das, was ist, für immer festzuhalten. Wer hat sich noch nie gewünscht, die Zeit anhalten zu können?

Doch alles unterliegt einem Wandel, und sich dem Verlust – und insbesondere dem Kontrollverlust, der mit dem Wandel einhergeht – zu erwehren, heißt, nicht mehr ins Handeln zu kommen. Man gräbt sich immer tiefer an einem Punkt ein und gibt sich seiner Angst hin, die man zumeist nicht als solche erkennt. Sie ist verdeckt von Alltagszwängen, Systemlogiken und irgendwelchen Ablenkungen.

Die vielen Gesichter des Stillstands

Das Paniksystem des Menschen oder einer Organisation führt in ein „Freeze", eine umfassende Erstarrung als naheliegende Angstreaktion, wenn andere Angstreaktionen wie Flucht und Aggression nicht zur Verfügung stehen. Das Wesen der Angst ist es immer auch, dass sie den Impuls „Hinaus!" in sich trägt. Lange in einer unbewegten Angstreaktion verharren zu können, kostet einiges an Energie und ist keineswegs selbstverständlich. Die Bedrohung durch Veränderung muss offensichtlich als recht mächtig erlebt werden, sodass solch große Energien mobilisiert werden.

Den Stillstand gibt es individuell, in Organisationen und in Gesellschaften. Er ist letztendlich immer das Ergebnis großer Angst vor der Ungewissheit und Unsicherheit, die das Unbekannte mit sich bringt. Oft wird diese rationalisiert oder gar ideologisiert. Sie wird in Abrede gestellt oder es wird behauptet, es handle sich bei der Reaktion um eine rational beabsichtigte, inhaltlich gefestigte Vorgangsweise. Der Angst vor dem Wandel werden Notwendigkeiten entgegengehalten: stehen zu bleiben, einfach weiterzumachen wie bisher oder den Status quo als endgültig zu erklären. Dies passiert völlig losgelöst von Warnsignalen, die eigentlich Veränderung als Antwort nahelegen würden. Auf Impulse von außen und Umfelddynamiken reagiert man dann maximal mit Analyse. Punkt. Für konkretes Handeln reicht es nicht.

Ein praktisches Anschauungsbeispiel: In persönlichen Gesprächen mit führenden Funktionsträgern einer traditionsreichen österreichischen Partei habe ich in den letzten Jahren mehrfach folgende Analyse dargelegt: Diese Partei wird ihre – nunmehr bald über 70 Jahre andauernde – staatstragende Funktion für das österreichische Gemeinwesen in zehn Jahren in der bisherigen Ausprägung nicht mehr innehaben. Es sei denn, sie unterzieht sich einer grundsätzlichen inhaltlich-strategischen, strukturellen und organisationskulturellen Erneuerung. Und nun das für mich Unglaubliche, aber offensichtlich Normale: Die Spitzenfunktionäre stimmen mir im Befund meist zu. Und kehren dann an ihren Arbeitsplatz zurück. Sie ergeben sich dem taktischen Alltagsbemühen und widmen sich der terminlichen Überforderung, als wäre nichts anderes denkbar. Emotionalität als Vorbedingung für eine entschlossene, grundsätzliche Intervention wird vermieden. Die Analyse übersetzt sich nicht in konkretes Handeln, das ihr angemessen wäre.

Stillstand ist das zufriedene oder unzufriedene Verharren

im Analysieren und möglicherweise auch noch im Planen. Er präsentiert sich als die lähmende Konzentration auf die Notwendigkeit und als der mangelnde Fokus auf die Möglichkeit. Stillstand ist die Hochzeit aus „Think big" und „Es war schon immer so." Möglicherweise haben Sie beim Lesen jetzt das Gefühl: „Das geht sich nicht aus." Dann spüren Sie, woher die Angst herrührt, die diese eigentümliche Heirat vorantreibt.

Generell scheint es so zu sein, dass Stillstand oft aus Optimierungsversuchen entsteht, wo es nichts (mehr) zu optimieren gibt. Die Dinge sind auf dieser Ebene ausgereizt, aber man versucht den Druck zu erhöhen. Auf die Idee, die Dinge auf eine andere Ebene zu heben, kommt man gar nicht (mehr). Zu sehr ist man damit beschäftigt, die Situation in den Griff zu bekommen.

Die Weigerung, die Unauflösbarkeit der Widersprüche und die Unkontrollierbarkeit der Komplexität anzuerkennen, verunmöglicht jegliche Bewegung. Und natürlich kann der Stillstand auch in Hyperaktivität bestehen – wie in den obigen Ausführungen zum Thema „Raffen, Gieren und Konsumieren" bereits ausgeführt. „Running to stand still" betitelte die irische Kultband U2 eines ihrer Lieder. Die VUKA-Welt ist dazu prädestiniert, im ganzen Trubel mit höchster Betriebsamkeit stillzustehen. Insofern hat das Phänomen Stillstand viele Gesichter. Denn „stillstehen" kann auch das Gegenteil von Stillstand sein. So ist es durchaus sinnvoll, einmal zu bleiben wo man ist, wenn man in einem Schilderwald aus sich widersprechenden Tafeln und Zeichen steht. Es ist dann gar keine schlechte Idee, sich einen Überblick zu verschaffen, zu analysieren und zu versuchen, die Informationen zu verwerten. Es ist dies ein Innehalten, dem eine Handlung folgt.

Manchmal zeigt sich der Stillstand auch als Umklammerung der Illusion, umdrehen zu können. Ungeschehen machen zu können, was bislang oder soeben passiert ist: „Wenn ich jetzt stehen bleibe, dann ist der Weg zurück offen", ist der Gedanke, der uns dann steuert. Wir verkennen dabei, dass sich die Situation auch durch einen Schritt zurück nicht auflösen lässt. Denn, wenn wir den Widerspruch, die andere Möglichkeit, die Mehrdeutigkeit einmal kennen, gibt es keinen Ort des Nichtwissens mehr. Der liegt hinter uns, und es gibt kein Zurück. Diese Erkenntnis leitet meist auch eine Phase der Emotionalität ein, die wir auch in der Weltliteratur studieren können. Frodo Beutlin aus dem Auenland, der kleine Hobbit und Held in John Ronald Reuel Tolkiens (1892–1973) Roman „Der Herr der Ringe", trägt diesem Umstand Rechnung, indem er jedes Mal vor wichtigen Handlungen kurz innehält, um sich bewusst zu machen, dass er es von diesem Punkt aus nicht mehr schaffen kann, zurück nach Hause oder an einen anderen ihm bedeutenden oder sicher erscheinenden Ort zu gelangen. Er nimmt einen kleinen Abschied, einen Moment der traurigen Erkenntnis, und geht weiter. Er widersetzt sich so dem Bedürfnis, stehen zu bleiben. Es gehört zum Wesen des Lebens, dass es fließt. Es geht weiter, immer weiter. Oder es endet. Frodo weiß darum, und er handelt danach. Apathie und Stillstand sind für ihn keine gültigen Optionen.

Ausgebrannt. Vorhang zu.

Alle in den obigen Ausführungen dargestellten Haltungen beziehungsweise Verhaltensmuster haben Fluchtcharakter. Und die Möglichkeiten der Flucht sind natürlich noch viel mannigfaltiger. Das Zurückweichen vor der VUKA-Welt kann abrupt und schlagartig erfolgen oder schleichend und leise. Die menschlichen Spielarten reichen von den beschriebenen Mustern über Drogensucht und Depression bis hin zu Selbstmord. Der Aussteiger, der sich nach Nepal absetzt, sucht gar einen physisch neuen Zufluchtsort, der Schutz und Sicherheit verspricht. Er zeigt damit eine beachtliche Antriebskraft. Die Flucht nach Innen ist hingegen oft von Antriebslosigkeit gekennzeichnet. Geradezu epidemische Verbreitung findet das Phänomen **Burn-out**. Der Vorgang der Flucht ist hier nicht mehr selbst gewählt. Er hat sich gleichsam in Eigenregie verselbstständigt.

Die Zahl der Krankschreibungen aufgrund von Burn-out-Symptomen ist in Deutschland seit 2004 um fast 1400 Prozent explodiert. Etwa zehn Millionen Deutsche sind vom Burn-out-Syndrom betroffen. Psychische Belastungen am Arbeitsplatz verursachen in Deutschland jährlich volkswirtschaftliche Kosten in Höhe von fast sieben Milliarden Euro. In Österreich weisen von 8,4 Millionen Einwohnern rund 500.000 Burn-out-Symptome auf. Circa 700 Millionen Euro kosten Burn-out-Erkrankungen die Unternehmen in der Alpenrepublik pro Jahr. Nicht therapierbare Fälle bilden die größte Gruppe der Frühpensionisten und gehen damit in die Bilanz der Sozialversicherungen ein. Die Entwicklung ist wie beim nördlichen Nachbarn ebenfalls ohne Aussicht auf Besserung: Ein Viertel der österreichischen Bevölkerung fühlt sich überlastet und von Burn-out akut bedroht. Auslöser Nummer 1 ist Stress – im Job, aber auch in privaten Beziehungen. Es ist die VUKA-Welt die hier hereindrückt, beruflich wie privat. Alles in Bewegung, alles unsicher, alles kompliziert und alles so mehrdeutig. Bis der Organismus sagt: „Ich will und kann nicht mehr."

Der Abstieg ist ein schleichender. Es ist die Geschichte einer Metamorphose – einer Verwandlung der anderen Art. Von körperlichen und/oder psychischen Beschwerden über Schlafstörungen und Mattigkeit stellt sich ein Gefühl der Beklemmung ein. „Ich bin in der Situation gefangen. Ich kann sie nicht ändern." Konzentrationsprobleme und erhöhte Reizbarkeit paaren sich oft mit zwanghaftem Arbeitsdrang und sozialem Rückzug. Damit kommt die Eskalationsspirale voll in Gang. Auswegloses Grübeln und Schuldgefühle führen in eine Motivationskrise und in die Interessenlosigkeit. Starke Stimmungsschwankungen gehen mit Selbstmordgedanken einher und enden in apathischem Verhalten.

Eine „harte" klinische Diagnose gibt es bis heute nicht. Es ist damit auch eine geheimnisvolle Krankheit; mit über 130 (möglichen) Symptomen. So komplex das Phänomen, so vielschichtig die Therapie. Oft ist eine jahrelange Behandlung notwendig. Und es helfen keine gelben oder blauen Pillen allein. Die Behandlung muss maßgeschneidert sein: Vom Einsatz von Psychopharmaka über Coaching und Psychotherapie wird der Weg in eine umfassende Umgestaltung des individuellen Lebens gesucht. Bis sich das Individuum wieder selbstständig der VUKA-Welt stellen kann – hoffentlich nun mit geänderten Haltungen, positiven Bewältigungsstrategien und somit konstruktiven Verhaltensmustern.

Eine lebenslange Herausforderung

Das Phänomen „Burn-out" ist solchermaßen ein geradezu prototypisches Symptom unserer VUKA-Welt. Und zwar in mehrfacher Hinsicht. Nicht nur, dass es offensichtlich durch VUKA ausgelöst wird. Es ist selbst auch VUKA – es ist fließend, kaum greifbar, äußerst komplex, hinterlässt mehr Fragen als Antworten, und es ist in hohem Grade mehrdeutig.

Wolf Schneider, Autor des Buches „Die Wahrheit über die Lüge: Warum wir den Irrtum brauchen und die Lüge lieben" (Rowohlt 2012) bringt den ambivalenten Charakter des Burn-outs in einem Beitrag der Tageszeitung „Der

Standard" (21. 7. 2012) auf den Punkt. Auf der Suche nach Lebenslügen, die für unsere Ära typisch sind, holt er das Burn-out-Syndrom in den Fokus: Natürlich erzeuge die elektronische Beschleunigung aller Abläufe, das Andrängen unendlicher Informationsmengen und der Zwang zur Erreichbarkeit rund um die Uhr einen Dauerstress. „Keine Lüge ist es bei denen, die unter zu viel Verantwortung oder erzwungener Verzettelung wirklich zusammenbrechen." Doch, so betont der deutsche Journalist und Sprachkritiker, das Phänomen Burn-out birgt auch andere Facetten: „… dass eben das Signal ‚Ich bin ausgebrannt bis an den Rand der Selbstzerstörung' einen gewissen sozialen Rang erworben hat, und das noble Etikett mit seiner Aura von Kernphysik, Wall Street, unerhörter Wichtigkeit verführt dazu, es sich wie einen Orden anzuheften. Längst hört man von Ärzten, die sich nicht trauen, einem Patienten die begehrte Bestätigung zu verweigern, dass das schreckliche Syndrom auch von ihm Besitz ergriffen habe."

Ja, wir können die Krankheit Burn-out kaum greifen. Wer hat sie wirklich und wer glaubt „nur", sie zu haben? Und worin liegt der Unterschied? Was ist objektiv, was ist subjektiv? Ein Bekannter war unlängst bei uns im Büro auf Besuch – er kam gerade von einem sechswöchigen Aufenthalt in einem Therapiezentrum. Seit über einem halben Jahr dauert sein Krankenstand mit Diagnose Burn-out nun bereits an. Objektiv war, dass er nachts nicht mehr schlafen konnte. Objektiv war auch, dass von 100 Patienten in der aktuellen Belegung des Therapiezentrums 15 aus der Finanzbranche kamen. Eine Branche, die besonders VUKA ist. Subjektiv klar wurde ihm, dass er einen anderen Umgang mit der VUKA-Welt finden muss, sonst gäbe es keine Chance, aus dieser destruktiven Sackgasse herauszukommen.

Unser Bekannter ist nun vollends entschlossen, die VUKA-Welt gut zu meistern. Vor dieser Aufgabenstellung stehen wir alle, immer wieder. Wir sollten sie sportlich und ernst zugleich nehmen. „VUKA-Mastering", nennen wir diese Herausforderung. Sie ist eine lebenslange Alltagsdisziplin für jeden Einzelnen, für Organisationen und für uns als Gesellschaft.

II. VUKA-Mastering: Gut durchs Chaos steuern

Die Welt ist also unüberschaubar mehrdeutig und im ständigen Wandel begriffen. Sicherheit ist keineswegs selbstverständlich und weitgehend eine Illusion. Die Welt ist eben VUKA. Und das war sie immer schon. Doch jedes Mehr an Möglichkeiten, das wir entdecken und entwickeln, macht sie noch mehr VUKA.

Neu ist allerdings, und das ist unsere große Chance: Wir wissen um unsere VUKA-Befindlichkeit in einer Tiefe und Breite, wie dies die Menschheit bis jetzt nicht kannte. Die (Selbst-)Reflexionsfähigkeit breiter Gesellschaftsschichten war noch nie so groß. Dies hat auch und vor allem mit Bildung zu tun. Wir können diese Befindlichkeit – sowohl kognitiv als auch emotional – anders und neu in unser Sein und Haben, in unser Denken und Tun als Menschen, Organisationen und Gesellschaften integrieren. Den ersten Schritt, bei dem wir dachten, dieses Wissen sei die Basis, um alles erklären, planen und kontrollieren zu können, haben wir hinter uns. Den zweiten beginnen wir gerade mit der Suche nach Wegen, Haltungen und Methoden, um gut durch das Chaos zu steuern – VUKA-Mastering eben.

Wir werden in diesem Kapitel zuerst Sichtweisen auf das Wesen der Welt vorstellen, die nach unserer Auffassung dazu geeignet sind, Handlungs- und Entscheidungsfähigkeit in der VUKA-Welt zu stärken. Es ist die Idee, mehrere

Perspektiven aufzuzeigen, aus denen man wahrnehmen kann, was geschieht. Es versteht sich gleichsam als Einladung, den Erdball von unterschiedlichen Seiten zu betrachten, sich an diese Perspektiven zu erinnern, wenn es ganz eng wird und daraus Handlungen abzuleiten. Sie können uns, so sind wir als Autoren überzeugt, in einer VUKA-Welt nähren.

Weiter geht es dann mit einem anderen Verständnis von Change. Letztendlich kommt es ja darauf an, sich in einer ständig wandelnden Welt zu bewegen. Mit welcher Idee von Veränderung ist das möglich?

Was uns direkt in den dritten und vierten Teil führt, nämlich zum Mindset der Bewährung – ein in Vergessenheit geratener Klassiker der Menschheitsgeschichte. In der Bewegung Bewegung erproben. Das vertiefen wir, indem wir versuchen, Odysseus auf die Finger zu schauen, wenn er die Segel setzt. Wie macht er das? Ein Sammelsurium aus hoffentlich hilfreichen Beobachtungen, Erfahrungen und Erkenntnissen.

Mit dem Kapitel „Eine andere Idee von Entscheiden" entlarven wir den Ansatz eines bloßen Entweder-oder als Verkürzung unserer Möglichkeiten. Ein Plädoyer für scharfes Wahrnehmen, beherztes Entscheiden und entschlossenes Tun.

Die Zielgerade erreichen wir mit der Frage: Gibt es individuelle Fähigkeiten, die uns das Handeln und Entscheiden in der VUKA-Welt erleichtern? Und was bedeutet das für Menschen mit Führungsverantwortung in Organisationen? Dazu haben wir auch in unserem beruflichen Alltag viel geforscht, diskutiert und erlebt. Es erscheint uns ein stimmiger Abschluss zum Thema VUKA-Mastering.

5. Eine andere Sicht der Welt

Die VUKA-Welt – das zeigen die bisherigen Ausführungen – fordert uns heraus. Wer mit seinen Bewältigungsstrategien in destruktive Gassen gerät, der bleibt dort mitunter stecken. Der *konstruktive* Umgang mit Herausforderungen allerdings will geübt und trainiert sein und braucht Zeit, um sich entwickeln zu können. Der Mensch, die Organisation und die Gesellschaft müssen sich jeweils bewusst für dieses Wachstum entscheiden. Und damit sind wir schon mittendrin in einem Paradoxon, das lautet: *Die Dinge mit großem Gestaltungswillen sein lassen!*

Das ist nicht die letzte Widersprüchlichkeit, die uns beim Steuern durch die VUKA-Welt begegnen wird. Die Wege durch diese Welt sind gepflastert mit Paradoxien, die nichts anderes sind als Hinweise darauf, dass es unterschiedliche Sichtweisen auf die Welt und die Zusammenhänge in ihr gibt, die in *einem* Gedanken kaum fassbar sind. Das sprengt ab und an die Grenzen gängiger Logiken. Aufmerksames Wahrnehmen wird zur Königsdisziplin in der VUKA-Welt. So empfiehlt es sich, die Wahrnehmung von Paradoxie als einen wichtigen Kompass auf die Reise durch unsere Zeiten mitzunehmen.

Wir sollten uns darin üben, Widersprüche einfach wahrzunehmen. Sie sind als Vorboten einer Weiterentwicklung zu sehen, in der das Paradoxe nicht mehr paradox ist. Ein Wachstum, in dem sich der Widerspruch integriert, auflöst oder unbedeutend wird.

Anerkennen was ist – und der Geist öffnet sich

Als wir den Entschluss fassten, dieses Buch zu schreiben, begannen wir, unseren Kunden von der VUKA-Welt zu erzählen – in Teamworkshops, in Führungsseminaren, in Vorträgen, in Coachings und als Prozessbegleiter in Change-Projekten. Die Reaktionen waren meist die gleichen: leuchtende Augen. Ein Vorstand, der mitten in einer Umstrukturierung steckte, kam nach einem Vortrag ganz aufgeregt zu uns: „Ja, genau das ist meine Welt. Was Sie hier beschreiben, das ist unser Alltag. Völlig VUKA. Alles im Umbruch. Alles im Fluss. Völlig verrückt. Endlich bringt es jemand auf den Punkt."

Eine Geschäftsführerin brachte in ein Coaching ein – wie sie sagte – „VUKA-Gemälde" mit: eine chaotische Szenerie von Strichen, Formen und abstrahierten Menschen, darüber fett ausgemalt die vier Buchstaben: „V-U-K-A!" Sie hatte die Zeichnung während einer dreistündigen Sitzung mit den Vorständen und Abteilungsleitern der Holding verfasst. „Als Reaktion auf die präsentierten 200 PowerPoint-Folien, die mich mehr verwirrten, als dass sie mir Klarheit gebracht hätten."

Ein Abteilungsleiter für Organisationsentwicklung schrieb uns nach einem Seminar: „Im Anschluss an Ihre Ausführungen zum Umgang mit VUKA-Situationen möchte ich Sie anfragen, ob Sie bzw. Ihr Team mir bei einer solchen VUKA-Herausforderung in unserem Haus helfen können." Der Terminus war in allen drei Fällen ab diesem Tag als fixes Vokabular gesetzt, um den Zustand der jeweiligen Situation zu charakterisieren.

Doch warum wird die Welt heute von vielen Menschen als VUKA erlebt? Es hat mit dieser vierten Kränkung der Menschheit zu tun, die wir eingangs beschrieben haben. Wir dachten, wir wüssten, wie die Welt funktioniert, wie man es richtig macht, wissenschaftlich fundiert und alles bald vollständig dekodiert. Wir dachten und denken, dass all das viele Wissen, alle unsere technischen Möglichkeiten uns in der Evolution einen Schritt weiter kommen lassen. Bei den alten Griechen ist noch alles wild geflossen, bei uns ist der Bach in seinem Bett reguliert. Wir ziehen ein paar Schleusen ein und haben den Fluss im Griff. Wir dachten, unsere wichtigste Aufgabe sei es, uns, unsere Familien, unsere Organisationen, unsere Gesellschaft, die ganze Welt auf die Erreichung unserer Ziele zu trimmen, noch mehr Wissen anzuhäufen, um auch die letzte Unsicherheit auszuräumen.

Und plötzlich bleibt der Erfolg aus, obwohl wir doch alles richtig gemacht haben. Die Sicherheit darüber, wie die Welt funktioniert, was womit zusammenhängt, wie etwas kommt, wie etwas geht, wie wir richtige Entscheidungen treffen, kommt uns immer mehr abhanden. Die Wissensexplosion hat die Komplexität nicht reduziert, sondern noch einmal vergrößert. Das Mehr an Möglichkeit durch Wissen und technologischen Fortschritt mag zwar in vielen Bereichen des Lebens zu Vereinfachungen geführt haben, hat aber insgesamt die Unüberschaubarkeit erhöht. Und insbesondere das Wissen über die Existenz der sich fortwährend vermehrenden Möglichkeiten wird die Unüberschaubarkeit weiter wachsen lassen. Das „Midas-Gold der Moderne", wie Niklas Luhmann diesen Umstand bezeichnet. Ein großer Reichtum; doch verwandelt sich alle Nahrung in Gold, ist sie ungenießbar.

Das ganze Feld wahrnehmen

Unsere erste Idee als westliche Zivilisation, die – in unserer Wahrnehmung – steigende Komplexität, Offenheit und Mehrdeutigkeit zu beherrschen, war wohl richtig und wichtig. Wenn es im ersten Anlauf nicht funktioniert, werden die Beherrschungsversuche mitunter trotzig bis krampfhaft. Frei nach der Devise: „Es kann nicht sein, was nicht sein darf."

Aber mit der Zeit – und hier stecken wir als Gesellschaft mittendrin – entsteht so etwas wie die Idee, dass es auch anders sein könnte.

„Etwas anderes ist möglich!" Ein leicht dahin gesagter Satz. Klar doch: Wenn ich einen Apfel esse, kann ich immer auch eine Banane verzehren. Es kann doch nicht so schwierig sein, sich das vor Augen zu halten. Ist es aber! Denn wer sagte was von Bananen? Da gibt es doch noch viel mehr.

Wir begehren meist, was wir sehen. Wir halten für möglich, was wir kennen. „Etwas anderes ist möglich!" Diese Haltung, die Otto Scharmer in seiner Theory U als „open mind" bezeichnet, bedeutet, dass auch etwas möglich ist, das wir nicht kennen. Nicht Apfel oder Birne, sondern Apfel und etwas, was wir uns zu diesem Zeitpunkt noch nicht ausmalen können. Dies verlangt nach der Bereitschaft, dieses Unbekannte entstehen zu lassen. Wir pendeln üblicherweise zwischen Alternativen des Vertrauten. Das Nicht-Vertraute, das, von dem wir noch nicht wissen, mag interessant sein, aufregend, aber es ist keinesfalls etwas, auf das wir uns stürzen. Weil es eben noch nicht da ist, nicht greifbar. Es ist schon ein großer Schritt, wenn wir es für denkbar halten.

Harry Potter, Fantasyroman-Held der englischen Schriftstellerin Joanne K. Rowling, der sich in einer bedrohlichen und bedrohten VUKA-Welt bewähren muss, kämpft für ein Leben, das er nicht kennt. Er weiß bis zum Eintritt in einen erbitterten Kampf gegen das Böse gar nicht, dass er ein Zauberer ist. Er wuchs nicht in einer Zauberer-Familie auf. Er kann keine Erfahrung damit haben, die ihm Sicherheit gibt, dass dieser angestrebte Zustand, für den er kämpft, überhaupt eine Möglichkeit ist. Aber er glaubt daran und beschert uns spannende Lesestunden.

Immer wenn wir diesen Schritt gehen, unsere Gedanken für etwas anderes öffnen, zerfällt die Einzigartigkeit dessen, was jetzt ist, zu Staub. Und das ist keine Kleinigkeit. Was als sicher und unverrückbar galt, weil einzig möglich, ist plötzlich nicht mehr. Das ist in manchen Bereichen eine große Befreiung, wenn Sie etwa an Vorurteile gegen bestimmte Personengruppen – beispielsweise homosexuelle Menschen oder Ausländer – denken. In anderen Lebensbereichen stellt dies eine große Belastung dar. Beispielsweise, wenn Sie sich den Zerfall von Familien vor Augen halten. Eines ist jedenfalls klar: Wenn etwas anderes möglich ist, wenn Sie Ihre Gedanken öffnen und „open minded" sind, dann erhöht sich die Notwendigkeit zur Entscheidung, weil die Dinge nicht mehr ihren gleichsam selbstverständlichen Lauf nehmen.

Doch bevor wir entscheiden, sollte es darum gehen, das Feld des Vorstellbaren, des Möglichen wahrzunehmen, zu vergrößern. Gewohnheiten, aber auch Vorurteile zu überwinden und Bewertungen hintanzuhalten. Insbesondere auch anzuerkennen, was ist. Gerade Letzteres ist nicht nur eine gedankliche, sondern auch eine hochemotionale Leistung. Wenn wir unsere Schablonen verlassen, verlieren wir Sicherheit, reagieren mitunter depressiv verstimmt, wie die Ratten im besprochenen „Erlernte Hilflosigkeit"-Experiment.

Daher sollten wir uns vor Augenführen, dass die Unsicherheit nicht allumfassend ist, zeitlich beschränkt und bestimmt nicht das Ergebnis unserer eigenen Unzulänglichkeit. Sie ist vielmehr das Hintergrundrauschen eines mutigen Aktes, nämlich die Welt einmal anders wahrzunehmen, als man sie eh schon zu kennen glaubt. Wenn uns das gelingt, dann werden wir bald auch die Kraft des Anerkennens spüren. Es bedeutet eine große Versöhnung mit dem „es kann nicht sein". Es stiftet Zuversicht, Tat- und Willenskraft, weil es uns ermöglicht, unser Leben proaktiv zu leben. Und nicht von außen einem Film zuzuschauen, mit dem wir nichts zu tun haben. Wenn wir es beispielsweise schaffen, – ob mit Dankbarkeit oder Trauer – das anzunehmen, was wir verloren haben oder was uns beschert wurde, sind wir bereit, einen Schritt weiter zu gehen.

Die Welt ist, wie wir sie konstruieren

Was kann uns diese „Aufgabe des Anerkennens" erleichtern? Hilfreich scheint uns die erkenntnistheoretische Position des Konstruktivismus. Dieser steht für die Auffassung, dass wir die Wirklichkeit subjektiv „erfinden" (konstruieren) und nicht objektiv „entdecken". Menschen leben und handeln in sogenannten Wirklichkeitskonstruktionen. Diese werden vor allem hinsichtlich ihrer Brauchbarkeit zur Kommunikation und Konsistenz bewertet.

Das sind zutiefst philosophische Überlegungen, deren Protagonisten – wie etwa Paul Watzlawik (1921–2007) – oft bekannter sind als die dahinter stehende Theorie. Interessant ist, dass sich der Konstruktivismus umso größerer Beliebtheit auch außerhalb der Erkenntnistheorie erfreut, je mehr wir über die Informationsverarbeitung und Wahrnehmung des Menschen entdecken. Spannend sind hier beispielsweise Experimente zum „egocentric bias", wie unter anderem von Claus Lamm, Professor für Biologische Psychologie an der Universität Wien, vorangetrieben. Diese zeigen, wie sehr unsere eigene Verfasstheit unsere Wahrnehmung beeinflusst. Exemplarisch veranschaulicht: Andere Menschen um uns herum sind zum Beispiel glücklicher, wenn wir es sind. Wenn das nicht nach Konstruktion riecht?

Doch wir konstruieren eben nicht völlig beliebig. Das Orientieren an Ankerreizen, wie die Psychologie sagt, scheint ein sehr wichtiges Prinzip unserer Informationsverarbeitung zu sein. Wer – vielleicht inspiriert durch den romantischen Spielfilm „French Kiss" – einmal an einer Weinverkostung

teilgenommen hat, bei der die im Wein zu erschmecken-
den Aromen zuvor isoliert wahrgenommen wurden, weiß,
wie stark dieser Ankereffekt ist. Wenn Sie beispielsweise an
einem Vanilleextrakt riechen und danach einen Wein mit
einer Vanillenote probieren, werden Sie bemerken, wie stark
Sie plötzlich die Vanille wahrnehmen. Es wird sogar schwierig, noch irgendeine andere Note zu schmecken. Sie haben
sozusagen eine Fährte gelegt, der sie jetzt folgen. Das machen wir nicht nur bei Weinverkostungen so.

Die Konstruktion unserer Wirklichkeit entsteht also anhand gewisser Prinzipien. Ein wichtiges Prinzip ist: Wir konstruieren unsere Wirklichkeit nicht im luftleeren Raum, sondern im Bezug zu etwas –, nämlich in Bezug zu dem, was
schon da ist. Und das sind erst einmal gesichert *wir selbst*
und darüber hinaus, was sich eben als Anker anbietet oder
angenommen wird.

Eine berühmte Anwendung dieses Prinzips hat der amerikanische Psychotherapeut Steve de Shazer (1940–2005) mit
seiner Idee der Lösungsorientierung entwickelt. Dieser Ansatz versucht, in der Beratung von Menschen konsequent den
Anker „Lösung" zu setzen und nicht den Anker „Problem".
In dem völlig unüberschaubaren Feld voll Nichtwissen, Verwirrung und Hilflosigkeit sollen Menschen die Fährte der
Lösungen aufnehmen. Das hilft ihnen, sich zu bewähren.

Wer also das Konzept der Wirklichkeitskonstruktion verinnerlicht, anerkennt: Wir agieren nicht auf Basis einer Welt-
an-sich, sondern auf Basis der von uns selbst konstruierten
Wirklichkeit. Diese ist gleichsam ein inneres Abbild, das wesentlich von eigenen Erfahrungen, aber auch Fähigkeiten geprägt ist. Wir sind gnadenlos subjektiv.

Der US-amerikanische Psychologe George A. Kelly
(1905–1967) hat sich in seiner Theorie der persönlichen
Konstrukte näher mit der Entstehungs- und Funktionswei-
se von Wirklichkeitskonstruktionen beschäftigt. Kelly sieht

den Menschen als Forscher, der ständig auf der Suche nach Antworten ist, um seine Wahrnehmung der „Realität" zu verbessern. Ein Konzept aus den 50er-Jahren, das neuere Forschungen vor allem aus dem Bereich der Biologischen Psychologie und Neurowissenschaften bestätigen.

Der Mensch agiert in seinem Alltag analog zum Wissenschaftler. Er bildet Hypothesen über seine Umwelt, überprüft, das heißt verifiziert oder falsifiziert diese auf Basis seiner Alltagserfahrungen und modifiziert sie gegebenenfalls. Jede Wahrnehmung der Realität kann also auch anders und neu interpretiert werden.

Wir bauen uns ein Bild der Welt in unserem Inneren auf, das die Basis unseres Denkens, Fühlens und Handelns ist. Dieses Bild ist erfreulicherweise veränderbar, aber niemals losgelöst von dem *bestehenden* inneren Bild. Für das, was wir wahrnehmen und lernen können, ist es höchst relevant, was wir schon wahrgenommen und gelernt haben.

Der Schweizer Sozialpsychiater und Systemiker Luc Ciompi spricht in seiner Theorie der Affektlogik von kognitiv-affektiven Eigenwelten, die eine Tendenz haben, sich abzuschließen, ein in sich stimmiges System zu bilden, das sich immer stärker in seinen inneren Logiken stabilisiert und Denken und Fühlen gleichermaßen bestimmt. Diese Eigenwelten gibt es nicht nur individuell, sondern auch kollektiv. Solange solche Eigenwelten nicht hermetisch abgeriegelt sind und sich im Austausch mit der Umwelt befinden, sind sie identitätsstiftend und vermitteln so etwas wie Sicherheit. Vollkommen abgeschottet bilden sie die Basis für eine pervertierte Identität. Diese gebietet mitunter als einzig denkbare Möglichkeit, brandschatzend und mordend durch Dörfer zu ziehen. Wir erlebten dies in der Geschichte der Menschheit immer wieder, in Europa zuletzt im Bosnienkrieg von 1992 bis 1995. Ein weiteres Beispiel hermetischer Abrieglung im doppelten Wortsinn – als Konstruktion und als faktische Folge – ist der Fall von 70 Mitgliedern einer islamischen Sekte, die in der russischen Stadt Kazan zehn Jahre lang in einem Bunker lebten. Etliche Kinder wurden unterirdisch geboren und hatten noch nie in ihrem Leben Tageslicht, einen Arzt oder eine Schule gesehen, bis die Behörden ihre Behausung ausfindig machten und das Gebäude am 1. August 2012 räumten.

Erleben ist mehr als Dabeisein

Klar ist: Wer in einer VUKA-Welt entscheiden und handeln will, muss in einem vieldeutigen Kontext für sich immer wieder zu Bestimmtheit kommen. Wir müssen unsere Wahrnehmungen, die auf uns einprasselnden Reize irgendwie ordnen. Wenn uns das nicht gelingt, werden wir verrückt.

Daher müssen wir uns ein Bild von dieser Welt konstruieren, in dem wir uns bewegen können. Das ist gut und richtig so. Wir bauen uns, allem VUKA zum Trotz, eine Welt, in der es möglich ist, zu konkretisieren und zu entscheiden. Individuelle Konstrukte und Konstruktsysteme entstehen dabei durch Erfahrung und abstrahiertes Wissen. Letzteres ist jenes Wissen, das sich von den gemachten Erfahrungen und Erkenntnissen auf einer Metaebene abhebt. Man muss sich das so vorstellen: Wir machen beispielsweise eine Bergwanderung oder einen Spaziergang im Wald. Dann reflektieren wir darüber. Wir denken an das Erlebte, assoziieren andere Inhalte und bereits abgespeichertes Wissen damit, bewerten Aspekte des Erlebten, stellen Abweichungen zum Erwarteten fest, belegen manche Momente mit Bedeutung und so weiter und so fort. Wenn wir das getan haben, haben wir eine Erfahrung gemacht. Haben wir mehrere Erfahrungen gemacht, abstrahieren wir davon Wissen. Wir sagen dann: „In die Natur gehen entspannt mich. Das ist wichtig für mich."

Dieser Konstruktionsprozess, in dem das Individuum sich selbst, seine Umwelt und die Beziehung zu dieser bewertet, ist für Kelly der Kern psychischer Existenz. Er ist jedoch nicht nur kognitiv, formal logisch und offenkundig, sondern wird immer von Emotionen begleitet. *Das Erleben* spielt für unsere Wirklichkeitskonstruktionen eine zentrale Rolle. Und dieses ist immer auch ein emotionaler Vorgang. An diesem Punkt droht in unseren Zeiten konkret die Gefahr, dass unsere Wirklichkeitskonstruktionen verarmen. Warum?

Erleben versteht sich im hier gemeinten Zusammenhang nicht als platter Aktionismus; oder wie der Volksmund sagt „von jedem Kirchturm springen" oder „auf jedem Kirchtag tanzen". Erleben heißt, sich mit allen Sinnen auf das Hier und Jetzt einzulassen. Der Wert davon gerät immer mehr in Vergessenheit. Wir bemerken bei unserer Arbeit mit Menschen, dass der Unterschied von passivem Zuschauen und aktivem Dabeisein in der Wahrnehmung vieler Menschen als unbedeutend gilt. Man gibt sich mit Zuschauen zufrieden, wo ein Dabeisein möglich wäre. Gut in Erinnerung ist mir die Diskussion mit einer Seminarteilnehmerin, die mir erklärte, dass bei den Übungen zuzuschauen für sie exakt den gleichen Wert habe, wie diese selber zu machen. Jetzt kann man natürlich sagen, das war nichts anderes, als sich den Übungen zu verweigern. Doch ich war wirklich beeindruckt, mit welcher Sicherheit sie ihre Überzeugung vortrug, dass hier kein Unterschied hinsichtlich potenzieller Erkenntnis bestehe.

Wir bauen Potemkinsche Dörfer des Wissens, denen das Erleben fehlt. Und damit fehlt es an Substanz. Was soll das für ein Leben sein, in dem wir alles über die Liebe wissen und niemals geliebt haben?

Testen hilft

Natürlich ist es schwierig, sich die Idee der Konstruktion stets vor Augen zu halten. Es ist auch weder sinnvoll noch notwendig. Doch irgendwo in uns sollte der Gedanke der Konstruktion, der brauchbaren Konstruktion wach sein. Er führt uns nämlich zu etwas ganz Hilfreichem: dem Test.

Es ist doch eigentlich logisch, ein Konstrukt zu überprüfen. Wenn ich mir von einer Gegend, die ich als Mountainbiker kenne, einen Plan mache, um ihn in einem halben Jahr als Basis für eine Wanderung mit einer Kindergruppe zu verwenden, ist es hilfreich, dieses Plan zu prüfen. Kann jemand anderer mit meinen Aufzeichnungen etwas anfangen? Bin ich selbst in einem Monat fähig, anhand dieses Plans eine Vorstellung des Weges zu entwickeln? Und wie wird es sein, wenn Kinderfüße meinen entworfenen Weg gehen? Es scheint logisch, aber keinesfalls sicher, dass ein Test gemacht wird. Zuletzt erlebte ich hier im Freundeskreis einige Überraschungen.

Das Testen von Wirklichkeitskonstruktionen erfreut sich mäßiger Beliebtheit. Wie lautet ein gängiger Witz: „Ich hasse Vorurteile – und Ausländer." Wie oft riskieren wir die Überprüfung, ob unsere Annahmen stimmen? Wir beurteilen und planen, überlegen und konstruieren, schmücken unsere Welt immer mehr aus, machen sie zur Basis unseres Handelns und vermeiden das Ausprobieren. Umso sicherer wir uns werden, desto mehr vermeiden wir, diese Sicherheit durch Tests ins Wanken zu bringen.

Die alte Geschichte über den Hammer aus Paul Watzlawicks Buch „Anleitung zum Unglücklichsein" passiert jeden Tag im großen Stil:

Ein Mann will ein Bild aufhängen. Den Nagel hat er, nicht aber den Hammer. Der Nachbar hat einen. Also beschließt unser Mann, hinüberzugehen und ihn auszuborgen. Doch da kommt ihm ein Zweifel: Was, wenn der Nachbar mir den Hammer nicht leihen will? Gestern schon grüßte er mich nur so flüchtig. Vielleicht war er in Eile. Vielleicht hat er die Eile nur vorgeschützt, und er hat was gegen mich. Und was? Ich habe ihm nichts getan; der bildet sich da etwas ein. Wenn jemand von mir ein Werkzeug borgen wollte, ich gäbe es ihm sofort. Und warum er nicht? Wie kann man einem Mitmenschen einen so einfachen Gefallen abschlagen? Leute wie dieser Kerl vergiften einem das Leben. Und dann bildet er sich noch ein, ich sei auf ihn angewiesen. Bloß weil er einen Hammer hat. Jetzt reicht's mir wirklich. – Und so stürmt er hinüber, läutet, der Nachbar öffnet, doch bevor er „Guten Tag" sagen kann, schreit ihn unser Mann an: „Behalten Sie Ihren Hammer!"

Bevor wir das nächste Mal jemanden „berechtigt" anschreien, sollten wir also lieber die Annahmen, die uns scheinbar dazu berechtigen, überprüfen. Was individuell mitunter leicht verwirklichbar erscheint, ist im Großen oft nicht so leicht. Gerade als Organisationsentwickler treffen wir häufig auf Eigenwelten von Organisationen, die eine Umgliederung oder die Verhinderung einer Umgliederung absolut stimmig erscheinen lassen, ohne dass diese Logik von außen nachvollziehbar wäre. Die konsequente Weigerung, die Annahmen, auf denen die Begründungen passieren, zu testen, ist meistens Ausdruck einer ziemlichen Pleite, der man dann in alter Tradition verhaftet möglichst lange nicht ins Auge blicken möchte. Frei nach dem schon besprochenen Motto: „Es kann nicht sein, was nicht sein darf."

Das Überprüfen von Annahmen erfolgt am besten, indem man sich auf den Pfad der Unterschiede begibt. Ein einfaches Gedankenexperiment: Überlegen Sie sich: Was bedeutet es, wenn ein Mensch gesund ist? Was meint der Begriff „Gesundheit"?

Ziemlich abstrakt und komplex! Wenn Sie sich aber fragen: „Was sind die Unterschiede zwischen einem Menschen, der gesund ist und einem, der krank ist?", dann kommen Sie wahrscheinlich recht schnell auf Ihre zugrunde liegenden Annahmen. Diese können zum Beispiel etwas mit zeitlicher Dauer zu tun haben oder auch mit den Beeinträchtigungen bei der individuellen Lebensgestaltung. Wir arbeiten in der Begleitung von Veränderungsprozessen mittlerweile mit der Software sci:vesco des Leipziger Unternehmens elements und constructs, um Annahmen, die wir am Unterschied generieren, als Wirklichkeitsräume sichtbar machen. Damit bilden wir für Organisationen und Führungskräfte die Basis, bestehende Wirklichkeitskonstrukte zu erfassen und dahinterliegende Annahmen zu überprüfen.

Egal, wie Sie es angehen, im Sinne des VUKA-Mastering sollten Sie nie völlig ausblenden, dass Ihre Realität eine Konstruktion ist. Sie treffen Annahmen über die Welt, deren Brauchbarkeit Sie rasch und unkompliziert überprüfen sollten. Es könnte ja sein, dass Sie in der gegebenen Spielanlage nicht stimmig oder brauchbar sind.

Einen eindrücklichen Beweis dafür lieferte unlängst der austro-kanadische Milliardär Frank Stronach. Der Gründer der Magna International Inc., eines der größten Unternehmen der Autozulieferindustrie weltweit, kündigte im Juni 2012 im Alter von 79 Jahren in einem Liveinterview in der ORF-Nachrichtensendung „ZIB2" die Gründung oder Unterstützung einer neuen Partei in Österreich an. Das Interview war überaus originell, weil es kein klassisches

Interview war. Herr Stronach verbot sich gleich zum Einstieg Fragen der Nachrichtenmoderatorin und erklärte die Welt, wie sie nach seiner Wahrnehmung funktioniere. Die Abschlussworte seines zehnminütigen Auftritts: *„Schade dass wir so wenig Zeit haben. Ich bin jederzeit hier (bereit), der österreichischen Bevölkerung weiter die Wahrheit zu vermitteln."* Sprach es mit seinem amerikanisch-steirischen Akzent und stand auf, noch bevor die Moderatorin den nächsten Beitrag ankündigen konnte. Dieser Auftritt ließ niemanden kalt. Da hatte sich jemand offenbart – sich und seine Wirklichkeitskonstrukte der anderen Art.

Doch so wie Herr Stronach seine Wirklichkeiten entwirft, so tut das jeder von uns. Dieser Konstruktionsprozess, in dem das Individuum sich selbst, seine Umwelt und die Beziehung zu dieser bewertet, ist der Kern unserer psychischen Existenz. Er ist nicht nur kognitiv – also auf das Wissen, Verstehen und Denken der jeweiligen Person bezogen –, sondern wird immer auch von Emotionen begleitet. Als Resultat dieses Vorgehens ergibt sich für jeden Menschen ein subjektives Weltbild, sein persönliches Konstruktsystem. Dieses leitet seine Handlungen und unterliegt – zwar in unterschiedlichem Ausmaß, aber jedenfalls stetig – einem Veränderungsprozess. Viele Veränderungen entziehen sich dabei der Kontrolle des Bewusstseins. Man kommt irgendwann drauf, dass man sich eben hinsichtlich eines Themas oder einer Auffassung verändert hat und ist sich dann selbst mitunter ein Rätsel.

In den Schuhen der anderen gehen

Eine günstige, weil jederzeit verfügbare Möglichkeit, seine Annahmen zu testen, ist der Perspektivenwechsel. Wenn man sich bezüglich einer Annahme unsicher fühlt, und selbst wenn man überzeugt ist, dass etwas „so ist wie es ist", lohnt es, sich die Sache einmal von anderen Seiten zu betrachten.

Perspektivenwechsel kann in Ihren Gedanken stattfinden. Sie begeben sich geistig in die Schuhe einer anderen Person. Sie können aber auch versuchen, den Perspektivenwechsel zu erleben. Dies versuchen wir in unserer Beratung überall zu ermöglichen, wo es geht. Wir erleben bei diesen Simulationen und Rollenspielen, wie sehr es die ursprünglichen eigenen Annahmen verändert, wenn man sich etwa in die Rolle jener Person begibt, die die Entscheidungsverantwortung im simulierten Kontext innehat. Nach einer Simulation der Budgetverhandlungen für die Republik Österreich im Rahmen des Europäischen Forum Alpbach sagte beispielsweise ein Teilnehmer, der in der Rolle der Gewerkschaften dabei war, in seinem echten Leben aber eine Rolle in einer völlig anderen Stakeholder-Gruppe einnimmt. „Ich hätte nicht gedacht, was aus dieser Perspektive für mich bedeutend wurde. Das habe ich so noch nie gesehen. Das öffnet mir für meinen Alltag einen völlig neuen Blickwinkel."

Perspektivenwechsel sind aber nicht nur in Bezug auf Personen, sondern auch hinsichtlich der Zeit möglich. Sich eine „Wahrheit" einmal aus der Zukunft anzuschauen, kann durchaus wertvoll sein.

Auch eine Ideologie kann man als eine Perspektive betrachten – als einen fundierten, ausgeschmückten und identitätsstiftenden Ort, von dem aus man „auf das, was zu tun ist" schaut. Idealtypisch wäre dann das Parlament der Ort des Zusammentreffens verschiedener Perspektiven, getragen von Parteien und Personen. Die verschiedenen Betrachtungsweisen sind dabei ein zentraler Schatz, weil sie Ausgangspunkt dafür sind, eine gemeinsame Wirklichkeitskonstruktion herzustellen, die ein ganzes Land in einem Thema handlungs- und entscheidungsfähig macht. Damit wird auch klar, dass es der wechselseitigen *Wertschätzung* für die unterschiedlichen Blickwinkel bedarf, um diese in gemeinsam erarbeiteten Lösungen zu integrieren. Bekanntlich keine leichte Übung.

Von Modellen geleitet

Eine wichtige Funktion für unsere Wirklichkeitskonstruktionen haben auch Modelle. Die gibt es in unserer Gesellschaft zuhauf und entspricht dem rationalen Denken, das heute en vogue ist. Modelle vermitteln Sicherheit – hie und da eine trügerische. Denn sie sind immer Vereinfachungen. Sie sind der Versuch, Komplexität zu reduzieren, manche Aspekte wissentlich auszusparen, um eine Idee zu entwickeln, die unter gewissen Bedingungen universell Gültigkeit hat. Ein Modell funktioniert kontextunabhängig. Wenn ein Situationsparameter als relevant eingeschätzt wird, ist dieser üblicherweise Teil des Modells. Was die Entwicklung von Modellen anbelangt, hat die Menschheit in den letzten Jahrzehnten Unglaubliches geleistet. Die Sache hat nur einen Haken. Es gibt Modelle, die so gängig sind, dass wir vergessen haben, dass es sich um Modelle handelt. Wir übersehen, dass der Wunsch nach Vereinfachung ihre Basis ist.

Ein weithin bekanntes und beliebtes Modell ist beispielsweise die Unterscheidung von Emotion und Kognition als zwei voneinander unabhängige Systeme. Das suggeriert, dass es sich um zwei Bereiche handelt, die so weit voneinander unabhängig seien, dass man das eine losgelöst vom anderen „bedienen" könnte. Auf Basis der Modellbildung ist es logisch, dass wir immer wieder Menschen erleben, die glauben, man könne die Emotionen beiseitelassen, ausschließlich sachlich agieren. Sie haben aus den Augen verloren, dass die

Trennung von Emotion und Kognition – also Fühlen und Denken – nur Modellcharakter hat, aber die zwei Sphären gemeinsam *ein* System bilden. Luc Ciompi bringt das Zusammenspiel in einer Metapher schön auf den Punkt Indem er es als ein Kanalsystem beschreibt. Das Denken sind die Kanäle, die Gefühle sind das Wasser, das darin fließt. Es ist ein verwachsenes System mit verschiedenen Komponenten, das sich wechselseitig beeinflusst. Laut seiner Theorie der Affektlogik ist das Wasser, also die Emotion, die bestimmende Kraft. Das Wasser bestimmt, welche Kanäle geschwemmt werden.

Ein zweites Modell, das wir nicht mehr als solches erkennen, ist es, den Menschen als völlig eigenständige Einheit zu begreifen, seine Entwicklung, sein Denken und Fühlen unabhängig von allen anderen Menschen stattfinden zu lassen. Tatsache ist, dass wir unser ganzes Leben in einer vitalen Austauschbeziehung mit anderen Lebewesen stehen, ob durch Sprache, in Gedanken, in unseren Träumen, unserem Tun oder der Teilung unseres Lebensraums. In unserem Leben kommen ununterbrochen andere Menschen vor, in den verschiedensten Bewusstseinsebenen, also sowohl aktiv und bewusst als auch völlig unbewusst. Wir entwickeln uns in dieser Vernetztheit, auch wenn wir alleine sind. Selbst dann werden wir durch andere Menschen beeinflusst. Und ohne diesen Einfluss, ohne dieses Netzwerk können wir nicht existieren. Theorien über Menschen zu entwickeln, die den Menschen als eine unabhängige Einheit begreifen, können nur ein Modell sein, das zu keinem Zeitpunkt tatsächlich so stattfindet. Diese Modelle bringen Erkenntnisse hervor, bei denen wir uns zunehmend fragen müssen, ob sie in einer Systemrealität wirklich brauchbar sind.

Die praktische Erfahrung in Organisationen, dass es an bestimmten Stellen immer zu den gleichen Konflikten kommt, unabhängig von den handelnden Akteuren, stellt so manche Theorie zur Konfliktpersönlichkeit in Frage. Es lohnt daher, sich immer wieder vor Augen zu führen, dass das Absehen von der Person und die Hinwendung zum System, das heißt zum Muster zwischen den Personen, hilfreich sein kann. Es öffnet neue und andere Möglichkeits- und Handlungsräume. Führt uns also potenziell in neue Wirklichkeiten. Es scheint lohnend, sich stets im Klaren darüber zu sein, dass die Idee, dass ein Mensch völlig losgelöst vom Rest der Menschheit handeln kann, eine Illusion ist. Es gibt sogar andere Gedankenexperimente, die davon ausgehen, dass alles, was wir tun und entscheiden zu tun, das Ergebnis einer tatsächlichen Interaktion oder einer Annahme über den anderen oder die anderen im Hier und Jetzt sei. Wir reagieren ständig auf das, was geschieht bzw. auf das, was wir annehmen, dass es geschieht. Beobachtet man Aktienkurse oder das Entstehen von sogenannten Bubbles auf Märkten, dann wird klar, dass diese Überlegungen nicht ganz von der Hand zu weisen sind.

Modelle sind für unsere Erkenntnisgewinnung wichtig, doch man sollte nicht übersehen, dass Erfahrungen, die man theoretisch an Modellen machen kann, begrenzt und nicht mit jenen ident sind, die man mit Erleben und Reflexion außerhalb von Modellen macht.

Das Große im Kleinen – das Kleine im Großen

Beim bisherigen Lesen ist Ihnen wahrscheinlich aufgefallen, dass wir unsere Beispiele von unterschiedlichen Ebenen ziehen. Manchmal erzählen wir von einzelnen Menschen, manchmal von Gruppen, dann wieder von Organisationen, und nicht zuletzt untermauern wir unsere Überlegungen mit gesellschaftspolitischen Analysen.

Dieser „Sprunghaftigkeit" liegt eine Idee zugrunde: jene der fraktalen Strukturen. Der Begriff „fraktal" geht auf den französischen Mathematiker Benoît Mandelbrot (1924–2010) zurück. Er entdeckte, dass die unendliche Erscheinungsvielfalt der Natur zu einem großen Teil auf der Tatsache beruht, dass hinter jedem Teilaspekt (Fragment) und der Gesamtheit vieler Naturphänomene immer wieder dieselben grundsätzlichen Konstruktionsregeln am Werk sind. Er sprach daher von fraktalen Strukturen und dahinterliegenden Algorithmen.

Bekannt geworden ist das Gemüse Karfiol der Sorte „Romanesco", dessen „Selbstähnlichkeit" fasziniert. Die Grundgestalt der ganzen Pflanze ist gleich wie die jeder einzelnen Rose. Weitere plakative und bekannte Beispiele sind die Fein- und Grobstruktur etwa von Gebirgsformationen oder Küstenlinien, von Farnblättern oder von Blutgefäß-Systemen. Es ist immer wieder das Kleine im Großen und das Große im Kleinen enthalten. So wie bei den berühmten russischen Puppen, den Matrjoschkas – im deutschen Volksmund irrtümlicherweise auch als Babuschka-Puppe bekannt.

Wir gehen im Analogieschluss davon aus, dass die Auswirkungen der VUKA-Welt und der Kränkung ob ihrer Nicht-Beherrschbarkeit einer fraktalen Logik folgen – sie sind auf individueller, organisationaler und gesellschaftlich-kollektiver Ebene ähnlich. Daher ist es möglich, Beispiele aus den unterschiedlichsten Ebenen heranzuziehen. Darüber hinaus sehen wir die Idee der fraktalen Struktur, als eine weitere Einladung und Chance zum Perspektivenwechsel. Sie können auf der Suche nach Erklärungen immer versuchen, das gleiche Phänomen auf individueller, organisationaler oder gesamtsystemischer Ebene zu überlegen. Vielleicht tun sich dann ganz neue Erkenntnisse auf.

Von einer Gleichsetzung von Individium und Kollektiv kann aber trotzdem nicht die Rede sein. Luc Ciompi präzisiert: Die Fraktalstruktur von affektiv-kognitiven Wechselbeziehungen über verschiedenste Dimensionen hinweg bedeute nicht, dass sich die individuelle und kollektive Ebene nicht auch in mancher Hinsicht grundlegend unterscheiden würden. So würden im sozialen Raum komplexe Organisationsformen wie Regierung, Verwaltung oder Armee in Erscheinung treten, die auf der individuellen Ebene völlig fehlen würden. Andererseits gebe es individuelle Phänomene, die kollektiv so nicht oder nur in veränderter Form existieren würden. Dazu zählt Ciompi namentlich das Ich-Gefühl und andere, vor allem subjektive Empfindungen. Ebenfalls hinsichtlich der entscheidenden strukturbildenden Bauelemente bestehen wesentliche Unterschiede: Während soziale Systeme – gemäß Auffassung der Systemtheorie – auf Kommunikationen aufgebaut sind, erfüllt die gleiche Funktion auf der individuellen Ebene das Bewusstsein.

Wer sind unsere Verbündeten?

Die Unüberschaubarkeit der VUKA-Welt ist alles andere als eine Erfindung unserer Zeit. Viele philosophischen Lehren der Menschheit sind im Kern eine Auseinandersetzung mit ihr. Der Wahrnehmungsapparat des Menschen und unsere Informationsverarbeitungskapazität sind in ihrer Mächtigkeit schwer fassbar, aber im Vergleich zur Komplexität des Feldes, in dem wir uns bewegen, dennoch relativ begrenzt. Schon der deutsche Psychologe Hermann Ebbinghaus (1850–1909) hat als Pionier der Gedächtnisforschung festgestellt, dass wir dauerhaft nur etwa 15 Prozent des Erlernten speichern können. Auch wenn neue Studien hier möglicherweise zu einem anderen Prozentsatz kommen – ironisch zugespitzt könnte man sagen: „Selbst wenn wir so einiges verstanden hätten, würden wir uns dies nicht einmal merken." Wir können jedenfalls getrost davon ausgehen, dass neben der Welt, wie wir sie wahrnehmen, noch viele weitere Welten bestehen, die wir einfach nicht erfassen, selbst wenn wir nicht glauben wollen, dass alles Konstruktion ist.

„Immer wenn ich glaube, ich weiß es, setze ich mich ruhig in eine Ecke und warte, bis dieser Anfall vorübergeht", sagt Matthias Varga von Kibed, der Wissenschaftstheoretiker und Pionier der systemischen Strukturaufstellung aus München. Seine wichtigsten Verbündeten, um Lösungen in einer komplexen Welt zu finden, seien, so betont er: Unwissenheit, Hilflosigkeit und Verwirrung. Er ist damit auch ein großartiger VUKA-Pionier! Doch wer kann diese wohlbekannten Begleiter in großzügiger Gelassenheit als seine Verbündeten bezeichnen, die er freundschaftlich begrüßt?

In dieses Mindset sollten wir aber hineinfinden. Denn dieses freundschaftliche Willkommen führt uns aus der besprochenen Kränkung hinaus. Es geht darum, eine Sichtweise unserer Welt zu kultivieren, die sich bemüht, wahrzunehmen, was ist. Die entschlossen ist, immer einen freien Sessel bei sich bereitzuhalten, um „den anderen Möglichkeiten" Raum zu geben, anstatt sich ihnen zu verschließen.

Homo sapiens emotionalis

Dieser Paradigmenwechsel, dieser Schritt hin zur Öffnung unserer Gedanken und Vorstellungen, diese neue Bewusstseinshaltung lässt uns nicht kalt. Er emotionalisiert. Die Fähigkeit, die Komplexität immer mehr zu erfassen, die Mehrdeutigkeit zu erkennen, erlaubt uns, entsprechende Affekte (Gefühle, Emotionen) auszubilden. Luc Ciompi beschreibt in seinem Buch „Gefühle machen Geschichte" die faszinierende Beobachtung, dass neue Affekte evolutionär erst aufgrund des Erwerbs von neuen kognitiven Fähigkeiten in Erscheinung treten. Erst wenn ich beispielsweise Gemeinsamkeit wahrnehmen kann, entstehe ein Wir-Gefühl. Erst das Bewusstwerden von gemeinsamen Ursprüngen, konstruiere das romantische Zusammengehörigkeitsgefühl.

In der Kindesentwicklung ist es bereits Allgemeingut, dass mit dem Erwerb neuer kognitiver Fertigkeiten bestimmte emotionale Zustände auftreten. So tritt etwa mit dem Erkennen von Mein und Dein der Neid auf. In der Entwicklung im Erwachsenenalter und als Kollektiv wird es wohl nicht anders sein. Denn selbstverständlich erwerben wir auch im Erwachsenenalter neue kognitive Fähigkeiten oder bauen diese weiter aus. Wir erfassen durch unser Denken und Erfahren immer größere Ausschnitte der Welt.

Denken und alle dem Denken zugeordneten kognitiven Funktionen, wie Wahrnehmung, Aufmerksamkeit und Gedächtnis sind die Fähigkeit, Unterscheidungen zu treffen und diese durch Speichern, Kombinieren und Mobilisieren weiterzuentwickeln. Über diese Kombination von Unterschieden lässt sich Komplexität in unserer Welt erfassen. Im Unterschied dazu sind Gefühle oder Affekte den Körper und die Seele erfassende Zustände, die unsere Energiemuster dynamisieren und uns mobilisieren. Sie sind damit die sinnstiftende Bewertung, die uns in eine „Hin-zu"- oder „Weg-von"-Bewegung bringen.

Anders gesagt: Affekte sind die Energie, die durch Kognitionen geformt und kanalisiert wird. Gleichzeitig gilt: Wir erweitern unsere kognitiven Fähigkeiten, das bildet die Basis für neue Emotionen. Und das ist gut so. Denn Emotionen verringern die Komplexität, die sich durch die Entwicklung neuer kognitiver Fähigkeiten naturgemäß erhöht.

Weniger „Weg von", mehr „Hin zu"

Gefühle, Affekte, Emotionen – welches Wort wir auch immer bevorzugen – sind wesentliche Schrittmacher unserer individuellen, aber auch der Entwicklung der Menschheit. Vor allem diesen kollektiven Aspekt des Schrittmachens haben wir lange vernachlässigt. Deshalb sind die Erkenntnisse von Luc Ciompi so wertvoll. Seine Theorie der Affektlogik ist die Lehre vom gesetzmäßigen Zusammenwirken von Fühlen und Denken. Und zwar dahingehend, dass Emotionen Energien sind, die die Wahrnehmung, Aufmerksamkeit, das Gedächtnis und das Denken regulieren – egal, ob uns unsere Affekte bewusst sind oder nicht. Affekte haben eine Schaltwirkung. Sie lenken in bestimmte Bahnen. Und eine Filterwirkung. Sie lassen manches nicht durch. Das Ergebnis sind sogenannte affektiv-kognitive Eigenwelten, die von sogenannten Leitaffekten organisiert werden und sich ständig selbst bestätigen und befestigen.

Die moderne Emotionsforschung geht von einigen Grund- und Basisemotionen aus – wie Wut, Angst, Freude, Trauer, Überraschung. Die körperlichen Aspekte von Emotionen stellen ein grundlegendes zwischenmenschliches Kommunikationsmittel dar. Hinsichtlich dieser Affektlogik gibt es nicht viele Unterschiede zwischen dem Einzelnen und Gesellschaften. Es gibt eine grundlegende affektive Gestimmtheit, die mehr oder weniger bestimmt, was wir wahrnehmen und denken können. Wird der Druck zu groß, können sich die daraus entstehenden affektiv-kognitiven Eigenwelten sprunghaft umfassend verändern.

Was bedeutet das alles für die VUKA-Welt? Wir können dem Thema Emotionalität gar nicht genug Aufmerksamkeit schenken. Wir sollten sie als wesentliche Kraft, um ins Handeln zu kommen, begrüßen.

„Das will ich nicht mehr", ist wohl eine der häufigsten Formen, wie uns die Emotionalität unserer Zeit aktuell begegnet. Die vielen politischen Menschen, die nichts mehr mit Politik zu tun haben wollen; erfolgreiche Wissenschaftler, die am sinnentleerten Rennen um den ersten Platz nicht mehr mitmachen wollen; Beamte, die sich den überbürokratisierten Strukturen entziehen wollen; Unternehmer, die nicht mehr nur auf die Funktion des Kapitals reduziert werden wollen ...

Der Wille ist ein konzentrierter übergeordneter Affekt, der sich mit bestimmten Denkinhalten und Vorstellungen verbindet und unser Fühlen und Denken beherrscht. Unser kollektives Wollen ist derzeit stark mit affektiven Energiemustern verbunden, die uns in eine „Weg-von"-Bewegung treiben. Die Lust am anderen, das möglich ist, gilt es vielerorts erst zu entdecken. Vordergründig ist die Unlust. Gefühlter Stillstand und Ohnmacht greifen um sich und markieren, dass unsere Emotionalität vor allem im Verlust der alten „Wir haben alles im Griff"-Ordnung gefangen ist. Es ist offenbar die Kränkung, die uns kollektiv affektiv beherrscht. Davon müssen wir uns befreien. Wir werden diese Gedanken im Kapitel III „Von der Kränkung in die Lebendigkeit" weiter vertiefen.

Das gesamte Spektrum der Emotionalität – also Angst, Wut und Trauer, aber auch die Neugierde, die Freude an der Veränderung und der Zauber des Anfangs – sind eine wichtige Vorleistung, um Landebahnen für das Neue bauen zu können. Erst die Emotionen ermöglichen uns, die Distanz zu dem aufzugeben, was mit uns geschieht, Anteil zu nehmen, zu partizipieren und letztendlich zu handeln. Es ist nicht irgendeine Welt, in der Dinge geschehen, die ich nicht möchte, sondern es ist meine Welt, in der ich lebe und handle.

Diese Hinwendung zur Emotionalität reklamiert auch Otto Scharmer in seiner Theory U als wesentliche Phase, die es für eine nachhaltige Veränderung zu durchlaufen gilt. Otto Scharmer destillierte diese Erkenntnis aus einem jahrelangen Forschungsprojekt, in dem er erfolgreiche Innovatoren dabei beobachtete, wie sie „aus der im Entstehen begriffenen Zukunft heraus handeln".

Hinein in die Emotionalität

Zusammenfassend lässt sich also sagen, dass eine Perspektive auf die Welt, die die Emotionalität als Dreh- und Angelpunkt begreift, unsere Entscheidungs- und Handlungsfähigkeit in der VUKA-Welt stärkt. Auch wenn uns das beim ersten Hinschauen paradox erscheint.

„Hinein in die Emotionalität!" heißt also die Devise. Und zwar nicht nur in jene emotionalen Energiemuster, die uns von etwas wegtreiben, sondern auch hinein in jene, die uns zu etwas hinziehen. Das sind jene, die etwas mit Liebe, Glück und Vertrauen zu tun haben.

Schon Erich Fromm bezeichnet in seinem Buch „Die Kunst des Liebens" die Liebe als jene Kulturtechnik, die wir zusehends verlernen. Wir brauchen sie jedoch dringend, folgt man dem Modell der Glaubenspolarität von Matthias Varga von Kibed. Denn gelungene Entwicklung benötige folgende Zutaten: Ordnung und Verantwortung, Erkenntnis und Einsicht sowie Liebe und Vertrauen. Das sind Überlegungen zu Kraftquellen der Veränderung, die von verschiedenen Yogaschulen inspiriert sind. Varga von Kibed zeigt uns in seinem Modell der Glaubenspolarität einen Weg auf, der vielleicht gar nicht so schwierig ist. Denn er geht davon aus, dass sein Modell eine fraktale Struktur ist. Das heißt: In der Quelle Liebe und Vertrauen sind auch Ordnung und Erkenntnis enthalten – und umgekehrt. Wir können also den Weg über die Erkenntnis gehen. Die in unserer aktuellen Entwicklung sprudelnden Quellen der Erkenntnis und

Einsicht können uns dabei helfen, Vertrauen, Liebe und Mitgefühl aufzubauen.

Die Pole der Liebe und Verantwortung lassen sich also gleichsam über die Bande aktivieren – über Wissen und Erkenntnis. Wir kennen diesen Ansatz auch von anderen Philosophen und Denkern, die die Erkenntnis als eine Komponente der Liebe sehen. Diese Logik wird zudem von sämtlichen modernen Emotionstheorien unterstützt, die davon ausgehen, dass Emotion ein Ergebnis von Interpretation ist. Wenn dem so ist, bedeutet das, dass wir potenziell einen erheblichen Einfluss darauf haben, was wir fühlen. Es steht uns beispielsweise offen, dem Verlust von Sicherheit auch mit Neugierde und Freude auf das, was jetzt möglich ist, zu begegnen. Wir können jeden Tagen üben, unsere Wahrnehmung so zu interpretieren, dass Freude und Dankbarkeit einen selbstverständlichen Platz bekommen. Wir werden darauf – sowie auf das Phänomen „Liebe" – in unseren Schlusskapiteln nochmals im Detail eingehen.

Eine Fülle von Perspektiven als Ressource

Jeder Tag bietet uns also die Möglichkeit, die Welt aus unendlich vielen Perspektiven zu betrachten. Wir wollten mit diesem Kapitel vier – aus unserer Sicht – lohnende Perspektiven vorstellen:

Eine, die versucht, *vorbehaltlos wahrzunehmen und anzuerkennen, was ist*. So tragen wir immer eine Einladung „für die andere Möglichkeit" bei uns.

Eine weitere, die darum weiß, *dass wir auf Basis von Konstruktionen handeln* und nicht aufgrund einer Welt-ansich. So manche gesicherte Wahrheit mag da vielleicht ihre Sicherheit verlieren.

Wenn Sie die dritte einnehmen, erscheint Ihnen die Welt als ineinander geschachtelte Puppe. *Das Große im Kleinen und das Kleine im Großen.* Damit können wir bisherige Gedanken sprengen und neue Gebäude bauen.

Und mit der vierten laden wir in die *Emotionalität* ein und dazu, diese als *Dreh- und Angelpunkt des Geschehens* zu begreifen.

Alle vier Perspektiven sind komplex, mitunter verwirrend und paradox. Vielleicht unterstützen sie gerade deswegen – die fraktale Struktur lässt grüßen – die Handlungs- und Entscheidungsfähigkeit in der VUKA-Welt.

6. Eine neue Haltung zur Veränderung

Es gibt keine veränderungsfreie Zeit. Solange wir leben, solange lernen und wachsen wir in einer unbeherrschbaren Welt, die zu formen wir niemals aufgeben dürfen. Egal, ob als einzelner Mensch, als Gruppe, Organisation oder Gesellschaft. Es ist bei Weitem nicht alles getan, und es ist gar nicht sicher, dass nicht das Falsche getan wird und das Falsche wächst. Hellmut Wilhelm (1905–1990), deutscher Sinologe an der University of Washington, brachte es folgendermaßen auf den Punkt: „Im ständigen Werden und Wachsen allein ist das Leben greifbar. Setzt dies aus, so ist das Ergebnis nicht der Tod, der ja nur eine Form des Lebens ist, sondern die Umkehrung des Lebens, dessen Perversion (…) Der Gegensatz der Wandlung ist, wenn wächst, was schwinden sollte, wenn zugrunde geht, was herrschen müsste."

Es liegt also an uns, dass das Richtige wächst. Eine neue Epoche in unserer Geschichte bricht an, in der wir das immer stärker erkennen und entsprechend handeln sollten.

Eine der wichtigsten Erkenntnisse der VUKA-Welt ist es doch, dass wir in einem ständigen Veränderungsprozess leben, in dem immer auch etwas anderes möglich wäre, die Ereignisse mehrdeutig sind und wir die Weite des Feldes nicht komplett überschauen. Veränderung oder Change führt nicht von A nach B und ist dann vorbei. Solche Abschnitte mögen schon vorkommen. Doch Veränderung ist das Prinzip des Lebens. Es ist ein Fluss, eine Fahrt, in der sich immer etwas tut. Manche Streckenabschnitte sind schwierig und kaum alleine zu bewältigen, und bei anderen bemerkt man nicht einmal die Bewegung, die einen treibt.

Wenn wir ein konkretes Veränderungsvorhaben skizzieren, ist das in der Regel ein kurzes Teilstück in einem Fluss, der unterwegs ist. Und trotzdem, auch wenn die Welt VUKA ist und wir im ewigen Strom des Lebens dahinschwimmen, ist es richtig und wichtig, dass wir Dauer anstreben. Wir versuchen Nachhaltiges zu bauen, Strukturen zu schaffen, die halten, Kulturen zu entfalten, die überdauern und Strategien zu entwickeln, die längerfristige Perspektiven geben. Doch das Anstreben von Dauer ist nicht genug. Wir müssen gleichzeitig immer bereit sein, uns zu wandeln. Vertrautes aufzugeben, Gewohntes hinter uns zu lassen und Entwicklung und Veränderung zu bejahen. Beides braucht es. Denn die Bewegung zwischen diesen Polen bedeutet Lebendigkeit.

Es liegt auf der Hand, dass diese beiden Prinzipien ein spannungsgeladenes Verhältnis zueinander haben. Genau diese Spannung ist es, die dem Wachstum, dem Fluss, Energie verleiht. Das Pendeln zwischen diesen beiden essenziellen Prinzipien des Lebens: Dauer und Wandel.

Der Fluss des Lebens und des Wachsens bewegt sich zwischen diesen beiden Polen. Er wird von ihnen gleichzeitig abgestoßen und angezogen. Wut und Zärtlichkeit, Antwort und Frage, Wissen und Glauben, Ungewissheit und

Endgültigkeit. Wir pendeln hin und her. In manchen Themen mit heftigen Ausschlägen, in anderen mit ganz kleinen. Das Pendeln versorgt uns mit jener Energie, die wir für Lernprozesse brauchen.

Ja, Veränderungen sind Lernprozesse. Wir lernen, die verschiedenen Pole in uns wahrzunehmen und uns zwischen ihnen zu bewegen, um uns in der nächsten Polarität wiederzufinden. Mitgefühl, Humor und Reflexion sind uns laut Matthias Varga von Kibed wesentliche Zutaten und Orientierung dabei.

Wie Franz es in der Schule anlegt

Diese immerwährenden Lernprozesse, die wir Veränderung nennen, sind keinesfalls beliebig. Sie sind aber auch nicht vorgegeben. Sie werden von Prinzipien geleitet.

Am letzten Schultag des ersten Schuljahres meiner Tochter wurde mir ein tiefer und erhellender Einblick in das Wesen von Veränderung gewährt:

Ein Erstklässler, wir wollen ihn Franz nennen, wird am letzten Schultag, anders als all die Tage des ganzen Schuljahrs davor, von seiner Mama zur Klasse geführt. Am letzten Schultag ist das ja, genauso wie am allerersten, erlaubt. Ansonsten gilt die Regel, dass die Kinder das Schulgebäude alleine betreten und auch alleine den Weg zu ihrer Klasse finden. Es ist anzunehmen, dass für Franz dieses erste Schuljahr ein intensives war, während dessen sich sein Leben grundlegend verändert hatte. Ordnung, Struktur und Disziplin bekamen einen bedeutenden Stellenwert in seinem Leben. Im Lichte der vorigen Ausführungen könnte man sagen: Sein innerer Pol der Dauer wurde gut genährt.

Wie bei so vielen Veränderungen hat auch Franz keine

wirkliche Wahl für die Schule getroffen, er hat sich nur nicht widersetzt und sein Lebenszug ist weitergefahren in ein neues Land, das Schule heißt und ihn bei wichtigen Lernschritten unterstützt. Veränderung ist kein klar abgegrenztes soziales Gebilde, das auf Basis von Entscheidungen schnurstracks von einem Punkt zum festgelegten anderen führt. Veränderung gleicht eher, wie der amerikanische Psychotherapeut und Schriftsteller Arnold Mindell sagt, einer Zugfahrt, deren Route nicht festgelegt ist, die aber wohl eine vage Richtung hat und einige Stationen durchwandern muss. Die klar abgegrenzten Gebilde – erfüllt von Entscheidungen und geleitet durch Ziele –, die bei so manchen Change-Prozessen in unseren Köpfen vorab entstehen, sind oft Hirngespinste, die den nächsten Monaten nicht standhalten werden. Wir haben als Organisationsentwickler und Change-Facilitatoren schon oft solche Kopfgeburten erlebt und sogar mitproduziert. Was das Licht der Welt erblickt, schaut dann meist beträchtlich anders aus.

Der Schuleintritt von Franz ist nahezu prototypisch für die Initialisierung von dynamischen Schritten im Fluss. Viele persönliche, organisationale und gesellschaftliche Veränderungen sind von Struktur induziert, haben kein wohldefiniertes Ziel, bestenfalls eine gemeinsame Absicht und sogenannte emergente Ziele – also Ziele, die sich im Laufe des Prozesses entwickeln und vor allem brauchbar für den Prozess sein müssen. Wenn sie nicht mehr brauchbar sind, werden sie idealerweise nicht mehr aufrechterhalten. Wenn schon, ist das ein ziemlicher Kraftakt und dieser ist gefährdet, in den Zynismus abzurutschen.

Franz geht nicht in die Schule, weil das der geeignete Ort ist, um Ziele zu erreichen, wie etwa lesen, schreiben oder rechnen zu lernen. Zumindest aus seiner Perspektive tut er das nicht. Er geht in die Schule, weil das so ist mit sechs Jahren. Weil sich Behörden melden, weil es alle anderen auch tun, und weil es für ihn ein Beleg dafür ist, einen weiteren Schritt zum „groß sein" gemacht zu haben. Für uns aufgeklärte, distanzierte Betrachter ist natürlich klar, dass die Schule Ziele verfolgt. Nur sind diese für den Protagonisten der Veränderung nicht so relevant.

In unseren persönlichen Veränderungen sind wir in der Rolle von Franz und können so manche Entwicklung erst schaffen, wenn uns die Notwendigkeit zwingt. „Fakten schaffen" heißt dieses Prinzip, das versucht, mit Struktur nächste Schritte der Veränderung zu initialisieren. Ist Franz einmal in der Schule, dynamisiert sich sein Wachstum, und wir müssen uns keine Sorgen machen, dass er keine Ziele für sich findet. Was halt eben anliegt.

Franz hat viel gelernt in diesem ersten Schuljahr. Veränderungen sind eben eine besondere Art von Lernprozessen. Es war nicht leicht, alle Regeln, die in einer Klasse gelten, zu erfassen, sie zu verinnerlichen und sich daran zu halten. Es fiel ihm hin und wieder schwer, sich anzupassen, nicht all seinen Impulsen sofort nachzugeben und zu akzeptieren, dass seine Mama nicht immer bei ihm sein kann. Lebensbejahende Erziehung presst Kinder nicht in eine Ordnung der Ordnung willen. Sie hilft ihnen, Struktur, Rhythmus und Regeln bewusst oder unbewusst als Impulse für Entwicklung nutzen zu lernen.

An Regeln halten und diese brechen

Damit Franz die Organisation „Schule" einmal mitgestalten kann, muss er nicht nur die Regeln beherrschen; er muss sich auch *nicht* daran halten können – persönlich und organisatorisch. Das Verinnerlichen des Pols der Dauer und Ordnung, zu dem Regeln und Struktur gehören, zeigt sich in der

Leichtigkeit im Umgang damit. Niemand kennt sich so gut mit Regeln aus wie Anarchisten. Lesen Sie einmal einschlägige Literatur.

Zurück zu Franz. Just in dem Moment, in dem er zum letzten Mal für dieses Schuljahr das Klassenzimmer betreten sollte und seine Mutter ausnahmsweise neben ihm ging – wie er sich das wahrscheinlich so oft während des Schuljahres gewünscht hatte –, stemmte er sich mit aller Gewalt gegen den Türrahmen und weigerte sich hineinzugehen. Er legte damit ein eindrucksvolles Zeugnis darüber ab, dass der Regelverstoß nur dann ein leichtes ist, wenn man a) die Regel nicht kennt oder b) sie so verinnerlicht hat, dass man sich nicht immer daran halten muss.

Seine Mutter war über diese Aktion überrascht und genervt und setzte Franz verbal unter Druck. Dieser schwieg für einige Sekunden und entlud sich dann mit einer Energie, die alle menschlichen Wesen im Umkreis von hundert Metern Entfernung aufspringen und schauen ließ. Eine Wut, wie es diesem schmächtigen Bürschchen wohl niemand zugetraut hätte. Eine donnernde Explosion. Nahe der Tür stehende Metallsessel flogen durch die Luft, Tische wurden umgetreten. Für einen Moment hielt die Erde in ihrer Drehung inne und ein von ganz, ganz tief unten kommender „Lass-mich-in-Ruhe"-Schrei erfüllte die Luft. Dann rannte er davon. Die Mutter hinterher. Ebenso die Lehrerin und ich, die ich als wartende Mutter dem ganzen Geschehen bisher beigewohnt hatte und mich nun konkreter Hilfe verpflichtet fühlte.

Was war passiert? Genau zu dem Zeitpunkt, zu dem Franz es endlich geschafft hatte, die Ordnung mit all ihren Regeln in sein Leben zu integrieren, sollte er sie wieder loslassen? Wenn auch nur für kurze Zeit. Das geht nicht. Das ist zu früh für Franz. Ordnung ist für ihn kein Backup, sondern handlungsleitendes Prinzip. Genau das hat er

gerade eben erst erlernt. Und nachdem bei Franz Lernprozesse etwas länger dauern, muss er das Gelernte mit allem,
was er zur Verfügung hat, schützen. Die Leichtigkeit, Regel
und Vorschrift als Ort der Sicherheit zu betrachten, auf den
man zurückfallen kann, die hat Franz noch nicht. Selbst im
Kleinen nicht. Und es ist kein Naturgesetz, dass er sie im
Großen und Ganzen für sein Leben jemals erreichen wird.
Viele Menschen bleiben ihr ganzes Leben in dieser Entwicklungsstufe verhaftet, und manche erreichen selbst diese nie.

Beeindruckend war natürlich die entfesselte Emotionalität. Wie die vorherigen Kapitel schon nahelegen, ist sie fixer
Bestandteil jeglicher dynamischen Veränderung. Die Emotion sei einerseits das alchemistische Feuer, dessen Wärme
alles zur Erscheinung bringe und dessen Hitze alle Über-
flüssigkeiten verbrenne. Andererseits sei die Emotion jener
Moment, wo der Stahl auf den Stein treffe und ein Funke
herausgeschlagen werde. „Emotion ist nämlich die Haupt-
quelle aller Bewußtwerdung." Dies schreibt Carl Gustav
Jung (1875–1961), Schweizer Psychoanalytiker und Schüler
Freuds, in seinem Buch „Archetypen".

Muster und Musterbruch

Die Lehrerin intervenierte geschickt. Sie stimmte Franz in
seinen Gefühlen zu und forderte ihn auf, der Zeugnisverteilung nicht in der Tür verkeilt beizuwohnen, sondern – und
jetzt kommt's – heute an diesem ganz besonderen Tag die
Mama mit in die Klasse zu nehmen, als einziges Kind. Franz
zeigte mit einem kleinen Kopfnicken, dass es dieser Vor-
schlag ist, um den es eigentlich ging, der es ihm ermöglicht,
diesen Schritt zu machen. Ich hätte beinahe laut aufgelacht,
wie sich mir die Banalität des Wunsches im Vergleich zur

Größe des Schauspiels offenbarte. Die Sache schien gelöst, wir gingen zurück zur Klasse.

Doch Franz blieb wieder in der Tür stecken und weigerte sich, die Klasse zu betreten. Genau an der gleichen Stelle wie zuvor.

Auch das ein Wesenszug der Veränderung. Dieses Verhalten ist nicht logisch erklärbar. Es war doch alles geklärt, und er konnte sich der Unterstützung bewusst sein, die er braucht, um diesen für ihn schwierigen Schritt zu machen. Doch hier regiert nicht die Vernunft, hier regiert auch nicht der Plan. Hier regiert ein Muster, das zu durchbrechen schwierig ist. Es braucht etwas anderes als eine Erinnerung an das Vereinbarte – letztendlich ein Berufen auf die Ordnung, die es einzuhalten gilt.

Franz hat durch seinen emotionalen Ausbruch klar gemacht, was er braucht. Dass er Unterstützung für einen Schritt benötigt, der den meisten Menschen als eine solche Lappalie erscheint, dass sie gar nicht auf diese Idee kommen. Mit vereinten Kräften wurde er besser ausgestattet – von Lehrerin, Mutter und einer zufällig anwesenden Person. In Bildern gedacht, hat er jetzt adäquates Schuhwerk an; er hat auch eine Vorstellung von der anderen Seite – und trotzdem muss er springen. Er, er allein muss durch diese Türe gehen, diese gleiche emotionale Befindlichkeit durchwandern können. Und er schafft es wieder nicht. Wer kennt diesen Moment der Verzweiflung nicht. Das gibt es doch nicht. Das kann gar nicht sein. Ein chinesisches Sprichwort lehrt uns: „Gras wächst nicht schneller, wenn man daran zieht." Wie schwer ist es mitunter, diese Weisheit auszuhalten.

Loslassen und Entstehen

Die Lehrerin und die Mutter gingen ihm voraus ins Klassenzimmer, alles Bitten und alle Angebote halfen nichts. Franz ging nicht durch die Tür. Also blieb nichts anderes übrig, als zu akzeptieren, dass Franz wohl nicht an der Zeugnisverteilung teilnehmen wird, obwohl er ein großer Freund solcher Rituale ist und wahrscheinlich noch lange daran zu kauen haben wird, dass er diesen Event versäumte. Die Angst, was wohl passieren wird, wenn Franz realisiert, dass es jetzt unwiderruflich vorbei ist und er etwas für ihn Wichtiges nicht miterlebte, lag in der Luft, verflüchtigte sich aber zunehmend im Nebel der Resignation.

Eine Form von Loslassen hielt Einzug in die ganze Situation. Eine Form von Trauer, dass seine Teilnahme eben nicht mehr möglich ist. Aber auch ein Blick dafür, die Bedeutung der ganzen Sache zu relativieren: Na gut, dann nicht. Nächstes Jahr gibt es eine neue Chance.

Und gerade als wir uns alle mit der Situation abgefunden hatten, kommt aus dem Nichts ein anderer Lehrer mit einem Fotoapparat in der Hand zur Klassentür, sieht den draußen neben der Tür kauernden Franz, lächelt und sagt zu ihm: „Kommst mit, machen wir ein paar Fotos?" Franz springt erfreut auf, zischt in die Klasse und ist voller Engagement bei der Zeugnisverteilung dabei. Als wäre nichts gewesen. Nur seiner Mama merkt man noch ein wenig die Strapaze der letzten Stunde an. Der Lehrer dreht sich nochmals um, lacht mich an und sagt: „Sehen Sie, wir haben es bis zum Schluss lustig." Und das meinte er in keinster Weise zynisch, sondern ganz wahrhaftig und ein bisschen mit Stolz, es doch noch gemeinsam geschafft zu haben.

Letztendlich hat der Lehrer es mit einem Angebot von Lebendigkeit geschafft, dass Franz springt und es wahrscheinlich nicht einmal bemerkt. Es war etwas, das Franz wirklich Freude machte und seine Emotionalität auf etwas anderes richtete – eine gute Aussicht, genau im richtigen Moment bereitgestellt. Der Lehrer schaffte es, in der Stimmung des Loslassens den der Ordnung entgegengesetzten Pol zu aktivieren, den Pol des Erlebens und der Lebendigkeit. Die Lust, etwas auszuprobieren, die Freude am Erleben, am Verwirklichen einer Möglichkeit, genau jetzt. Dieser andere Pol ist wie ein Magnet, eine Energie, die anzieht und wegstößt und Bewegung in einer eingerosteten Situation wieder möglich macht. In unser aller Leben sind Elemente der Ordnung meist gut ausgeprägt, die des Wandels oft pervertiert, als der Wunsch ewiger Jugend. Doch Wesen aller Veränderung ist die Lebendigkeit. Sie ist Motor und Ziel zugleich.

Wenn wir Veränderung dynamisieren wollen, ist es von entscheidender Bedeutung, der Lebendigkeit mehr Raum zu geben. Blutleere Workshops in der siebten Auflage verhindern mehr als sie bringen. Zweihundert Seiten PowerPoint-Folien als Vortrag ersticken jede Dynamik.

Lebendigkeit – und die braucht es unbedingt für Veränderung – entsteht durch Erleben, das heißt durch das Wahrnehmen mit möglichst vielen Sinnen. Lebendigkeit wird mit Bewegung aktiviert – auch geistiger Bewegung, wie beispielsweise durch den Humor. Sie wird genährt durch die Neugierde, durch etwas, was es zu entdecken gibt und durch Begegnungen mit anderen Menschen. Die Kategorie Sinn, die in so vielen systemischen Interventionen eine zentrale Rolle spielt, ist alleine jedenfalls zu wenig.

Wenn Sie Change als einen Lernprozess begreifen, der eine Dynamisierungsphase in einem laufenden Fluss sein soll, dann sollte Ihnen das Fehlen von Lebendigkeit in solchen Prozessen ein Warnsignal sein. Wo soll die Dynamik denn herkommen?

Dies gilt auch auf gesellschaftspolitischer Ebene. Wenn wir bei einem Thema eine große Portion Humor beobachten, dann ist dies relativ verlässlich ein Indikator dafür, dass die Dinge in Bewegung sind oder kommen. Wenn der deutsche Kabarettist Michael Mittermeier sich in seinem gut besuchten Liveprogramm „Achtung Baby" dem „härtesten Thema der Welt" widmet und festhält, dass Kinderkriegen nichts für Weicheier sei, dann weist das darauf hin, dass die Väterrolle in Deutschland in Bewegung ist. Wenn die Fake-Internetseite der „Gebetsliga zur Heiligsprechung von Jörg Haider" oder die Fake-Initiative zur „Ersetzung der Gipfelkreuze durch Halbmonde" großen Widerhall finden, dann ist das ein Beleg für die große Lebendigkeit eines Themas. Es handelt sich um Ausweise oder zumindest Vorboten der Dynamisierung.

7. Im Sturm bewähren

„Das ist aber eine echte Bewährungsprobe!" Diesen Satz haben Sie bestimmt schon gehört. Und sobald Sie ihn hören, sind Sie sich dessen bewusst, dass es sich nicht um eine herkömmliche Probe, einen Test oder eine simple Entscheidung handelt. Dem Wort „Bewährung" haftet fast etwas Religiöses an. Sie ist semantisch in der Nähe von Heldentum, Erlösung, Lebensentscheidung, Rettung.

Verwenden wir den Begriff der Bewährung, meinen wir etwas von außergewöhnlicher Erfahrungsqualität, nichts Alltägliches, sondern eine Herausforderung, deren Bewältigung einen wirklichen Unterschied macht. Eine Grenzerfahrung, deren glücklicher Ausgang erhofft, aber keinesfalls gewiss ist. Der Mensch bewährt sich nicht an der Frage: Semmel oder Kornspitz zum Frühstück?, aber an der von Leben und Tod, am Sinn, an der Liebe, am Glauben.

Bewährung ist daher ein ziemlich kräfteraubendes und in der Menschheitsgeschichte wohl sehr, sehr altes Mindset, das sich aus vielen verschiedenen Fähigkeiten, Denkweisen, Haltungen und Gefühlen zusammensetzt. Sie ermöglicht einen bedeutenden Entwicklungsschritt. Sie kann nicht ständig zum Einsatz kommen, ist also auf den ersten Blick zeitlich begrenzt. Doch, so sind wir als Autoren überzeugt, sie ist dazu geeignet, als eine Art von Hintergrundbild permanent installiert zu werden. Sie ist dann eine Bewusstseinshaltung, die einen konstruktiven Umgang mit den Herausforderungen des Lebens unterstützt.

Das Mindset der Bewährung ist in unserem Kulturkreis etwas in den Hintergrund getreten und hat der Optimierung Platz gemacht. Dieses Phänomen wollen wir hinterfragen.

Die Grenzen der Optimierung erkennen

Der Megatrend unserer Zeit war und ist es, mit „guten Gründen", Wissenschaft, Know-how und Best-Practice-Ziele effizient zu verfolgen. Es leitet uns die Vorstellung, dass wir das ewige Durcheinander, das uns umgibt, auf der Basis von Wissen in viele gerade Zielautobahnen aufteilen können. Die Dinge fixieren und weg ist die Widersprüchlichkeit und Mehrdeutigkeit. So hoffen und glauben wir, allen Phänomenen Herr zu werden. Man definiert Ziele und optimiert die Wege dorthin. Und alles ist möglich. Handwerkszeug gibt es einiges dafür: Planungs- und Entscheidungsmodelle, Zielvereinbarungen, Benchmarking, Controlling, Balanced

Scorecards, Prämiensysteme – um nur einige zu nennen. Sie alle sind Grüße aus dem Zeitalter der Optimierung.

Ganz im Gegenteil dazu empfiehlt Heinz von Foerster (1911–2002), Professor für Physik und Pionier der Kybernetik, im Umgang mit komplexen Systemen: „Vermehre die Möglichkeiten!" Das ist wohl alles andere als ein Optimierungsansatz und mutet wohl auf den ersten Blick etwas paradox an. Warum etwas, das schon kompliziert ist, noch komplizierter machen?

Weil wir sonst Gefahr laufen, so zu handeln wie der Nachtwächter, der im Lichtkegel seinen Schlüssel sucht, obwohl er ihn woanders verloren hat. Sobald ein paar Menschen aufeinandertreffen, sobald sich eine Aufgabenstellung zeigt, die mehr darstellt als eine einfache Wenn-dann-Beziehung, sind die Dinge komplex, unüberschaubar – und kontingent, sie könnten auch stets anders sein. Das heißt, meine ersten Antworten können immer nur ein kleiner Ausschnitt des Ganzen fassen. Und wenn ich das weiß, ist es doch plötzlich das Naheliegendste, die möglichen Antworten zu vermehren, mir einen größeren Ausschnitt anzuschauen, weil sich der Schlüssel doch auch im nicht beleuchteten Teil des Raums finden kann.

„Vermehre die Möglichkeiten" heißt keinesfalls: Lass dir alles offen. Entscheide dich niemals. Sei immer anders und übernimm keine Verantwortung. Sondern es meint: Erhöhe die Wahrscheinlichkeit, dass eine passende Möglichkeit dabei ist. Dass sich aus der Fülle der Möglichkeiten ein Muster abheben kann, das adäquat und stimmig für das Hier und Jetzt ist. Eine Ordnung im Chaos.

Die Übersetzungen dieser Idee in verschiedene Genres sind vielfältig. Eine sehr schöne ist dem deutschen Liedermacher Konstantin Wecker in Zusammenarbeit mit Lothar Zenetti (Text) gelungen. Er vertonte ein Lied mit dem Titel „Was keiner wagt …":

Was keiner wagt, das sollt ihr wagen.
Was keiner sagt, das sagt heraus.
Was keiner denkt, das wagt zu denken.
Was keiner anfängt, das führt aus.
Wenn keiner ja sagt, sollt ihr's sagen.
Wenn keiner nein sagt, sagt doch nein.
Wenn alle zweifeln, wagt zu glauben.
Wenn alle mittun, steht allein.
Wo alle loben, habt Bedenken.
Wo alle spotten, spottet nicht.
Wo alle geizen, wagt zu schenken.
Wo alles dunkel ist, macht Licht.

Entfaltung als Leitidee

Es geht uns nicht darum, den linearen Planungs- und Kontrollmodus der Optimierung grundsätzlich zu verteufeln oder abzuschaffen. Es geht uns vielmehr darum, ihn als alleinigen oder dominanten Modus der Daseinsbewältigung infrage zu stellen. Und aufzuzeigen, dass bei steigender Komplexität Optimierung nur eine gute Antwort ist, wenn der Schlüssel tatsächlich im Licht liegt. Doch wer weiß das schon?

In Österreich wurden in den letzten 20 Jahren etliche Behörden und Verwaltungsorganisationen in ausgelagerte Dienstleistungsunternehmen umgewandelt. Teils wurden sie sogar mit einer Gewinnorientierung ausgestattet. Die Bundesimmobiliengesellschaft (BIG) beispielsweise bewirtschaftet ein Immobilienvermögen von rund neun Milliarden Euro. Kerngeschäft ist laut Website die Bewirtschaftung und Verwaltung der Immobilien, vom Neubau bis zum Abriss. Die BIG ist „vorrangig Dienstleister für die Republik

Österreich". Und sie hat den „Auftrag, marktwirtschaftlich zu agieren, Kosten und Abläufe zu optimieren und vor allem bei Nutzern das Bewusstsein zu wecken, dass Raum Geld kostet." Natürlich kommt es hier immer wieder zu Zielkonflikten. Wer die Dienste an der Republik im Fokus hat, agiert im Sinne eines Gemeinwohls. Wer die marktwirtschaftliche Logik fokussiert, der folgt der Gewinnorientierung.

Zweifelsohne brachten die neuen Strukturen und Managementmethoden viel Bewegung und meist auch erheblich mehr Effizienz und Dienstleistungsorientierung in weite Bereiche des öffentlichen Lebens. Das sind sehr beachtliche Wachstumsschritte. Und nun stellt sich in vielen dieser ausgelagerten Organisationen die Frage, welche Entwicklungsschritte als nächstes stimmig sind. Die meisten beschäftigen sich mit Fragen der Optimierung. Doch greift – aus unserer Sicht als systemische Organisationsentwickler und Change-Facilitatoren – die Frage der reinen Optimierung zu kurz. Der Fokus auf die reine Input-Output-Relation verkürzt den Blick. Vielmehr sollte es um die ganzheitlichere Frage gehen, wie solche Organisationen ihrer Zwecksetzung, ihrer ureigentümlichsten Daseinsberechtigung in einer VUKA-Welt gerecht – oder noch „gerechter" – werden können. Wir wechseln damit von einer Optimierungs- zu einer Bewährungsfrage. Es geht um einen weiteren Entfaltungsschritt.

Harry Potter zieht aus

In einer Situation von Bewährung – und nicht von Optimierung – zu sprechen, stellt gemäß unserer bisher dargelegten Weltanschauung vor allem auf die Mehrdeutigkeit von sozialen Situationen ab. Es gibt in der Regel auch die anderen – gleichwertigen – Möglichkeiten, die ich ebenso verfolgen könnte. Es gibt nicht die *eine* richtige Antwort. Das menschliche Dasein ist keine lebenslange Millionenshow, in der es darum geht, die jeweils einzig richtige Antwort zu kennen oder zu erraten. Es gibt aber auch nicht die Möglichkeit, genau an jenem Punkt zu verharren, an dem man gerade ist.

Bewährung bedeutet für uns eine Mischung aus Absicht, Haltung – ein Ort im sozialen Feld, von dem aus man agiert – und Gefühl. Diese Mischung erlaubt es, in eine verhandelbare, aber keinesfalls beliebige Richtung weiterzugehen.

Mit dem Wort Absicht ist gemeint, dass Bewährung mit einer Entscheidung verbunden ist, etwas zu tun. Bewährung passiert nicht einfach. Man ist beteiligt. Bewährung ist keine Disziplin für die Zuschauerränge. Wenn sich im Theater jemand bewährt, dann sind es die Schauspieler auf der Bühne. Irgendwann muss die Heldin, der Held ausziehen aus dem sicheren Gefüge und sagen: „Aber jetzt!"

Es sind Inspirationen aus unserem Umfeld, zwischenmenschliche Erlebnisse, Körpersignale, eine Vision oder eine gereifte Idee, die uns dazu veranlassen aufzustehen. Die früheren Alchemisten bezeichneten es als einen natürlichen Funken am Weg, der den unvollendeten Wesenskern zur Entfaltung bringt. So hat jede Zeit ihre Helden. Denn im Idealfall trifft der unvollendete Wesenskern des Protagonisten – also das Wesen, das sich gerade entfaltet – auf den Wesenskern eines Menschen, der genau diese Entfaltung unterstützen kann.

Bedeutungsvolle Begegnungen. Fügungen, nennen wir das in Heldengeschichten. Es ist das reine Herz, die Einfachheit und die Lebensfreude von Frodo Beutlin, die ihn dazu befähigen, sich der Bewährung zu stellen. Mit diesem seinem Wesenskern stellt sich der kleine Hobbit im Buch „Der Herr der Ringe" in den Wind und packt an. Und etliche hilfreiche Geister und Wesen, denen er am Weg begegnet, unterstützen ihn dabei, Mittelerde vom Bösen zu befreien. Unterstützen ihn dabei, sich zu bewähren. Wenn jemand dem Bösen wiederstehen kann, dann er. Und darauf kommt es in dieser Geschichte eben an – für ihn und Mittelerde.

Der göttliche Funke wächst über die Zeit

Der große Funke, der entscheidende Moment ist für Frodo Beutlin gekommen, als all die großen Krieger darüber in Streit geraten, wer die Aufgabe übernimmt, den Ring des Bösen in den Schicksalsberg zu werfen. Der Ring zieht sie alle an. Frodo beobachtet diese Auseinandersetzung voll Schrecken und weiß in diesem Moment, dass er es ist, der diese Aufgabe übernehmen muss. Und das ist wahrlich kein heroischer Moment. Er ist vielmehr von der Angst vor der eigenen Courage geprägt.

Angst und Zweifel, Einsamkeit, vielleicht der Wunsch, sich das ersparen zu können, das Hadern mit dem Schicksal – all das sind Gefühle, die die Bewährung am Anfang begleiten, selbst wenn man sich schon entschieden hat, es anzugehen. Dabei dachten wir doch immer, dass die wahren Helden mit erhobenem Schwert und Sonne im Herzen ausreiten. Mitnichten. Der Moment, in dem man die Herausforderung annimmt, kann ein dunkler im Leben eines Menschen sein.

Genau jetzt ist es wichtig, gut mit seinem inneren Ort und seinen eigenen Ressourcen verbunden zu sein, eingebunden zu sein in einen sozialen Kontext, im Austausch mit Menschen zu stehen, Bestätigung zu bekommen und Unterstützung dafür, nicht sofort umzukehren. Den ersten Schritt zu machen ist oft schwierig, noch schwieriger ist es, den zweiten nicht wieder in die entgegengesetzte Richtung zu tun und damit wieder dort zu stehen, wo man bereits war.

Es geht ganz und gar nicht um eisernes Durchhalten, komme was wolle. Es geht darum, dem Weg eine Chance zu geben, sich zu entfalten. Und dazu muss man den Mut haben, ein paar Schritte zu gehen und wahrzunehmen.

Zum Bewähren gehört es mitunter dazu, sich den direkten Rückweg abzusperren. Eine sehr drastische Umsetzung dieser Vorgangsweise kann man sich im Film „Jagd auf Roter Oktober" anschauen. Der desertierende russische U-Boot-Kapitän informiert von Beginn an den Kreml über sein Vorhaben. Eine Umkehr wird damit gleichsam unmöglich. Er sieht darin die größte Chance, die volle Konzentration der Mannschaft darauf zu fokussieren, was *vor* ihnen liegt. Welcher Strategie auch immer Sie folgen: Wenn Sie sich bewähren sollen, müssen Sie sicherstellen, dass Sie ein paar Schritte gehen. Und dass Sie sich nicht in einem naheliegenden Hin- und Zurückpendeln vollkommen verausgaben.

Wobei Pendelbewegungen grundsätzlich okay sind. Die Bewährung darf sich nur nicht darin erschöpfen. Doch gerade zu Beginn der Bewährung sind sie notwendig. Der göttliche Funke fällt nicht vom Himmel und macht – einem Geistesblitz gleich – alles hell und klar. Das ist nur unsere Vorstellung; genährt aus Literatur und Filmen.

Wir begegnen dieser Fiktion immer wieder in Coachings. Der Funke als Geistesblitz, als spontane Eingebung. Doch in aller Regel kommen die Dinge viel banaler daher, als wir das aus Heldengeschichten kennen. Das „Richtige" zeigt sich nicht in magischen Offenbarungen aus dem Nichts. Es formt sich – gerade auch aus Pendelbewegungen heraus – über die Zeit. Die wirklich bahnbrechenden Ideen brauchen Zeit zum Reifen. Sie brauchen Kollisionsraum mit anderen guten Gedanken. Wir müssen daher Räume schaffen, in denen sich Ideen herausbilden, verbinden und befruchten können. Und irgendwann steht die zündende Idee in Klarheit vor dem geistigen Auge. Man spürt Eindeutigkeit.

Am Anfang einer Bewährung steht also die Entscheidung, sich zu bewähren, die Absicht einen Weg zu verfolgen, eine Aufgabe zu erledigen. Und zwar nicht in der Art, wie es allgemein für richtig gehalten wird, sondern wie es der Entfaltung meines Wesenskerns entspricht. Ich kann mein Studium nach Berufsaussichten wählen oder ich kann es machen, wie es eine befreundete Mathematikerin getan hat. „Ich habe gewusst, in der Mathematik bleibe ich mir auf der Spur." Wer seinem Wesenskern völlig ahnungslos gegenübersteht, wird nur schwer in die Bewährung kommen. So ist wohl jede Art der Selbsterkenntnis eine Investition in zukünftige Bewährungen.

Die wohl gängigste Form, sich der Bewährung zu verweigern, ist es, die Bewährungsprobe einfach nicht wahrzunehmen, so zu tun als hätte man sie nicht bemerkt. Man macht einfach weiter wie immer. Oft braucht es zahlreiche Wiederholungen des immer gleichen Musters, zahlreiche Schleifen, bis man einsieht, dass man damit vor seinem Leben davonläuft. Leere ist die Folge. Wir kennen dieses Phänomen nicht nur bei Menschen, es existiert wiederum auch bei Organisationen. Für vormals große Institutionen unserer Zeit. Ob Kirchen, Gewerkschaften, Parteien – viele haben die anstehenden Bewährungsproben nicht erkannt oder erkennen wollen. Es hätte ja bedeutet, Liebgewonnenes loslassen zu müssen. Die Notwendigkeit, sich aufgrund gesellschaftlicher Entwicklung zur Bewährung zu entscheiden, wird in solchen Fällen ignoriert oder als naiv abgetan. Die Bereitschaft und Entschlossenheit zu einem substanziellen Schritt der Entfaltung des eigenen Wesenskerns fehlt. So werden derlei Institutionen zu einem Gefäß der Besitzstandswahrer und zu Trägerinnen sinnentleerter Traditionen, die den Anschluss an die Zeit und an ihr innerstes Sein verloren haben. Man entscheidet sich mitunter noch für die Option, ein paar Optimierungen vorzunehmen. Zu mehr reicht es nicht.

Am Beginn der Bewährung steht also das Erkennen der Notwendigkeit von Bewährung, das Formulieren einer Absicht und das Absichern der ersten Schritte, um diese auch wirklich zu gehen und nicht angstvoll zurückzulaufen.

Unter Bewährung verstehen wir so eine Form der Hingabe an die Herausforderung, die Bereitschaft für eine Zeit regelrecht mit dieser zu verschmelzen, sich von ihr bestimmen zu lassen. Wie heißt es so schön: „Ein bisschen schwanger gibt es nicht." Das ist natürlich besonders schwierig für Menschen, die Angst haben vor Abhängigkeit und vor Verlust ihrer Individualität. Und schon wieder so ein Paradoxon: Für Menschen, denen ihre Unverwechselbarkeit und die Einmaligkeit ihrer Person besonders wichtig ist, ist das Heldentum schwierig, weil sie eben zu dieser Form von Hingabe nur schwer imstande sind.

Hingabe meint somit zumeist auch ein Loslassen von Kontrolle und die Bereitschaft, sich auf das einzulassen, was in Bewegung ist. Das ist kein völlig unvernünftiger Zugang. Er ist getragen von Fürsorge und Mitgefühl, Respekt und Verantwortung und der Bereitschaft zur Erkenntnis. Die Idee, in besonders schwierigen Zeiten mit harter Hand unter Weglassung von Menschlichkeit Fakten zu setzen, steht der Bewährung entgegen.

Fürsorge und Mitgefühl haben weder etwas mit Bevormundung noch etwas mit „Weichei sein" zu tun. Es ist der mutige Akt, die Gefühle anderer wahrzunehmen, sich ihnen auszusetzen und ihnen Bedeutung zu geben, ihnen keinesfalls gleichgültig gegenüberzustehen. Verantwortung drückt sich vor allem in der Bereitschaft zur Antwort aus, also dem Reagieren auf die Fragen, Herausforderungen und Veränderungen, denen man begegnet. Die Bereitschaft zur Erkenntnis bedeutet, dass man bereit dafür ist, Gesichertes über Bord zu werfen, andere Erklärungen zuzulassen und neue

Zusammenhänge zu entdecken. Diese Art der Hingabe ist für Einzelpersonen, für Organisationen und Gesellschaften relevant. Sie gelingt uns, wenn wir uns entscheiden, uns zu bewähren. Sie befreit uns aus der Passivität und macht uns zu Akteuren in unserer eigenen Geschichte. Starre Ziele und konsequentes Fortschreiben der Vergangenheit sind in einer VUKA-Welt nicht erfolgversprechend – diese beiden Ideen sollten wir ebenfalls loslassen.

Loslassen ist zumeist leicht gesagt, doch schwer getan. Denn es ist immer mit Angst verbunden. Doch Angst ist hier das richtige Gefühl am richtigen Ort. Amana Virani beschreibt in ihrem Buch „Gefühle – eine Gebrauchsanweisung" die Angst sehr lyrisch in einer Art, die klar macht, dass das Unbekannte die Angst wohl braucht, um bekannt zu werden:

Mein gesamtes System erstarrt. Es raubt mir den Atem.
Etwas zittert, ich weiß nicht, ob in mir oder außerhalb.
Mein System zieht sich zusammen,
verdichtet sich zu meiner Mitte hin.
Wie ein schwarzes Loch.
Alles ist schwarz, an mir, in mir.
Grenzen lösen sich auf.
Es ist das Unbekannte, in das ich hineinfalle,
das Herz des Mysteriums, in mir.
Plötzlich, Weite, inmitten dieses schwarzen Kerns.
Kribbeln, Aufregung, etwas Neues passiert.
Ich spüre es.
Ich löse mich auf und forme mich neu.
Das Unbekannte ist da.

Das Unbekannte! Ob man sich darauf wirklich einlassen will? Wenn doch Best Practice dazu einlädt, Wohlerprobtes einfach zu wiederholen. Letzteres klingt realistisch! Alles andere birgt viel Risiko. Vielleicht zu viel Risiko? „Lieber den Spatz in der Hand als die Taube am Dach", sagt ein altes, oft falsch verwendetes Sprichwort. Es bezieht sich nämlich auf den Moment und meint: Nutze die Möglichkeit, die du im Moment hast und jage nicht irgendwelchen Zielen hinterher, die du jetzt nicht realisieren kannst. Es beschreibt also eine wichtige Zutat des Mindsets der Bewährung.

Bewährung ist, wie bereits angeklungen, keine Einzelleistung. Sie braucht den Austausch mit anderen Menschen. Und dieser Austausch ist oft nicht leicht, gerade wenn man emotional sehr mitgenommen ist durch die VUKA-Welt. Doch der Austausch mit anderen Menschen fordert mich in meiner Beweglichkeit und ist ein bedeutendes Gegengewicht zur Angst, die mich eher unbeweglich macht, mitunter erstarren lässt.

Kein gerader Weg – eine Spirale, eine Odyssee

„Was will ich eigentlich?" ist jene Frage, die uns zur Bewährung führt. Das Wort „eigentlich" deutet dabei auf ein höheres Ziel, eine Bestimmung, auf etwas hoch Bedeutendes hin. Wie soll man diese Frage beantworten, wenn völlig unklar ist, was es alles zu wollen gibt?

Bevor man zwanghaft nach wahrhaftigen Zielen sucht, ist es wohl günstiger, sich eher der Metapher der Entfaltung zu bedienen. Es geht darum, im weiten VUKA-Feld sich selbst – seinem Wesenskern als Person oder als Organisation – auf der Spur zu bleiben und zu finden, was es zu finden gibt.

Ich kann mich gut an einen Workshop in einem krisengeschüttelten Unternehmen erinnern, wo wir einen Nachmittag sehr lustvoll inszenierten, „was hier gar nicht geht, also wirklich gar nicht". Zuerst recht zynisch und dann immer mehr von Erkenntnis getrieben. Geführt hat diese Erkundungsreise zu jenen Haltungen und Fähigkeiten in der Organisation, die sich nicht entfalten dürfen, aber entscheidend für den Wesenskern sind. Diese Blockade hatte sich zum Entwicklungshemmnis der Organisation aufgebaut. An der Lösung dieser Sperre und zugleich an der Entfaltung des Wesenskerns zu arbeiten, war ein hoch emotionaler Prozess, der schlussendlich aus der Krise führte.

Dass es sich bei diesem Weg der Entfaltung nicht um eine schnell zu durchlaufende mehr oder weniger gerade Linie handeln muss, liegt auf der Hand. Bewährung dauert. Nicht umsonst sprechen wir gerne von einer Odyssee, einer anstrengenden, langen Reise. So gesehen lohnt es, sich auch in der Freude an der Bewährung zu üben. Humor ist auch hier wieder ein wichtiges Instrument. Wenn Sie wählen können, mit wem Sie eine Bewährungsprobe bestehen wollen, suchen Sie sich Leute mit Humor aus.

Bewährung ist mehr, als schneller oder besser zu sein. Das Bild einer Spirale ist hier hilfreich. Bewährung ist wohl eine Form von im Kreis gehen – wie Optimierung –, aber es geht eben nicht darum, den gleichen Kreis immer schneller und perfekter zu laufen, sondern sich in einer spiralenförmigen Bewegung in der Entwicklung des eignen Wesenskerns hinaufzuschrauben.

Der österreichisch-britische Philosoph Ludwig Wittgenstein (1889–1951) würde wohl nicht von Hinaufschrauben, sondern von einer Änderung der Form sprechen. Wirklich große Veränderungen zeigen in der Regel die Realisierung einer anderen Form des Möglichen.

Wenn Kinder in einer Familie erwachsen werden, zieht das in der Regel eine solche Änderung der Form nach sich. Diese ist dann eine wichtige Voraussetzung, um weiterhin ein adäquates Miteinander aufrechtzuerhalten, auch wenn es sich nun anders ausdrückt. Die Innigkeit einer Eltern-Kind-Beziehung verkümmert zur Beklemmung, wenn sie es nicht schafft, beim Erwachsenwerden der Kinder in eine andere Form zu kommen. Wir kennen die Bilder alleinstehender Muttersöhnchen, die ihre Füße noch mit 40 unverändert unter den elterlichen Tisch strecken und denen die Mama so liebevoll durchs Haar fährt wie vor 30 Jahren – ein prototypischer Zustand einer verfahrenen Familiendynamik, die es nicht schaffte, sich in eine neue Form zu schwingen. Aus derlei Beklemmung erwachsen dann oft die Protagonisten in Kriminalfilmen – oder auch im echten Leben. Männer, die artig zu ihrer Mutter aufschauen, eingeschüchtert am Küchentisch Platz nehmen, um anschließend weiter an ihrem Bombensatz in der Garage zu bauen oder ein sonstiges Doppelleben zu fristen. Die Vitalität der Verbindung zwischen Mutter und Sohn ist irgendwann erstarrt. Sie ist in einer überholten Form gefangen. Die Bewährung kommt nicht zum Durchbruch. Wollte sie sich durchsetzen, so müsste sie diese überholte Form mit dem Wunsch nach Wandel sprengen.

An etwas glauben – die handlungsleitende Vision

Während Optimierung absichert und festigt, was wir erreicht haben, ermöglicht uns Bewährung den nächsten Schritt der Entfaltung im Fluss des Lebens. Wachsen durch Bewährung heißt, sich einen größeren Ausschnitt der Welt vertraut zu machen, als einem bisher vertraut war. Dieses Hinaufschrauben kann aber nur gelingen, wenn es nach oben eine Bindung gibt, letztendlich einen Sinn, an den man glaubt, dem man sich verbunden fühlt und der mehr umfasst als die Optimierung des eigenen Lebens. Bewährung ist dabei, wie bereits ausgeführt, eine Mischung aus unseren Gefühlen (Antrieb), unseren Überzeugungen und Erkenntnissen (Kompass) und aus unserem Denken und Handeln (Absicht). Dabei kann es durchaus widersprüchliche Dynamiken geben. Unsere Gefühle und Erkenntnisse müssen bestimmt nicht immer eine widerspruchsfreie Einheit ergeben. Phasen des Zweifels, des Herumirrens sind obligat, der Rückschlag fast ein Muss. Und doch steuert die Bewährung in Richtung nicht gegebener Endzustände. Sie wird in eine Richtung gezogen, ist sich selbst nicht genug. Letztendlich kann sich nur bewähren, wer an etwas glaubt, das ihm Richtung gibt. Doch: Wohin soll es gehen? Was leitet uns? Was können wir bestimmen?

Vielleicht wird Ihnen die ganze Angelegenheit jetzt zu metaphysisch? Doch wir müssen das Segel setzen, im Wind. Es ist ein Zusammenspiel unserer eigenen Kräfte mit höheren Kräften, die sich unserer Kontrolle entziehen.

Bleiben wir beim Beispiel des Windes: Wohl die meisten Menschen würden sagen, dass sie ihn nicht bestimmen können. Paradoxerweise sind diejenigen, die meinen, die Stärke beeinflussen zu können, zumeist in der besonders metaphysischen bis magischen Ecke zu Hause. Wir „anderen" haben jedenfalls so viel an Wissen, dass wir die Windstärke erklären und vielleicht ab und zu auch prognostizieren können. Wir können sie aber nicht beherrschen.

Wenn wir nun aber immer mehr wissen und entdecken und wirklich alle Komponenten des Windes kennen, wenn wir Techniken entwickeln, die jene Konstellationen simulieren, in denen der Wind entsteht, dann könnten wir doch theoretisch den Wind machen und beherrschen? Wenn wir alles wissen, was man wissen kann, wenn alles Neue, was es zu wissen gibt, sich sofort bei uns meldet, wenn wir diese ungeheure Menge an Wissen miteinander vernetzen können, wenn wir Speicher- und Verarbeitungskapazität dafür entwickeln, über Methoden verfügen mit der Explosion der Komplexität umzugehen, dann könnten wir doch den Wind beherrschen?

An diesem Punkt unterscheiden sich diejenigen, die an die Metaphysik als mögliche Basis von Erkenntnis glauben, von jenen, die es nicht tun. Glaubt man an die unendliche Macht des Irdischen oder die unendliche Macht des Überirdischen? Der österreichische Physiker Anton Zeilinger, durch seine Experimente im Bereich der Quantenteleportation international bekannt geworden als „Mr. Beam", bringt es in einem Interview mit dem Nachrichtenmagazin „Profil" (43/2012) so auf den Punkt: „Es geht hier um Dinge, die man nie wissen wird. An Gott zu glauben oder nicht ist für einen Naturwissenschafter genauso eine persönliche Frage wie für einen Laien. Gott kann nicht nachweisbar sein, aber er kann auch nicht nicht nachweisbar sein."

Die Fragen bleiben offen: „Wie wichtig ist es, an etwas glauben zu können?" „Wie relevant ist dieser Unterschied, woran man glaubt?" Wir werden dieses Thema auch im Kapitel III „Von der Kränkung zur Lebendigkeit" vertiefen. Beträchtliche Unterschiede gibt es jedenfalls in den Konsequenzen, die sich aus den persönlichen Antworten auf diese Fragen ergeben. Aber auch dort wird es breit streuen. Weil ich an Gott glaube, muss ich nicht sonntags in die Kirche gehen, muss keine Abneigung gegen Homosexuelle haben oder jede Ungerechtigkeit als Gott gewollt erfassen. Genauso wenig muss der Umstand, dass ich nicht an Gott glaube dazu führen, dass ich keine Demut kenne und keinerlei Verpflichtung verspüre oder keine Verbindung mit der Welt habe. Um nur ein paar der gängigsten Vorurteile zu nennen.

Eines scheint uns als Autoren jedoch klar: Woran auch immer wir glauben – ohne Glauben gibt es keine Bewährung.

Die Mission, die mein Handeln lenkt

Meine Handlungen werden dadurch geleitet, welches Bild ich von mir selbst habe: *Wozu bin ich hier? Was ist mir wichtig? Wer möchte ich sein? Was möchte ich bewirken? Was ist der Sinn meines Lebens?* Die Antworten darauf sind nicht immer einfach, sie sind auch noch kein detaillierter Fahrplan für den Alltag. Aber sie geben Richtung. Und damit Klarheit. Wer für sich stimmige Antworten auf diese Fragen findet, der findet Kraft und Energie. Denn diese Antworten entfalten brachiale Wucht – sie leiten unser Leben. Auch wenn dieses weiterhin voller Überraschungen bleibt.

Als ich mich frisch nach dem Studium diesen existenziellen Fragen widmete, griff ich weit aus nach Halt und Orientierung. Einige Reisen und Seminare standen am Terminplan und etliche Bücher stapelten sich auf dem Wohnzimmertisch. Das Interesse war groß, zu erkunden, wie andere so tun im Kontext dieser Fragen. Dabei kam ich auch auf die Idee, meinen Vater auf eine Männerreise einzuladen. Mit 18 war ich von zu Hause ausgezogen, und wir hatten zwar weiterhin guten Kontakt, aber eigentlich nicht allzu viel miteinander zu tun. Nun, knappe zehn Jahre später, da holte ich ihn plötzlich wieder stärker in mein Leben. Da wollte ich mehr von ihm wissen.

Kurz bevor wir nach Teneriffa abflogen, machten wir einen gemeinsamen Spaziergang. Mit allerhand Fragen grub ich in seinem Leben. Das war wohl ungewohnt für ihn. Die Antworten kamen etwas karg daher. Aber wer ist schon sehr gesprächig, wenn er überfallsartig dazu eingeladen, geradezu genötigt wird, sein Innerstes nach außen zu kehren. *Eine* Antwort werde ich nie vergessen – und sie bedeutet mir heute, als Sohn und als dreifacher Vater, viel. Wiewohl ich damals etwas verstört, fast enttäuscht war. Ich fragte ihn: „Papa, was ist dir wirklich wichtig im Leben? Was war das Wichtigste, das ganz mit dir zu tun hat? Was hat dein Leben und Tun geleitet?" Ich weiß noch, wie er etwas ausweichend erwiderte: „Wie meinst du das?" „Ja, das Wichtigste für dich. Das ist doch eine ganz einfache und klare Frage", setzte ich nach. Da ging er ein paar Schritte, schaute etwas verlegen – wohl merkte er, dass ich eine große Offenbarung erwarten würde – und sagte dann leise und klar: „Die Familie. Ja, die Familie war es. Dass es euch gut, dass es uns miteinander gut geht."

Hm, ich war etwas irritiert. Das Kindererziehen hatte er doch eigentlich der Mama überlassen. Und jetzt kommt er mir mit Familie. Außerdem war ich gerade dabei, als Mann in die große Welt hinauszuziehen. Familie und Gartenzaun waren ähnlich weit weg wie der Mond: grundsätzlich als Option da, aber demnächst würde ich dort nicht landen. Ich erwartete mir eine Begleitfanfare für meine bevorstehende Eroberung der Welt – und dann kam: die Familie. Heute verstehe ich ihn. Heute weiß ich, dass er auch danach gehandelt hat. Papa war auch da, wenn er nicht da war. Und ich spüre, wie mich die Liebe trägt und hält, die aus diesem seinem Bekenntnis kam und kommt.

Wenn Manager zeichnen

Im Rahmen von Coachings mit Führungskräften stelle ich auch oft solche grundsätzlichen Fragen. Sie kommen meist auf der Suche nach Management-Instrumenten, weil sie dem Alltag nicht mehr Herr werden: zu viele E-Mails, zu viele sinnlose Meetings, zu viele ungeklärte Konflikte. Ihr Kalkül: „Es muss doch zwei, drei Managementtools geben, mit denen ich das alles in den Griff bekomme." Meine Antwort lautet dann in etwa so: „Nein, es gibt nicht dieses eine Tool, das ich Ihnen mitgeben kann. Es gibt auch nicht dieses eine Buch mit den sieben Patentrezepten, das bisher erfolgreich vor Ihnen versteckt wurde. Es gibt weiters nicht diese eine Lösung, die alle Ihre Konflikte beendet. Aber gerne setzen wir uns gemeinsam hin. Das wird viel Sinn machen."

Natürlich besprechen wir dann Analysen und Verhaltensstrategien, Modelle und Instrumente. Doch noch lieber bespreche ich die oben ausgeflaggten grundsätzlichen Fragen. Mein Kalkül: Die Antworten auf diese Fragen bringen mehr Klarheit als das beste Instrument jemals bringen kann. Bei etlichen Coaching-Kunden war diese Klarheit im Ergebnis auch die Kündigung. Das sage ich Personalverantwortlichen auch immer dazu, wenn sie jemand bei uns „ins Coaching schicken". Erstens: Kein Coaching ohne Auftrag. Der Coachee, der Coaching-Kunde, muss es selbst wollen, sonst macht es keinen Sinn. Das Mindset der Bewährung lässt sich nicht verordnen. Zweitens: Ja, wenn Frau/Herr X das wollen, dann schauen wir gerne gemeinsam darauf. Folgenden Warnhinweis liefere ich aber meistens mit: „Achtung! Wenn wir in die Tiefe kommen, dann können dort Überraschungen lauern. Circa ein Viertel meiner Coaching-Kunden während der letzten zehn Jahre haben innerhalb von sechs Monaten nach dem Coaching den Job gewechselt. Und das war gut so – meistens wohl für beide Seiten."

Darüber sind Personalverantwortliche und auch Coachees in der Regel gar nicht wirklich irritiert. Sie wissen, dass Trennung eine Option ist. Die Irritation kommt mitunter etwas später, nämlich dann, wenn ich die Führungskräfte malen lasse. Denn wenn ich ihnen solche existenziellen Fragen stelle, wie oben ausgeführt, dann zieren sie sich manchmal ähnlich wie mein Vater. Und da ich im Geschäftsleben nicht ganz so penetrant sein kann wie als Sohn, bekommen Coachees hin und wieder nach der ersten Coaching-Einheit eine Zeichenaufgabe: „Wie schaut Ihr glückliches und zufriedenes Leben in sieben Jahren von heute aus? Malen Sie hemmungslos und impulsiv."

Die Erfahrung zeigt, dass sich die Antworten auf die grundsätzlichen Fragen unseres Lebens für die meisten Menschen – so sie nicht darin geübt sind – nur schwer in Worte fassen lassen. Diese Fragen kommen zu groß daher, zu pathetisch, als dass wir uns ihnen im alltäglichen Modus der Sprache stellen wollen oder können. Aber erstaunlicherweise wohnen die Antworten in uns. Denn wenn wir uns dazu überwinden, zu malen, dann kommen sehr klare Bilder. Und diese übersetzen sich dann auch ins praktische Tun. Wir können also tatsächlich unser Leben von der Zukunft her führen. Und diese Zukunft ist in uns schon angelegt. Man könnte sagen: Unsere ganz persönlichen Lebensaufgaben warten auf uns. Wir werden das Thema „Berufung" im späteren Kapitel „Geborgen in der (Un-)Endlichkeit" ausführlich besprechen.

Von der Lust, Opfer zu sein

Sich der Bewährung hinzugeben, bedeutet auch, dem Opferstatus zu entsagen. Und das ist in unserer Gesellschaft jedenfalls nicht selbstverständlich. Denn der Opferstatus hat Hochkonjunktur. „Die neue Opferlust" titelte die Wiener Stadtzeitung „Falter" ihre Osterausgabe 2012. Das „Opfer" ist ein Begriff, der vielschichtig und vertrackt in unserer Gesellschaft und Kulturgeschichte verwurzelt ist. „Niemand will mehr etwas opfern, aber immer mehr Menschen beanspruchen, ein Opfer zu sein. Was mit Scham verbunden war, ist zur Gier geworden. Wie konnte es so weit kommen?" fragt die Essayistin.

Ein anspruchsvolles Thema, voller Fallstricke und

Tretminen. Zweifelsohne ist die Ausweitung des Opferschutzes eine kulturelle Errungenschaft. Der Fokus allein
auf die Täter kann nicht heilen. Das Opfer braucht Aufmerksamkeit, um eine Chance auf Heilung zu bekommen.
Doch problematisch sei die zunehmende Moralisierung des
Opferbegriffs, so der Analytiker und Philosoph Christian
Kohner-Kahler im „Falter"-Interview, „weil sich heute sogar
eine Reputation damit erlangen lässt, Opfer zu sein und zu
leiden." Auf der psychologischen Ebene sei es „immer problematisch, sich mit dem Opfer zu identifizieren. Das erspart
mir, mich mit meinen eigenen inneren Dynamiken auseinanderzusetzen." Und er betont, dass dies beispielsweise in der
Politik auch Konsequenzen habe, weil niemand mehr bereit
sei, sich einzusetzen und etwas zu riskieren.

„Du Opfer" ist bekanntlich unter Jugendlichen eines
der größten Schimpfworte. Sie beweisen damit zumindest
Hausverstand. Denn, so Kohner-Kahler, „in der Pubertät,
in der es genau darum geht, sich von den Autoritäten abzulösen und selbst potent zu werden, ist das Opfer eine fatale
Folie." Diese Gefahr spüren wir Erwachsene offensichtlich
zu wenig, wenn wir uns allzu gerne der Opferrolle hingeben. Dieser Haltung zu frönen bedeutet eine freiwillige Entmachtung. Aber vielleicht ist es sogar das, was wir mitunter
suchen: Entmündigung. Sie enthebt uns der Verantwortung.
Der Preis, den wir zahlen, ist allerdings hoch. Ja, das Opfer
muss keine Verantwortung übernehmen. Doch wer die Verantwortung abgibt, der verliert auch die Freiheit. Auch dieser Dynamik werden wir uns im Kapitel III ausführlich
widmen – mit einem Plädoyer für die Freiheit – und die Verantwortung.

8. Die Segel anders setzen

„Open mind" steht am Beginn einer nachhaltigen Veränderung und stürzt uns, wie Otto Scharmer in seiner U-Kurve herausarbeitet, in das Meer der Emotionalitäten und Entscheidungen.

Wir leben in unbeherrschbaren komplexen Systemen, die manchmal laut lachen über unseren Größenwahn, alles exakt takten und kontrollieren zu wollen. Wer seinen Segelturn so plant und optimiert, dass der Wind in einer gewissen Stärke blasen muss, um noch das Schiff mit der Wasserversorgung zu erreichen, setzt sich der Gefahr des Verdurstens aus.

Wenn Sie auf ein Segelschiff steigen, empfiehlt es sich, mit den Segeln gut umgehen zu können. Der Wind wird wehen, ganz unabhängig davon, woran Sie glauben. Bereits Aristoteles (384–322 v. Chr.) erkannte: „Wir können den Wind nicht ändern, aber die Segel anders setzen." Vielleicht irrte er ja, und wir können irgendwann den Wind ändern, aber wir werden trotzdem die Segeln setzen müssen.

Wenn wir die Seite des Wandels in uns stärker aktivieren wollen, wenn wir auf Bewährung setzen und unseren und den Wesenskern unserer Zeit entfalten, was machen wir dann anders? Im Folgenden ein paar Ansätze und Ideen, wie wir die Segel auf dem VUKA-Ozean setzen können.

Think global – act local

Der alte Wahlspruch der Umweltbewegung „Global denken, lokal handeln" hat auch in der VUKA-Welt seinen Platz. Um die Segel richtig zu setzen, brauchen wir eine Idee davon, wohin es gehen soll; eine Absicht, etwas, das unsere Handlungen leitet und über uns hinausgeht. *Think global* übersetzt sich in der VUKA-Welt als „weit denken". Dazu braucht es, wie schon besprochen, die Bereitschaft, die Gedanken zu öffnen, der Neugierde zu folgen, wahrzunehmen, was über meine bestehenden Antworten hinaus geht, was mir eventuell sogar Angst macht.

Es geht darum, Pläne und Sicherheit – die Begrenzung der Welt – loszulassen und damit den Raum für Mehr aufzumachen. Gleichzeitig geht es darum, sich nicht in den Wolken der großen Ideen zu verlieren; das, was jetzt möglich ist, gut im Auge zu behalten. *Act local* übersetzt sich daher als: Im Hier und Jetzt jene Freiheitsgrade und Situationspotenziale zu nutzen, die unmittelbar da sind, die sich zeigen. Was ist der nächste mögliche Schritt?

„Prototype as if you are right. Listen as if you are wrong." So lautet das Mantra moderner Innovationsansätze. Das Zitat stammt von Diego Rodriguez, Gründungsprofessor am Hasso Plattner Institute of Design an der Stanford University. Er ist aktuell Entrepreneur-in-Residence an der Harvard Business School und Research Affiliate am Massachusetts Institut for Technology Media Lab. Sein Ansatz lautet also: Zuhören und Wahrnehmen wie ein Zweifelnder, gleichzeitig ins Tun gehen wie ein zutiefst Überzeugter und Entschlossener. Das Magazin „Fortune" nannte Diego 2010 einen der „Smartest People in Tech". Mit seinem Blog „metacool" agiert er als Opinion Leader im Wirtschafts-, Technologie- und Innovationsbereich. Ebenfalls ein bekannter Blogger in dieser Szene ist Eric Ries, Unternehmer im Silicon Valley und gefeierter Autor. Mit dem Geburtsjahr 1979 ein Jungstar. Sein Lean-Startup-Ansatz wandelt sich derzeit zu einer Bewegung, die sich anschickt, die Art und Weise zu revolutionieren, wie wir Produkte kreieren und auf den Markt bringen. Es geht nicht mehr um 300-seitige Businesspläne, es geht darum, rasch ins Handeln zu kommen und so zu lernen. Der deutsche Mathematiker, Philosoph und

Gesellschaftsvisionär Gunter Dueck weist in einem Interview mit der Agentur „pressetext" auf die ambivalenten Effekte dieser neuen Ansätze hin: „Die Änderungen kommen so schnell, dass wir in einer immerwährenden Beta-Welt leben, in der Technologien abgelöst werden, bevor sie sicher gemacht werden können."

Ich traf mich vor wenigen Tagen mit einem Freund zum Mittagessen, der mit der Website www.usetwice.at eine Plattform schafft, auf der bald allerlei Dinge und Produkte gemietet und vermietet werden können. Eventuell auch verschenkt oder getauscht. Er weiß es noch nicht so genau. Und das ist okay für ihn. Seine Plattform wird sich, so seine Überzeugung, durch das Feedback der Kunden wandeln und weiterentwickeln. Einen groben Businessplan gibt es, aber für noch wichtiger hält er, jetzt konkret in die Umsetzung zu gehen, im Tun zu sein. Parallel zur Produktentwicklung startet er aktuell eine Marktforschungsschleife. „Jetzt diese Befragungen zu machen, ist das nicht recht spät?", meinte ich. Er antwortete darauf, dass er eine konkrete Vorstellung von den nächsten Schritten habe, der Rest werde sich weisen. Dafür seien auch diese Befragungen hilfreich. „Die besten Strategien werden ja ohnehin immer im Nachhinein geschrieben", meinte er und lachte. Ein Bilderbuch-Fall für den Lean-Startup-Approach.

Der Effectuation-Ansatz von Saras Sarasvathy, Professor an der University of Virginia, folgt ebenfalls dieser Denkrichtung. Es ist dieses „Werkzeug" ein aktuelles Ergebnis der globalen Entrepreneurship-Forschung und kann als Umkehrung der kausalen Logik beschrieben werden. Michael Faschingbauer hat den Ansatz mit seinem Buch „Effectuation – Wie erfolgreiche Unternehmer denken, entscheiden und handeln" in den deutschen Sprachraum eingeführt. Der Klappentext seines Bestsellers fasst ihn zusammen. „Ziele setzen – planen – umsetzen: Das ist kausale

Management-Logik, wie sie Manager laut Lehrbuch anwenden sollen. Umfangreiche internationale Forschungen zeigen jedoch: In der Praxis stellen erfolgreiche Unternehmer diese herkömmliche Management-Logik auf den Kopf. Sie beginnen ohne feste Zielvorgabe, lediglich auf der Basis der eigenen Mittel zu handeln. Dabei halten sie das Risiko gering, nutzen Umstände und Zufälle geschickt aus und setzen auf Allianzen und Partnerschaften. Das ist Effectuation. Das Interessante daran: Gerade in schwer einschätzbaren Situationen, bei Entscheidungen unter Ungewissheit, erzielt Effectuation deutlich bessere Ergebnisse als klassisches Management."

Auch bei dem ausgedehnten politischen Vorhaben, dem ich mich derzeit widme – dem Etablieren einer neuen Partei in Österreich –, folgen meine Mitstreiter und ich diesem Effectuation-Ansatz. Während die etablierten Parteien mit allen möglichen strukturellen Hürden und jährlich 300 Millionen Euro versuchen, den politischen Markt gegenüber Neueinsteigern abzuschotten, gehen wir in die beherzte Umsetzung. Natürlich gibt es einen Plan, mehrere Pläne, aber diese werden täglich vom konkreten Tun neu frisiert. Unsere verfügbaren Mittel ergeben sich aus den Kernfragen: Wer bin ich? Was weiß ich? Wen kenne ich? Unsere Antworten darauf leiten unser tatsächliches Handeln. Der Weg entsteht beim Gehen.

Von möglich zu wirklich – Improvisieren

Es geht darum, immer wieder zu fokussieren – mit der Gewissheit einer großen Idee im Hintergrund. Im Hier und Jetzt wahrnehmen, was möglich ist, Situationspotenziale nutzen und Freiheitsgrade kontinuierlich ausbauen. Ganz konkret und unmittelbar agieren.

Dieser Ansatz behält seine Wirkung sogar unter bedrückendsten Umständen. Etty Hillesum (1914–1943), eine im Konzentrationslager Auschwitz-Birkenau ermordete niederländisch-jüdische Lehrerin, drückt es in ihren posthum veröffentlichten Tagebuchaufzeichnungen so aus: „Wie wir auf Maßregeln reagieren müssen, die unseren Bewegungsraum immer mehr einschränken. Von dem Raum ausgehen, der einem belassen bleibt, und sei er noch so klein, seine Möglichkeiten sofort erkennen und die Möglichkeiten zu kleinen Wirklichkeiten verwandeln."

Der Weg, wie das gelingen kann, heißt Improvisation. Sie ist eine Königsdisziplin der Bewährung. Improvisieren heißt, die Möglichkeiten des Hier und Jetzt zu nutzen. Improvisieren, wie es beispielsweise im Improvisationstheater betrieben wird, meint die konsequente Kommunikation mit der Realität. Es stellt einen Gegenpol zum Planen dar und ist trainierbar.

Improvisation beruhe, so die Schauspielerin und Kabarettistin Susanne Pöchhacker bei einem Vortrag in unserem Unternehmen, auf vier Fähigkeiten:

- Wahrnehmen: Gemeint ist die eigene Wahrnehmung offen zu halten, aufmerksam zu sein, zuzuhören.
- Assoziieren: Das bedeutet, sich zu erlauben, Verbindungen herzustellen, auch wenn sie nicht naheliegend oder gar absurd sind.
- Kontakt zu sich und anderen halten: Gemeint ist ein konsequentes Antworten auf das, was kommt, egal, ob von sich selbst oder von andere Menschen.
- Entscheiden: Und zwar möglichst rasch und im Kleinen; was gerade anliegt, ohne den Anspruch, ein allumfassendes Prinzip zu erfüllen.

Nicht alles auf einmal – Inseln bauen

Den Wert des Prototyping in einer VUKA-Welt haben wir oben beschrieben. Dieser Ansatz ist auch und wesentlich in einer Skalierungslogik zu verstehen: Vom Kleinen zum Großen. Es geht darum, Inseln des Neuen zu bauen, statt sich in der Planung ganzer Kontinente zu verlieren. Nicht ein Modell bauen, sondern „the real thing", aber eben in klein. Otto Scharmer propagiert dies auch in seiner Theorie U. Wie sich eine Situation entwickle, hänge davon ab, wie man an sie herangehe; insbesondere von der eigenen Aufmerksamkeit und Achtsamkeit. Sein Postulat lautet: „Von der Zukunft her führen". Als Herzstück und Herausforderung des Wandels verbinden sich dabei Gegenwart und Zukunft sowie Wissen, Emotion und Intuition. Scharmers U-Kurve beschreibt für den „Prozess der Werdung" sieben Stufen: vergegenwärtigen – in Verbindung gehen – loslassen – entstehen lassen – Gestalt annehmen – versuchen, was geht – das Neue leben.

Das Neue kommt also über ein „Crystallizing" – die Zeit für kleine Experimente – und sodann über konkretes „Protoyping" in die Welt. Von dort können wir dann gut in ein umfassendes „Performing" gehen. Wenn die Prototypen stabil sind, können wir diese zu Inselgruppen zusammenschließen oder zu großflächigen Gebilden erweitern. Dann können wir Kontinente bauen.

Der Prototyping-Ansatz hat natürlich auch seine Abrisskanten. So ist es beispielsweise nicht immer leichtzunehmen, dass nicht gleich alles auf einmal gehen soll. „Um Gottes Willen", rief eine befreundete Politikerin aus. „Ich kann das Wort ‚Prototyp' nicht mehr hören. Entweder wir machen es, oder wir machen es nicht. Aber ein bisserl Ausprobieren, das ist das Letzte." Ihre Worte stimmten mich ziemlich nachdenklich und illustrieren, dass Prototyping oft als eine Form von „Sotunalsob" missbraucht oder missverstanden wird. Oder wie man in Wien sagt: „Ein Begräbnis 1. Klasse." Man hat niemals vor, einen Schritt in die ausgewiesene Richtung zu machen, aber um die Gemüter zu beruhigen, tut man eben so.

In lebhafter Erinnerung ist mir eine Episode als Wiener Landesschulsprecherin Anfang der 90er-Jahre. Bei einer Bildungsenquete wurde seitens eines Experten des Unterrichtsministeriums eine Lanze gegen das Sitzenbleiben, das zwangsweise Widerholen einer Klasse im Falle eines „Nicht genügend" gebrochen. Zu meiner großen Verwunderung kamen nicht die üblichen Proteste einiger anwesender Lehrergewerkschaftler, sondern die lächelnde Bereitschaft, einem „Piloten" zuzustimmen. Am Ende der Veranstaltung ging ich zu einem der Lehrervertreter, den ich persönlich kannte, und fragte diesen: „Wow, was hat euch denn überzeugt?" Er antwortete: „Kennst du den Witz von Kreisky (ehemaliger österreichischer Bundeskanzler und SPÖ-Chef) und Mock (ehemaliger österreichischer Vizekanzler und ÖVP-Chef) beim Fischen? Nein? Also: Die beiden waren fischen. Mock zieht einen riesen Fisch aus dem Wasser und schlägt ihn mit einem Prügel tot. Die Leute in der Nähe sind empört und beschimpfen ihn als Mörder und Tierquäler. Minuten später zieht Kreisky einen Fisch aus dem Wasser, küsst ihn, legt ihn liebevoll ins Gras und sagt zu Mock: ,Der wird auch so hin.'" Tatsächlich, auch Kreiskys Fisch dürfte gestorben sein. Und das Sitzenbleiben ist bis heute nicht abgeschafft.

Sprechen wir von Prototyping, meinen wir nicht ein Totstreicheln, sondern den Mut zu Insellösungen, die sich sogar widersprechen dürfen. Prototyping ist eine Methode, um schnell ins Handeln zu kommen. Und darauf kommt es an. So wichtig es ist, das Feld immer wieder auf zu machen, die andere Möglichkeit einzuladen, so wichtig ist es auch – wenn man will, wenn man sich entschieden hat –, schnell zu Taten zu gelangen. Der Wald wächst durch einzelne Bäume.

Sich an VUKA erfreuen – Reframing

Eine weitere Möglichkeit, das Segel im VUKA-Gewässer positiv zu setzen, bietet die Technik des Reframing. Dieser Ansatz aus der Systemischen Familientherapie wurde von Virgina Satir (1916–1988) eingeführt und stark in der Hypnotherapie und in der Neurolinguistischen Programmierung (NLP) eingesetzt. Durch Umdeutung einer Situation oder eines Geschehens wird diesen eine andere Bedeutung oder ein anderer Sinn zugewiesen. „Scherben bringen Glück" ist eine volkstümliche Umsetzung dieser Technik, die offensichtlich schon lange vor dem wissenschaftlichen Ansatz bestanden hat. Ich kann mich über die Scherben ärgern, oder ich gebe dem gerade geschehenen Missgeschick einen anderen positiveren Rahmen. Das Bild bleibt dasselbe – die Scherben liegen am Boden –, aber die Interpretation ändert sich.

Der Rahmen ist offensichtlich ein Konzept, der unserer Sicht eingrenzt. Verlassen wir diese kognitive und emotionale Festlegung, können neue Deutungsmöglichkeiten entstehen. Wir können uns täglich darin üben, Szenen des Alltags in einem anderen Blickwinkel erscheinen zu lassen. Dies erleichtert uns in der VUKA-Welt, mit vielen Situationen und potenziellen Überforderungen konstruktiv umzugehen.

So steht es uns frei, VUKA als Chance zu begreifen und uns regelrecht daran zu erfreuen. Große Persönlichkeiten, die im Namen von absoluten Wahrheiten diskriminiert, gedemütigt und verfolgt wurden, haben es uns vorgelebt. Sie rahmten VUKA offensichtlich als eine Hoffnung. Sie nährten ihren unzerbrechlichen Glauben daran, dass eine andere, eine gerechtere Welt möglich ist. Hätte Aung San Suu Kyi, die birmanische Friedensnobelpreisträgerin, 15 Jahre Hausarrest ertragen können, wenn sie nicht tief in ihrem Inneren geglaubt hätte, dass es auch anders kommen könnte? Hätte Nelson Rolihlahla Mandela 27 Jahre politische Gefangenschaft durchgestanden, wenn er nicht um die Chancen der

VUKA-Welt gewusst hätte? Er bewegte sich trotz widrigster Umstände weiter und blieb so lebendig.

Können wir nicht viel versöhnlicher und konstruktiver auf unsere multiplen Krisen – von privat-persönlichen Umbrüchen bis hin zu Währungsturbulenzen – schauen, wenn wir akzeptieren, dass die Welt nun mal VUKA ist? Dass damit immer etwas anderes auch möglich wäre – und dass das vielleicht auch gut so ist. Diese andere Möglichkeit ist die Wurzel für Veränderung, Entwicklung und Wachstum. Sie macht doch das Leben erst lebenswert.

Wie folgende Geschichte illustriert, liegt es in unserer Hand, ob wir auf den VUKA-Befund depressiv und ängstlich reagieren oder ob wir auch die Freiheit sehen und uns daran erfreuen:

Ein alter Indianerhäuptling und sein Enkel sitzen am Lagerfeuer. Der Junge will wissen, wie das mit dem Leben und seinen Abgründen sei. Der alte Häuptling erzählt: „In meiner Brust wohnen zwei Wölfe. Einer ist der Wolf der Dunkelheit, der Angst, des Misstrauens, der Verzweiflung und des Neides. Der andere ist der Wolf des Lichtes, der Liebe, der Lust und der Lebensfreude." Da fragt der Enkel mit großen Augen: „Und welcher wird gewinnen?" Der alte Indianer antwortet: „Der, den ich füttere!"

Achten wir also darauf, wie wir auf die Abgründe des Lebens schauen! Das ist kein Plädoyer dafür, im Partymodus und mit rosaroter Brille durch das Leben zu tanzen. Das ist eine Erinnerung daran, dass wir ganz wesentlich mitbestimmen, welche Bedeutung die Geschehnisse bekommen, und dass wir die Freiheit haben, jene Wölfe zu füttern, deren Wachstum wir für sinnvoll halten.

Spannung als Energiequelle nutzen

Eine weitere Möglichkeit, wie unser Leben gut Fahrt aufnehmen kann, ist, Spannung als Energiequelle zu betrachten und zu nutzen. Unsere abendländische Vorstellung verbindet mit Spannung oft ein Unheil, das es abzubauen gilt. Diese Einstellung ist aus unserer Sicht meist nicht hilfreich.

Wenn wir die Welt im Sinne der bisherigen Ausführungen als unauflöslich widersprüchlich begreifen, dann ergeben sich zwei große Denkpfade. Einerseits kann ich mein Denken, meine Erkenntnis und mein Tun vor allem darauf lenken, die Widersprüchlichkeit aufzulösen oder so klein wie möglich zu machen. Kompromisse, Synthese, übergeordnete Ziele – das sind Methoden, die die Auflösung des Widerspruchs und den Abbau von Spannung zum Ziel und eine große Tradition in unseren Denksystemen haben. Andererseits kann ich auch versuchen, den Widerspruch Widerspruch sein zu lassen und meine Anstrengungen darauf zu lenken, die Spannung, die darin liegt, zu nutzen. Denn in Spannungszuständen liegen besondere Möglichkeiten. Natürlich stressen sie uns. Aber „Stress ist das Salz in der Suppe des Lebens", wie Hans Selye (1907–1982), der Vater der Stressforschung, so schön formulierte. Spannung ist eine wichtige Voraussetzung, um eine Hürde nehmen zu können. So wie in der Angst ist auch in der Spannung der Weg aus ihr hinaus bereits angelegt. Das ist die besondere Energie dieser emotionalen Verfasstheit.

Es ist ein weitverbreitetes Verarbeitungsmuster, erst immer und überall den Gegensatz, den Unterschied und das Unvereinbare zu sehen. Es ist aber genauso gut möglich, den Fokus nicht so stark auf den Widerspruch zu lenken. Dort, wo er mich trotzdem beschäftigt, kann ich beispielsweise versuchen, einen Ausgleich zu schaffen. Das ist eine Verhaltensvariante, die uns ermöglicht, den Widerspruch – in relativer Gelassenheit – bestehen zu lassen. Exemplarisch aus dem Leben gegriffen: Immer wenn ich viel fliege, lasse ich danach zu Hause das Auto für eine Woche stehen.

Eine weitere Möglichkeit im Umgang mit Widersprüchen ist, diese bedachtsam und versöhnlich zu registrieren und keine Handlungen zu setzen, die sie zum vollen Erblühen bringen. Wenn ich zwei völlig divergierende Freundeskreise habe, kann ich mich dafür entscheiden, sie jeweils separat einzuladen, um sie nicht mit gemeinsamen Einladungen zu „quälen". Gleichwohl ist es eine valide Option, die Freundeskreise bewusst punktuell zusammenzuführen. Einen kleinen Prototypen zu fahren. Mit Sicherheit entsteht in dieser Reibung Energie. Und ich entscheide anschließend, ob ich dies in Zukunft wiederhole oder lieber sein lasse.

Wir brauchen die Widersprüchlichkeit. Denn die Mehrdeutigkeit ist unsere größte Wachstumchance als Mensch und als Gesellschaft. Sie versorgt uns mit Spannung. Offensichtlich ist der präferierte Alltagsmodus vieler Menschen das Entweder-oder. Es schafft, so meinen sie, Klarheit. Man ist entweder gesund oder krank. Wir investieren einiges dafür, diese Unterschiede erkennen zu können. Das ist unsere Art zu denken. Beides gleichzeitig gibt es in unserer Vorstellung nicht. Doch wenn wir es nochmals überlegen, bemerken wir, dass wir trotz großer allgemeiner Gesundheit Karies haben können, den wir wohl nicht als gesund bezeichnen würden.

Das Thema Widerspruch wird uns im anschließenden Unterkaptiel „Eine andere Idee von Entscheiden" nochmals beschäftigen. Das Tetralemma-Modell wird uns eindrücklich zeigen, dass es neben dem „Entweder-oder" und dem „Sowohl-als-auch" noch einige weitere Optionen gibt. Wenn wir so auf die Welt schauen, öffnen sich neue Möglichkeitsräume.

Den Regelbruch als Wert begreifen

Dass die Phänomene Ordnung, Regel und Regelbruch so einiges mit Wachstum zu tun haben, ist in diesem Buch schon mehrfach angeklungen. Sehr prominent beispielsweise in der Geschichte von Franz und seinem letzten Schultag. Regeln haben einen hohen Wert; diese zu brechen ebenso. Der schon erwähnte Arnold Mindell beschreibt in seinem Buch „Der Lauf des Flusses", wie die Strenge vieler Zen-Texte zu verstehen sei. Diese Schriften würden ihren Schülern raten, die geltenden moralischen Regeln und Disziplinen zu beachten, sich der Sexualität zu enthalten, vegetarisch zu essen und nach dem Meditieren früh schlafen zu gehen. Diese Verhaltensregeln seien jedoch anders zu verstehen als strikte dogmatisch-religiöse Vorschriften, die ewige Gültigkeit haben. Sie seien jene Ordnung, die den Schüler so lange stützen solle, bis er sie verlassen und in andere Welten fortschreiten könne

Das ist eine hilfreiche Betrachtung: Eine auf Regeln und Vorschriften basierende Ordnung ist ein Ort der Sicherheit, mit dem man sich identifizieren kann. Er ist im Idealfall auch eine Art Absprungbasis für weitere, komplexere Abenteuer. Regeln und Vorschriften sind in dieser Betrachtungsweise kein Selbstzweck, sondern eine Art Lern- und Entwicklungsraum, der einen auf kommende Herausforderungen und Aufgaben vorbereitet.

So betrachte ich auch die Ampel vor unserem Büro. Ich habe diesen Ort verinnerlicht und nehme mir meist die Freiheit, auch bei Rot die Straße zu queren. Dasselbe mache ich nicht bei jeder Ampel, sondern nur, wenn ich zum Schluss gelange, dass ich diesen Ort der Ampelschaltung vollends integriert habe. Nur dann widme ich mich dem Regelbruch. Alles andere könnte zu bösen Überraschungen führen. Bei meinem letzten Besuch in London befolgte ich jedenfalls artig die Ampelschaltungen. Der Linksverkehr schien mir eine Regel, die ich nicht vollends integriert hatte. Die Ordnung der Rot- und Grünphasen war für mich daher sehr hilfreich, und ich verstand, dass ich mich strikt daran halten sollte.

Wenn man sich das alles auf Organisationsebene überlegt, dann wird nachvollziehbar, dass Entwicklung und Veränderung dort auch eine auf Regeln basierende Ordnung braucht, die vorgegeben ist. Ihre Identifikation erfährt sie durch die informelle Ordnung, die sofort entsteht. Wer kennt sie nicht: die elaborierten Verfahrensbestimmungen, an die sich niemand hält; die Arbeitsplatzbeschreibungen, die niemand liest; die Organigramme, die etwas anderes als die erfahrene Realität abbilden. Und trotzdem werden in diesen Organisationen Verfahren durchgeführt, arbeiten die Menschen an ihren Arbeitsplätzen und finden Hierarchien statt. Es gelten informelle Regeln, die ihre Gültigkeit durch ihre Evidenz erhalten.

Man kann sich die informelle Ordnung als eine Art Antwort auf die formelle Ordnung vorstellen. Sie ist damit gleichsam Teil der formalen Ordnung. In der Alltagssprache kennen wir diese Überlegung von der Redewendung: „Das ist die andere Seite der Münze". Die informelle Ordnung ist keine andere Münze, sondern nur die andere Seite der gleichen Münze – das Gegenüber der formellen Ordnung, unzertrennlich aneinander gebunden.

Der französische Sozialphilosoph Jean-Pierre Dupuy drückt es folgendermaßen aus: „Die magische Formel: Konvention verstößt gegen sich selbst innerhalb ihrer selbst." Die Konvention und ihr Verstoß sind miteinander ein Ort der Sicherheit. Der Verstoß ist nichts anderes, als die Regel identifikationsfähig zu machen.

Im Rausch des Definierens werden oft Dinge festgelegt, die den Bogen bei Weitem überspannen. Die informelle Ordnung löst dieses Problem unbürokratisch. Wenn ich in eine

Organisation komme und die Leute berichten dort in einem leicht anklagenden Ton: „Hier hält sich niemand an die offiziellen Regeln", dann weiß ich: „Hier bin an einem sicheren Ort." Denn die Identifikation mit Konvention und Ordnung ist offensichtlich hoch. Man hat viel Arbeit in die Entwicklung und Anpassung investiert.

Die Idee, durch das Pochen auf Einhaltung der formalen Regeln eine Veränderung in Richtung mehr Effektivität zu erreichen, erscheint auf Basis dieser Analyse vielleicht absurd, ist es aber gar nicht. Aber aus ganz anderen Gründen, als die Vertreter von Strenge und Disziplin vielleicht meinen würden. Denn das, was eine Organisation – aber auch eine Gesellschaft – für ständiges Wachstum braucht, ist die Verletzung der formellen Regel durch die informelle Regel und die Irritation der informellen Regel durch eine weitere Regel, die dann natürlich wieder die formelle Regel sein kann.

Günther Ortmann beschreibt in seinem inspirierenden Buch „Kunst des Entscheidens. Ein Quantum Trost für Zweifler und Zauderer", wie mit einem besonders eleganten Winkelzug in Organisationen Machtspiele und mitunter auch Wachstum vorangetrieben werden: Indem man – in Verletzung der informellen Regeln der Organisation – auf die Einhaltung jener formellen Regeln pocht, die im Rahmen der informellen Organisation verletzt wurden. Weil sie verletzt werden durften, womöglich sogar verletzt werden sollten oder mussten. Jedenfalls kommt so Bewegung ins Spiel. Plötzlich nimmt man Bezug auf die Arbeitsplatzbeschreibungen, die in der Personalabteilung zuerst einmal ausgegraben werden müssen, weil sich seit Jahren niemand dafür interessiert hat. Die formale Regel wird plötzlich mit Strenge reklamiert, die informelle Ordnung damit herausgefordert.

Ortmann geht in seiner Analyse noch einen Schritt weiter: Er kommt zum Befund, dass Vorgesetzte in Organisationen aus der Differenz von Regeln und Regelverletzung Machtkapital schlagen. Und zwar jenes, das sie tagtäglich brauchen, um sich dafür in einem mikropolitischen Tausch formal nicht erwart- und erzwingbare Leistungsbereitschaft einzuhandeln. Die wohl meist unausgesprochene Losung lautet: „Ich dulde die Regelverletzung, wenn du dafür ..."

Der französische Philosoph Michel Foucault (1926–1984) beschrieb das Phänomen der Machtausübung durch Schaffung von Delinquenten. Wer bei einer Ordnungswidrigkeit ertappt wird, gerät in Abhängigkeit zu jener Person, die ihn dabei auf frischer Tat oder nachträglich „erwischt". Insofern ist es eine logische Form der Machtausübung, Leute in den Regelverstoß zu locken oder zu drängen. In der Politik gehört das – bewusst oder unbewusst – zum Standardrepertoire der laufenden Machtspiele. Auch in Konzernen sind diese Phänomene an der Tagesordnung.

Letztendlich geht es um die für den Revolutionär verstörende Erkenntnis, dass das Verstoßen gegen die Konvention mitunter das Spiel der Konvention stärkt. Ein Spiel, dessen Grenzen die Protagonisten nicht kennen, aber suchen. Umgekehrt entlarvt sich sorgsam überdosierte Kontrolle mitunter als jene Krankheit, die zu heilen sie vorgibt.

Fazit: Für alle, die sich selbstreflektiert mit ihrem eigenen Wachstum beschäftigen oder mit Menschen und Organisationen in Veränderung arbeiten, heißt dies, dass die Dynamik aus Regel und Regelverstoß wesentliche Energiequelle für Wachstum und Veränderung sind. Energie in einem Spiel, dessen Grenzen und Ausgang wir nicht kennen.

Entscheidungs- und Handlungsfähigkeit sind hohe Güter. Wir müssen diese gerade in der VUKA-Welt hegen und pflegen. Wer sich mit dieser Herausforderung befasst, begegnet früher oder später dem Begriff „Leadership". Während in den 80er- und frühen 90er-Jahren „Management" das Zauberwort war, wurde es in den Folgejahren bis zum heutigen Tag von „Leadership" abgelöst.

Der Unterschied zwischen den zwei Ansätzen ist durch die amerikanische Formel kurz und bündig auf den Punkt gebracht: „Management is doing things right. Leadership is doing the right things." Hier hält die Wirtschafts- und Finanzkrise seit 2008 wichtige Lehren für uns bereit. Zweifelsohne hatten die Finanz-Alchemisten in den Jahren vor 2008 im Sinne der gängigen Managementlehren sehr viel richtig gemacht – sonst hätten sie auf Basis der installierten Anreizmechanismen nicht allerorts Prämien in Millionenhöhe dafür bekommen. Ihr Handeln war also innerhalb des Systems und des vorgegebenen Rahmens zumeist richtig. Ja, sie waren wahrscheinlich sogar richtig gut, in dem was sie taten. Doch haben sie auch das Richtige gemacht? Da sind wir uns dann wohl nicht mehr so sicher. So manche Finanzprodukte, die in den letzten zwei Jahrzehnten erfunden wurden, untermauern diese Zweifel. So war die kunstvolle Verpackung von fragwürdigen Subprime-Hypotheken und deren gehypter Weiterverkauf als tolle Investitionstitel sicherlich nicht das Richtige.

Aber, was ist das Richtige? Auch in der VUKA-Welt stellen sich die Fragen, die wohl die Menschheit bewegen, seit sie existiert: Was ist richtig? Was ist falsch?

Natürlich soll der Mensch auch in der VUKA-Welt stets danach trachten, „das Richtige" zu tun. Auch wenn es sich in Optionen anbietet, wenn es mehr als *ein* „Richtig" gibt. Man kann ja auch an eine Wahrheit glauben, die sich in verschiedenen Formen zeigt. Letztendlich kommt uns für die Frage, was nun richtig oder falsch ist, ein zündender Gedanke der Aufklärung zur Hilfe. Eine wichtige Orientierung ist die Antwort auf die Frage, wofür wir die Verantwortung übernehmen können. Auch das ist nicht trivial. Vielleicht kommt man streng genommen zu dem Schluss: für gar nichts oder – etwas nihilistischer in Anbetracht der Komplexität – für alles.

Greifbarer wird es, wenn man diese Frage nicht abstrakt beantworten möchte, sondern konkret. Man lernt sich als einen Teil der Welt zu verstehen, die man beobachten und bewerten will. Ich muss dann auch Verantwortung für meine Beobachtungen und Bewertungen übernehmen. Eine zweite wesentliche Orientierungshilfe ist aus unserer Sicht die Lebendigkeit.

Lebendigkeit ist Ausdruck davon, dass ein Mensch den eigenen Weg verfolgt, seinen Weg, seinem Prozess, seinem Fluss, seiner Berufung. Alles Ausdrücke für etwas *in uns*, das uns nicht unabhängig macht, sondern mit dem Rest der Menschheit verbindet und unser Leben entscheidend lenkt. Für uns Menschen geht es immer auch darum, unseren persönlichen Berufungen nachzuspüren: Was ist der Ruf der Welt, den ich höre, wenn es still ist?

„Wo sich deine Talente mit den Bedürfnissen der Welt treffen, dort liegt deine Berufung", meinte Aristoteles. Wir halten dies für eine großartige Metapher und möchten ergänzen: Wo sich dein Wesen, deine Talente, deine Sehnsüchte mit den Bedürfnissen der Zeit kreuzen, dort packe an. Um Berufung umzusetzen, empfiehlt es sich, die Sinne zu schärfen, in sich hineinzuhören, der Intuition zu lauschen, wachsam die Welt zu bestaunen. Schließlich gilt es, zu entscheiden und entschlossen ins Tun zu gehen.

So gesehen verstehen wir das Erkennen der persönlichen Berufungen auch als Ausdruck wachsender Weisheit.

Doch was ist Weisheit? Gemäß Wikipedia eine „exzeptionelle Kompetenz (...), die sich durch ungewöhnlich tiefe Einsicht in die Kreisläufe des Lebens, besonderes Wissen, eine herausragende ethisch-moralische Grundhaltung und das damit verbundene Handlungsvermögen auszeichnet." Sie bewegt sich „in den Spannungsräumen zwischen Wissen und Intuition, Verstand und Gefühl, Reife und Kindlichkeit, Klugheit und Torheit, weltzugewandter Diesseitigkeit und Transzendenz."

Dilip Jeste und Thomas Meeks von der University of California haben in einer Pionierstudie das Phänomen der Weisheit neurobiologisch erforscht. Obwohl die Definition von Weisheit ziemlich subjektiv sei, filterten sie eine Liste von Komponenten heraus, die nicht fehlen dürfen:
- eine soziale Einstellung, die dazu befähigt, Allgemeinwohl dem Eigenwohl vorzuziehen,
- praktisches Verständnis für Mitmenschen,
- emotionale Stabilität des Selbst,
- die Fähigkeit zur Selbstreflexion,
- Sinn für die Relativität von Werten, Meinungen, Bewertungen sowie die Fähigkeit zur Toleranz,
- ein wirksamer Umgang mit Ungewissheit.

Die Berufung, die persönliche Mission, sollte in diesem Licht also zugleich klar sein und beweglich bleiben. Was auf den ersten Blick widersprüchlich erscheint, erschließt sich bei genauer Betrachtung als logisch: Dort wo sich eine Mission blind verhärtet, wird sie zur stereotypen Obsession. Eine persönliche Mission muss stets im Austausch mit den Dynamiken der Umwelt stehen, sonst verliert sie ihre Bodenhaftung. Wie bereits in früheren Kapiteln ausgeführt: Der konkrete Weg entsteht im Leben immer beim Gehen; auch wenn man eine klare Vorstellung hat, wohin die Reise zielt. Es gilt, sich mit den Potenzialen zu verbinden, die sich unterwegs zeigen, um so die schöpferische Schaffenskraft und den eigenen Wesenskern voll zu entfalten. Wir werden dem Thema Berufung auch im Kapitel „Geborgen in der (Un-)Endlichkeit" noch einmal ausführlich begegnen.

Sich von großen Ideen leiten lassen

Ja, die Welt ist komplex und mitunter verwirrend. Sich für „das Richtige" zu entscheiden und es zu tun, sind große Herausforderungen. Man kann daher verstehen, warum sich Ratgeber für das einfache Leben solcher Beliebtheit erfreuen. Die Sehnsucht nach Notwendigkeit wächst in den vielen Möglichkeiten. Wer sich in den vielen Optionen verloren fühlt, giert nach Orientierung.

Doch bevor man den Ideologen, Gurus und Predigern in die Einfachheit folgt, sollte man bedenken, dass ihnen allen gemeinsam ist, dass ihre Wahrheit eine große Idee im Hintergrund hat. Diese gilt. Dieser geben sie sich gleichsam hin. Sie beantwortet vieles und macht klar. Sei es der Glaube an einen Gott, die Überzeugung, dass das Leben ein endloser Fluss ist oder dass der Mensch eine konkrete Bestimmung hat. Alles große Ideen, die eine Eindeutigkeit herstellen, die man ohne diese große Idee nicht sehen muss. Ja, wahrscheinlich gar nicht sehen kann – und damit auch diese Klarheit nicht erfahren wird.

Die Wege der Einfachheit bieten für uns Menschen sicherlich viel Klarheit, sie laufen aber auch entlang von Abrisskanten. Die religiös Gläubigen „auf dem Weg der Einfachheit" haben es nicht weit zur Einfältigkeit. Die Atheisten „auf dem Weg der Einfachheit" sind nahe an der Beliebigkeit. Die strengen Rationalisten „auf dem Weg der Einfachheit" wandeln an der Kippe zum seelenlosen Aktionismus.

Geleitet von der Skepsis gegenüber altbekannten, (vermeintlich?) trivialen Wahrheitslehren, könnte man die Idee gebären, etwas Neues zu konstruieren, das „mehr ist als das Bekannte" und dennoch einfach. Doch auch hier ist Vorsicht geboten. Die Wahrheiten, die geschaffen werden nach dem Strickmuster „aus jedem Dorf einen Hund", werden ebenso ihre Abrisskanten zeigen. Denn dieser Ansatz ignoriert, dass Religionen, Ideologien und Philosophien in sich geschlossene Systeme sind, die eine Eigenwelt in ihrem Denken und Fühlen schaffen oder geschaffen haben. In dieser wiederum entstehen konkrete, stimmige Ideen und Handlungen – die Sozialwissenschaften nennen das die zirkuläre Geschlossenheit von Systemen.

Mit Versatzstücken von Religionen, Ideologien oder anderen Denksystemen umzugehen wie beim Einkaufen im Supermarkt, kann mitunter zu gefährlichen Mixturen führen. Das Leben als ideologisch-impulsive Shoppingtour anzulegen, zeigt seine Tücken. So belegen Studien über junge Frauen, dass sie sich immer weniger vorstellen können zu heiraten, aber planen, Kinder zu bekommen und bei diesen zu Hause bleiben wollen. Eine Mischung aus einem Element des Feminismus – nämlich sich nicht den Regeln der bürgerlichen Ehe zu unterwerfen – und einer konservativen Rollenaufteilung in der Familie – nämlich als Frau die „Brutpflege" gegen die eigene Erwerbstätigkeit einzutauschen.

Betrachtet man diese Kombination unter dem Gesichtspunkt, dass die Wahrscheinlichkeit einer Trennung höher ist als die des Zusammenbleibens, dann kommt eine neue Generation alleinerziehender Mütter auf uns zu, die sich in hochgradig prekären Situationen wiederfinden werden. Denn auf die während der Kindererziehungszeit seitens des Vaters erworbenen Vermögenswerte haben sie ja keinerlei Anspruch, wie es ihnen im Gegensatz dazu die bürgerliche Ehe zugestehen würde.

Während der Diskussion dieser soziologischen Studienergebnisse mit einem befreundeten Arzt überlegte dieser kurz mit dem Ausdruck der Erkenntnis im Gesicht und meinte: „Ja, ich glaube meine Tochter will das ganz genau so machen. Sie riskiert das. Oder vielleicht doch nicht. Ich glaube, sie verlässt sich auf mich." Eine interessante neue Mischung im freundlichsten Fall der Betrachtung, die – sofern das Vermögen des Vaters nicht sehr groß ist – allerdings nur eine Generation überdauern wird. Aber aus Sicht der jungen Frau offensichtlich eine Möglichkeit im Umgang mit der VUKA-Welt. Sie glaubt auch an eine (große?) Idee – nämlich an ihren Vater.

Das Glück trainieren

Letzte Woche diskutierte ich dieses Buchkapitel mit einem Freund. Er fand die Ausführungen soweit nachvollziehbar und meinte: „Wir haben also die VUKA-Welt nicht unter Kontrolle, aber wir haben doch einiges selbst in der Hand." Diese Beschreibung fand ich sehr treffend. Über seine Zusatzfrage wollte ich noch nachdenken: „Aber was ist mit jenen, die fürchterliche Schicksalsschläge erleiden? Mit jenen, die eine schreckliche Kindheit hatten? Mit jenen, die in diktatorischen Systemen ihrer Freiheit beraubt sind?", fragte er. „Haben die noch die Freiheit, sich der VUKA-Welt konstruktiv zuzuwenden? Ist es nicht zynisch, ihnen das zuzumuten?" Die Antwort ist, mit allem gebotenen Respekt vor schweren Schicksalen: „Nein, es ist nicht zynisch. Und ja, auch sie haben Freiheit." Die bereits besprochenen Schicksale von Aung San Suu Kyi, Nelson Mandela und der 1943 im Konzentrationslager Auschwitz-Birkenau ermordeten Etty Hillesum belegen dies.

Die letzte Freiheit, die uns immer bleibt, ist die Haltung,

die wir zu den Dingen einnehmen. Manches Verhängnis, über das wir lesen oder von dem wir hören, lässt uns natürlich daran zweifeln, ob man nach so einem Schicksalsschlag nochmals aufstehen kann. Angesichts solcher Zweifel halte ich mir stets den Zuruf von Milton Erickson (1901–1980), dem Begründer der Hypnotherapie, vor Augen: „Es ist nie zu spät, eine glückliche Kindheit gehabt zu haben." Was immer dem Menschen widerfährt, es gibt Heilung – nicht nur für das innere Kind, auch für den verletzten Erwachsenen.

Klare Hinweise darauf liefert auch die Wissenschaft. In den letzten 15 Jahren entwickelte sich in den USA ein wissenschaftlicher Denkansatz, der rasch für großes Aufsehen in der Forschung, in den Medien und in konkreten Feldern der praktischen Umsetzung gesorgt hat: die Glücksforschung. Das „Time Magazine" widmete ihr bereits 2005 eine Spezialausgabe mit einer 42-seitigen Coverstory. Der Held der Titelgeschichte: Martin E. P. Seligman. Er ist der Pionier der Positiven Psychologie und einer der bekanntesten Glücksforscher. Nach vielen Jahren der Depressionsforschung überkam ihn der Wunsch, sich fortan mit den positiven Erscheinungen der Seele zu befassen. Er wandte sich Fragen des Glücks, dessen Entstehungsbedingungen und Erscheinungsformen zu. Seine zentrale Frage lautet: „Was ist Glück und wie lassen sich systematisch positive Zustände fördern?"

Glück im Sinne der positiven Psychologie wird dabei als Zustand von tiefer Zufriedenheit und Zuversicht definiert, der sich primär davon nährt, dass man sich des Sinns des eigenen Lebens bewusst wird. Seligman definiert drei Ebenen des Phänomens Glück:
- positive Gefühle wie Zuversicht, Optimismus, Vertrauen und Lebensfreude;
- Engagement im Sinne der Bereitschaft und Fähigkeit zu Bindung, Mitgefühl, Menschenfreundlichkeit und Dankbarkeit;

– sinnvolles Leben: Der Sinn des Lebens bestehe darin, sich mit etwas Größerem zu verbünden – und je größer das sei, woran wir uns halten, desto sinnvoller sei unser Leben.

Ist es nun eine Frage der Lebensumstände, des angeborenen Charakters oder der Persönlichkeitsstruktur, ob man glücklich ist und Zuversicht hat? Die Erkenntnisse der psychologischen Forschung sind hier eindeutig: Positive Gemütszustände können durch aktive Lebensgestaltung nachhaltig gesteigert werden. Seligman selbst scheint dabei ein durchaus authentischer Botschafter zu sein, outet er sich doch selbst als Pessimist, der gelernt habe, optimistisch zu denken.

Ein Blick auf den Segelschein

Womit wir zum Ende des Kapitels „Die Segel anders setzen" kommen. Der abschließende Blick auf unseren „Segelschein" soll nochmals zeigen, für welche Manöver wir nun gerüstet sind und welche Ansätze und Instrumente besprochen wurden.

Die Losung „Think global – act local" übersetzt sich in der VUKA-Welt dahingehend, dass wir eingeladen sind, weit aufzumachen und wahrzunehmen; gleichzeitig rasch und entschlossen zu handeln. Die Kunst der Improvisation hilft uns dabei, Möglichkeiten in Wirklichkeiten zu verwandeln. Statt uns in der Planung von Kontinenten zu verlieren, sind wir angehalten, Inseln des Neuen zu bauen. Wir können diese dann zu Flächengebilden erweitern oder zu Inselgruppen zusammenschließen.

Die Technik des Reframing erlaubt uns, ein und dasselbe Bild freundlich oder unfreundlich zu rahmen. Wir haben es in der Hand, Bedeutung und Sinn zu geben. Es hat sich gezeigt, dass Widersprüchlichkeiten zu Spannungen führen und dass wir diese als wunderbare Energiequelle nutzen können. Ebenso energetisierend ist das Zusammenspiel von Regel und Regelbruch. Wir können diese Dynamik konstruktiv nutzen, statt uns als passiver Spielball zu begreifen. Ordnung lässt sich so als Lernraum und Entwicklungsimpuls verstehen, nicht als Selbstzweck.

Die VUKA-Welt fordert uns immer wieder auf, zu entscheiden. Auch hinsichtlich der Fragen: Was ist richtig? Was ist falsch? Wenn wir unserer Mission folgen, die sich aus unserem Wesenskern entfaltet, bleiben wir uns selbst auf der Spur und gehen in die richtige Richtung. Wir können uns dabei von großen Ideen leiten lassen, so sie authentisch in uns wohnen. Wir sollten allerdings auf die Abrisskanten großer Ideen achten. Schlussendlich ist die Erkenntnis eine versöhnliche, dass wir unser persönliches Glück jeden Tag aufs Neue trainieren können. Doch auch hier müssen wir uns aktiv dafür entscheiden.

Segel setzen heißt, sich zu entscheiden. Deshalb möchten wir uns im nächsten Kapitel eingehend dem Themenkomplex „Entscheidung" widmen.

9. Eine andere Idee von Entscheiden

Wir Menschen stehen mit dem Phänomen „Entscheiden" oft auf Kriegsfuß. Im Neuen Testament steht: „Dein Ja sei ein Ja. Dein Nein sei ein Nein." Naja, wenn das immer so einfach wäre. Der österreichische Schriftsteller und Satiriker Karl Kraus (1874–1936) brachte es so auf den Punkt: „In zweifelhaften Fällen entscheide man sich für das Richtige."

Wie Daniel Gilbert, Psychologie-Professor an der Harvard University, in seinem genialen Werk „Stumbling on Happiness" zeigt, haben wir wenig Vorstellung darüber, was uns eigentlich glücklich macht und was wir in der Zukunft brauchen. Das erschwert natürlich einerseits Entscheidungen enorm. Andererseits hat der Managementhype und die Ökonomisierung unserer Gesellschaft mit ihrer hohen Affinität in Richtung Effizienz und Effektivität völlig überzogene Bilder vom Menschen als entschlossenem Allzeit-Manager geschaffen: Wer zackig entscheidet, zeigt Leadership-Qualitäten. Diese Logik greift in einer VUKA-Welt freilich zu kurz. Das wusste schon Wolfgang von Goethe (1749–1832): „In der Welt ist es sehr selten mit dem Entweder-oder getan."

Nach der Entscheidung wird's interessant

Die Entscheidung ist in der Regel nicht mit der Antwort auf die Frage: A oder B? erledigt. Die Konsequenzen mit großer Tragweite entfalten sich zumeist im Nachentscheidungsprozess. Entscheidungstheoretiker weisen darauf hin, dass es mitunter egal ist, wie wir entscheiden. Wichtiger als die ursprüngliche Entscheidung sei die Frage, ob wir bereit seien, unsere Entscheidungen gegebenenfalls zu korrigieren. Besonders relevant in diesem Kontext: Ob die Entscheidung größeren Schaden oder Nutzen anrichtet oder nicht, hänge stark von der Frage ab, ob wir nach der Entscheidung relevante Hinweise auf Korrekturen von üblichen sogenannten „Nachentscheidungsdissonanzen" unterscheiden könnten. Also ob wir empfundene, ambivalente Gefühlszustände, die zu Entscheidungen dazugehören, von ernsthaften Signalen für sinnvolle Adaptionen unterscheiden könnten. Wobei dies mitunter schwer objektivierbar sein wird.

Dies sind wichtige Aspekte und Hinweise, wenn wir bedenken, wie schnell wir Politiker, Manager und andere Führungskräfte als entscheidungsschwach brandmarken. Vielleicht haben sie schon mehr begriffen über die verworrene Logik von Entscheidungen in der VUKA-Welt als wir erahnen. Vielleicht macht es auch mitunter Sinn, manchmal nicht zu entscheiden; oder später; oder die Entscheidung zu revidieren. Maßstab ist und bleibt aus unserer Sicht als Autoren nicht die Schnelligkeit der Entscheidung, sondern die Erhaltung der Entscheidungs- und Handlungsfähigkeit. Sie bilden die Grundlagen menschlicher Vitalität.

Das Gegenteil von Zwang ist Entscheidung

In welch paradoxer Situation wir uns wieder finden, wenn wir uns auf die Bewährung einlassen, beschreibt der große, bereits weiter vorne zitierte Kybernetiker und Konstruktivist Heinz von Foerster mit seiner Erkenntnis: „Es sind nur die prinzipiell unentscheidbaren Fragen, die wir entscheiden können." Warum?

Einfach deshalb, weil die entscheidbaren Fragen sich durch das Rahmenwerk der Fragestellung und entsprechende logische Schritte irgendwann beantworten werden. Manchmal wird es schnell zu Entscheidungen kommen, manchmal wird es lange dauern. Am Ende des Tages findet sich die Antwort. Was aber ist mit Fragen, die nach gängigen Mustern nicht entscheidbar sind? Wo es keinen eindeutigen Sachzwang gibt, keine „guten Gründe" und keine zwingende Logik? Denn gäbe es diese, käme es ja nicht zu einer wirklichen Entscheidungssituation; dann wäre ja nichts anderes möglich. In diesem Fall gilt: Wir sind frei! So gesehen ist das Gegenteil von Zwang nicht die Freiheit, sondern die Entscheidung.

Beispiele dafür gibt es in allen Lebensbereichen: Ob weiter lebenserhaltende Maßnahmen gesetzt werden oder nicht, ist nur dann zu entscheiden, wenn „die guten Gründe" dafür oder dagegen fehlen. Sonst ist das Ja oder Nein ohnehin klar. Wenn dies jedoch nicht klar ist, dann geht es um die Entscheidung. Genau dann ist sie zu treffen. Und sie ist nicht treffbar, solange man sie nur auf Basis besserer Gründe – sozusagen vernünftig – treffen will.

Doch das ist der erste Versuch, den wir unternehmen, wenn wir darauf drängen, die Situation zu optimieren und gute Gründe zu finden. Dazu gibt es ein beachtliches Instrumentarium: Wir werden uns Expertenmeinungen einholen, wir planen, gehen regelkonform vor, bewerten die vorliegenden Fakten, versuchen eine weitere Verkomplizierung der Situation zu verhindern, indem wir Möglichkeiten ausschließen, monitoren und kontrollieren. Und das würde vielleicht auch alles zum Erfolg führen, wären wir nicht in einem zutiefst mehrdeutigen, widersprüchlichen Umfeld und gäbe es da nicht den Zweifel.

Entscheidungen sind genau dann nötig, wenn gute Gründe fehlen. Das macht aus vernünftigen – gut begründeten – Entscheidungen ein Paradoxon. Alle großen Denker, die sich mit dem Phänomen der Entscheidung befassten, sind diesem Gedanken jedenfalls sehr nahegekommen. Einer von ihnen, Søren Kierkegaard, hat dazu einen zweiten Trost gespendet: „Ein Denker, der ohne Paradox ist, ist wie ein Liebhaber ohne Leidenschaft: ein mäßiger Patron."

Zwei Gesichter oder gar mehr?

Es ist wie bei einem Vexierbild. Wir kennen alle solche Bilder, die in sich weitere Bilder tragen und unser Auge narren:

Vexierbild – nicht eindeutig zu fassen
Painted by Emil 2005

Sehen wir hier eine alte Frau oder eine ganz junge? Blickt hier eine Gans nach links oder ein Hase nach rechts? Ist es eine Vase oder sind es zwei Gesichter? Dasselbe Bild, ein je nach Betrachtung total unterschiedliches Objekt. Unser Verstand drängt uns zu einer Entscheidung. Es ist geradezu qualvoll. Der Begriff „Vexierbild" kommt von lateinisch „vexare", was so viel bedeutet wie „quälen, peinigen". Die Qual liegt in der Irreführung der Augen und des Geistes. Man kann buchstäblich seinen Augen nicht mehr trauen. Der Verstand versagt darüber. Wir versuchen, das flüchtige Bild festzuhalten, ein beliebiges Umschlagen zu kontrollieren und das andere, verborgene Bild willentlich wieder hervortreten zu lassen.

Wir versuchen, Eindeutigkeit herzustellen. Doch irgendwann wird uns in diesem überschaubaren Rahmen des kleinen Bildes klar, dass in diesem Kontext ein Entweder-oder keinen Sinn macht. Wir entscheiden uns wahrscheinlich für ein Sowohl-als-auch.

Europa – es geht um alles? Oder was?

Wie hilfreich und wohltuend dieser Perspektivenwechsel sein kann, demonstriert beispielsweise der österreichische Grün-Politiker Christoph Chorherr in seinem Gastkommentar in der österreichischen Tageszeitung „Der Standard" vom 18. Juni 2012. Unter dem Titel „Vexierbild Europa – Deswegen preise ich die EU" plädiert er für eine gänzlich andere Betrachtung der Europäischen Union. Es ist auch ein Plädoyer für mehr Gelassenheit und weniger Krisen-Tohuwabohu. Die aktuelle Dichotomie in Sachen EU könnte man in etwa so zusammenfassen: Entweder wir finden jetzt aber bald eine Lösung – also die Weltformel für die Heilung des Euro und der EU – oder Euro und EU kippen ins endgültige Verderben. Chorherr zitiert Joschka Fischer mit den Worten: „Es geht fast um alles (…) Entweder will man den Euro erhalten und muss sich dann schleunigst auf den Weg in die politische Union machen, oder man wird den Euro und die europäische Integration nolens volens rückabwickeln. Europa würde dann nahezu alles verlieren, was es an Integrationsfortschritten über ein halbes Jahrhundert hinweg erreicht hat, und sich in ein Europa der Renationalisierung zurückentwickeln. Dies wäre angesichts der entstehenden neuen Weltordnung eine Tragödie."

Keine guten Neuigkeiten, denkt man sich hier als europäischer Bürger. Und die „Bild" versteht es sicherlich, daraus ein paar gute Dutzend Titelblätter zu schnitzen. „Es geht um alles" – wen sollte so etwas kalt lassen. Dann geht es ja wohl auch um mich. Doch wer dieses Buch bis hierher gelesen hat und die Einsichten und Auffassungen der Autoren teilt, der wird sich an dieser Stelle die Fragen stellen: „Geht es wirklich um alles?" Angenommen es ist kein Entweder-oder? Was wäre es dann?

Chorherr plädiert für einen anderen Blick auf die EU als die Zuspitzung auf Entweder-oder. Er meint, die „EU hat ihre größte, gewaltige, politische Leistung schon vollbracht." Er zitiert hierbei unter anderem den Befund, dass jeder Bürger dieser EU völlig frei darüber entscheiden könne, in welchem Land unserer Union er leben, studieren und arbeiten möchte. In der Tat – wann hat es denn das in all den Jahrhunderten der Geschichte, die wir überblicken, gegeben? Nie. Und doch sind wir so ungeduldig, so unzufrieden, so fixiert auf das Entweder-oder. Umso wohltuender ist es, wenn ein politischer Akteur aus dieser Front der Verengung ausbricht. Nur so können wir zu tragenden Lösungen kommen. Es wird nicht *diese einzige richtige Lösung* für Europa geben. Wir werden, wie immer im Leben, mehrere Lösungsmöglichkeiten haben. Gehen wir sie an. Chorherr schließt mit dem Aufruf: „Die europäische Identität muss wachsen. Wir sollten sie preisen, pflegen, demokratisieren, aber nicht überfordern." So wird es wohl sein. Wir sollten uns nicht durch die Fiktion eines ultimativen Patentrezepts für die Zukunft unseres Kontinents lähmen lassen. Wir sollten im unmittelbaren Tun bleiben, handeln. In kleinen Schritten vorangehen, wenn der Nebel so dicht ist. Der Weg wird sich weisen.

Tatsächlich gibt es nämlich sogar mehr als das ausschließliche Entweder-oder und das integrative Sowohl-als-auch. Während die klassische europäische Logik die Dichotomie von „Wahr oder Falsch" zum zentralen Paradigma erhob, forciert die indische Logik das Denkmodell des Tetralemma. Diese logische Figur besteht aus vier Sätzen, die einem Objekt eine Eigenschaft 1. zuspricht, 2. abspricht, 3. sowohl zu- als auch abspricht oder 4. weder zu- noch abspricht. So gesehen kennt die buddhistische Tradition die vier Möglichkeiten, dass eine Aussage wahr (und nur wahr) ist, falsch (und nur falsch) ist, sowohl wahr als auch falsch ist oder weder wahr noch falsch ist. Und es kommt dann sogar noch eine fünfte Variante hinzu. Diese lautet: „All dies nicht und selbst das nicht." Also nicht einmal die vierte Perspektive, nicht einmal „weder wahr noch falsch". Die großartigen

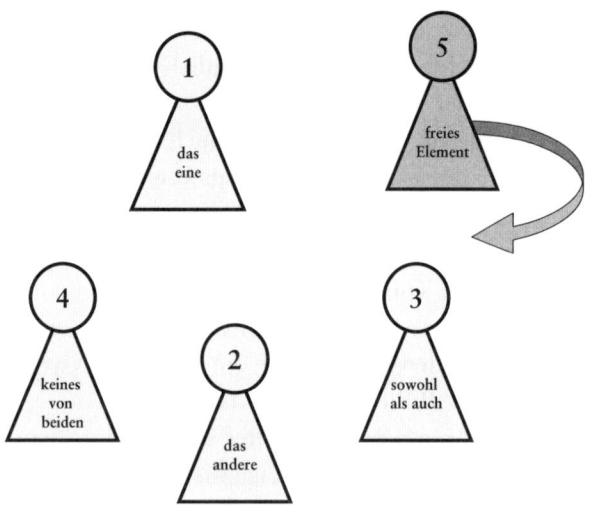

Tetralemma – neue Welten gehen auf

Pioniere der systemischen Strukturaufstellung Matthias Varga von Kibed und Insa Sparrer führen diese „fünfte Unbekannte" in ihren Aufstellungen meist mit den Worten „und vielleicht nicht einmal das" ein. Dieses „freie Element" hat meist hochgradig vitalisierenden Charakter für die Lösung der bearbeiteten Problemstellungen.

Wer erstmals mit diesen Gedankengängen in Kontakt kommt, der mag sich wundern, was „dieses verkopfte Hirnen über Möglichkeiten" – so ein Coaching-Kunde unlängst in vorwurfsvoller Ungeduld – dem Menschen bringen soll. Es dauert ein bisschen, bis man sich mit dieser Denkfigur anfreundet. Doch hat man sie einmal für sich gewonnen, dann ist sie eine großzügige Freundin.

Das lässt sich wohl am besten an einem konkreten Fall erklären. Stellen Sie sich vor, eine Führungskraft kommt in ein Coaching. Die Managerin ist unglücklich mit ihrem Vorgesetzten und steht – aus ihrer Wahrnehmung – vor der Entscheidung: entweder zu leiden oder zu gehen. Dieses Entweder-oder hat sie schon viele Nächte lang beschäftigt und raubt ihr jede Energie. Sie fühlt sich kraftlos und geschlaucht. „Ich habe nicht einmal die Kraft, zwischen diesem Entweder-oder zu entscheiden", so ihre betrübte Standortbestimmung. „Das musst du auch nicht", sagt daraufhin die Tetralemma-Figur beziehungsweise der Coach. „Doch das muss ich. Und wenn ich nicht einmal eine Entscheidung schaffe, dann werde ich im Entweder gefangen bleiben. Ich werde leiden", entgegnet die Managerin.

„Wollen Sie sich wirklich bewähren in dieser Situation oder entscheiden Sie sich für die Rolle des Opfers?", frage ich in meiner Rolle als Coach. Ist die Antwort: „Ja, ich will mich bewähren", dann entfaltet sich die Tetralemma-Figur. Oft arbeiten wir hier mit Visualisierungen, Figuren, Knetmasse oder Bodenankern. Wir holen die fünf Perspektiven bewusst in den Raum. Sie bekommen eine Form. Für den

Kunden gehen neue Welten auf. „Was würde es bedeuten, wenn Sie sowohl gehen als auch leiden? Welche Lösungen zeigen sich, wenn Sie sowohl leiden als auch bleiben? Und stellen Sie sich vor, Sie leiden nicht und Sie gehen nicht? Wie kommt es dazu?" Die Managerin entschloss sich schlussendlich, ein Jahr Bildungskarenz zu nehmen und eine Zusatzausbildung zu machen. Vier Wochen bevor sie in ihr Unternehmen zurückkehrte, wechselte ihr Vorgesetzter intern auf eine andere Position. Wir hatten uns also Fragen gewidmet, die zu sehr stimmigen Entscheidungen führten.

Wer fragt, der führt – in diesem Falle in Richtung neuer Lösungen. Die Kunden entwickeln oft innerhalb von wenigen Stunden neue Gedanken, Ideen und Lösungsansätze für Probleme, die ihnen schier unlös- und unentscheidbar erschienen. Verliebt sich ein Kunde frühzeitig in eine Variante, dann machen wir noch einmal weiter auf mit den Fragen: Und was, wenn nicht einmal das passiert? Was geschieht dann? Was tun Sie dann? Die Folge dieser Fragen ist meist, dass die Coaching-Kunden in vitales Handeln zurückfinden. Sie bewegen sich in der VUKA-Welt plötzlich wie ein Fisch im Wasser – mit großer Leichtigkeit kommen sie ins Entscheiden und Handeln. Denn ja, es geht immer wieder darum, ins Tun zu kommen, auch wenn die Zweifel stete Begleiterinnen sind. Mit ihnen sollen wir uns anfreunden. Sie sind Ausdruck von Vitalität, sie sind Beweis dafür, dass wir leben und pulsieren.

Der Wunsch zu handeln

Der Zweifel ist die Erinnerung an die Unentscheidbarkeit der Frage. Er ist somit sinnvoll, mag er auch als noch so belastend erlebt werden. Das Ende des Zweifels sind oft nicht die guten Gründe, die man endlich, endlich gefunden hat, sondern der Wunsch zu handeln. Auch Letzteres ist hilfreich.

Die guten Gründe suggerieren die Sicherheit, eine richtige Entscheidung getroffen zu haben. Warum ist es so wichtig, dass sie richtig ist, die Entscheidung? Weil die sachlich richtige Entscheidung in unserer Vorstellung einen eindeutigen, kontrollierbaren Weg repräsentiert, der „das andere" für unmöglich erklärt. Die sachlich richtige Entscheidung ist die befestigte Straße im Staub der Möglichkeiten. Nur leider, leider kann es sein, dass es diese Straße nicht gibt oder nur dann gibt, wenn wir sie selbst bauen. Und wenn wir sie bauen, liegt es ganz und gar in unserer Hand, wie sie aussieht. Das ist wohl die Freiheit, zu der sich manche von uns verurteilt fühlen.

Ist es jetzt noch möglich, irgendetwas zweifelsfrei zu entscheiden?

Man kann sich das so vorstellen: Mithilfe des Zweifels bewegt man sich zwischen zwei Möglichkeiten hin und her, zum Beispiel zwischen zwei Menschen. Jedes Mal, wenn Sie sich etwa für einen Projektleiter entschieden haben, erscheint Ihnen die andere Person attraktiver. Zuerst die beruhigende Nachricht: Das ist völlig normal. Das hat wenig mit Ihrer Persönlichkeit, Kränkungen in der Kindheit und dergleichen zu tun. Es hat auch weniger mit den zwei potenziellen Projektleitern zu tun, als vielmehr mit einem gut untersuchten Mechanismus. Dieser sorgt dafür, dass jedes Mal, wenn Sie eine Entscheidung treffen, Ihnen die andere attraktiver erscheint. Der englische Volksmund sagt: „The grass is always greener on the other side." Daher empfiehlt es sich, sobald Sie einen Schritt gesetzt haben, ein bisschen zu verweilen und zu beobachten, ob die Dissonanzen mit Abstand zur Entscheidung eher größer als kleiner werden.

Doch dieses Hin-und-her-Pendeln ist keine unendliche Geschichte, sondern ein Reifungsprozess. Mit jedem Hin und Her nährt sich auch ein Sowohl-als-auch und ein Weder-noch. Jedenfalls eine Entscheidungsgestalt, die dem Umstand, dass es sich ja grundsätzlich um etwas Unentscheidbares handelt, gerechter wird als ein einfaches Entweder-oder.

Sie machen darüber hinaus eine Menge ganz spezifischer Erfahrungen, in denen die Entscheidungsvarianten eine Art Wachstum erleben. Sie haben sich nämlich, um im Beispiel der Projektmanager-Entscheidung zu bleiben, gedanklich für Frau Müller entschieden. Das löst eine große Dissonanz aus. Sie bleiben nicht bei Ihrem Entschluss und disponieren für Herrn Maier. Die Dissonanz, die sie jetzt wahrnehmen, vergleichen Sie natürlich mit der Dissonanz, die Sie zuvor bei Frau Müller hatten und können Unterschiede festmachen. Wenn Sie sich jetzt wieder für Frau Müller entscheiden, tun Sie das mit der Erfahrung, sich schon einmal für sie entschieden und diese Entscheidung revidiert zu haben, weil sie dachten, Herr Maier sei besser. Und mit der Erkenntnis, dass die Entscheidung für Herrn Maier noch größere Dissonanz ausgelöst hatte. Das führte Sie ja wieder zu Frau Müller.

Die Entscheidungsalternativen verändern sich durch den Prozess. Sie wachsen um die Erfahrung, was sich verändert, wenn man sich für oder gegen eine Besetzungsoption entschieden hat. So können Sie irgendwann die Größe erreichen, dass der Wunsch zu handeln mehr Energie bekommt, als die weitere Suche nach guten Gründen für jede Entscheidungsoption.

Diesen Prozess des Reifens durch ein Hin-und-her-Pendeln darf man nicht romantisieren. Er wird üblicherweise als sehr belastend erlebt und kann uns mitunter fast verrückt machen. Trotzdem ist es ein Weg der Bewährung, ein Steuern durch die Unwägbarkeit, dessen letzten Schritt in Richtung Entscheidung Sie machen, wenn der Wunsch zu handeln groß genug geworden ist.

10. Zutaten für gelungene (Selbst-)Führung

Auf den unabsehbaren Wegen durch die VUKA-Welt müssen wir uns selbst führen. Wir haben ausführlich besprochen, wie wichtig es ist, dieser Welt mit einem zuversichtlichen und selbstbewussten „Ja, ich will mich bewähren" zu begegnen. Ein Teilnehmer im Rahmen eines promitto-Salons zum Thema „VUKA-Mastering" – eine Abendveranstaltung unseres Unternehmens zum konstruktiven Umgang mit den Herausforderungen unserer Zeit – brachte es so auf den Punkt: „Also, dann geht es wohl darum: Mehr wollen wollen und weniger müssen müssen." Ja, genau darum. Das ist eine brillante Hausverstandsdefinition von Eigenverantwortung inmitten des Chaos unserer Multioptionen-Gesellschaft.

Der Fuhrmann – erfolgreich steuern

Niemand weiß, wie lange wir als westliche Gesellschaft in diesem Schwebezustand verharren werden. In diesem Übergang von einer alten Ordnung, die sich über eine Kränkung zersetzt – wir können die Systeme nicht so beherrschen, wie wir das erträumt, erhofft und geglaubt haben –, hin zu einer neuen Ordnung, deren Koordinaten wir noch nicht genau kennen. Sicher scheint, dass sich der moderne Mensch weiterhin der Herausforderung einer schnellen Anpassungsleistung an sich ändernde Umwelten stellen muss. Und dass er dabei nicht beliebig sein kann, sondern eben viele Entscheidungen zu treffen hat.

Wir haben uns als ein Unternehmen mit Spezialisierung auf die Begleitung von Veränderungsprozessen daher die Frage gestellt: „Welche Dimensionen sind für Menschen besonders bedeutend, um in einer VUKA-Welt alleine und in Teams entscheidungs- und handlungsfähig zu sein und zu bleiben?" Mit Unterstützung der Österreichischen Forschungsförderungsgesellschaft (FFG), dem Institut für Entwicklungspsychologie und Psychologische Diagnostik an der Universität Wien sowie dem in Leipzig ansässigen Unternehmen elements and constructs entwickelten wir das Forschungsprojekt *auriga.*

Das lateinische Vokabel „auriga" bedeutet so viel wie Wagenlenker oder Steuermann. Unser Unternehmen trägt den Namen promitto, lateinisch für „wachsen lassen". Daher gefiel uns auch auriga. Die Idee des Steuerns in Wachstums- und Entwicklungsprozessen umschreibt sehr treffend den Kern unseres Forschungsprojekts. Wir lernten auch, dass Auriga, der Fuhrmann, ein leicht erkennbares Sternbild ist. Es grenzt direkt östlich an den Stier (Taurus) an. Zusammen mit dem Stern Elnath, der zum Stier gehört, bildet der Fuhrmann ein fast regelmäßiges Fünfeck. Auch dies gleichsam ein Wink des Himmels. Denn das Ergebnis unseres Forschungsprojekts war ein innovatives Instrument für Coaching und Führungskräfteentwicklung mit fünf Dimensionen.

Das entwickelte Feedback-Tool klärt die Frage, in welchem Ausmaß jemand in der Lage ist, sich in Veränderungen und unsicheren Situationen zu bewähren. auriga liefert ein persönliches Profil auf den fünf kognitiv-affektiven Dimensionen *Identität, Beziehungsfähigkeit, Signalresonanz, Ambiguitätstoleranz* und *Resilienz.* Diese Dimensionen – wir werden sie in Kürze genauer unter die Lupe nehmen – wurden von unserem Forschungsteam unter Leitung von Barbara Guwak und Markus Starecek als besonders relevant für gelungenes Leadership in VUKA-Zeiten isoliert.

Die genannten fünf Leadership-Dimensionen sind nicht nur für Führungskräfte in einem Arbeitskontext hilfreich, sondern für jeden Menschen in seinem ganz normalen Alltag. Denn *eine* Führungsaufgabe bleibt uns ja nie erspart: jene, uns selbst zu führen. Auch sind wir davon überzeugt,

Beziehungsfähigkeit
in Verbindung gehen und
Beziehungen halten

Identität
(Er-)kenne dich
selbst!

Resilienz
widerstandsfähig sein
(Stehaufmännchen)

Signalresonanz
leise Signale wahr-
nehmen und verarbeiten

Ambiguitätstoleranz
mit Widersprüchen gut
umgehen können

Die fünf auriga-Dimensionen für gelungenes Leadership

dass diese Leadership-Dimensionen – im Sinne fraktaler Strukturen – nicht nur für Personen relevant sind, sondern auch für Teams und Organisationen. Schauen wir uns die fünf „Kompetenzen" im Einzelnen an.

Identität

Rudolf Wimmer, Professor für Führung und Organisation am Institut für Familienunternehmen der Universität Witten/Herdecke, hält Identität, also das Wissen um die eigene Besonderheit, für die entscheidende Größe von

Organisationen, um schnelle und damit chancenorientierte Anpassung an eine komplexe Umwelt vorzunehmen. Was für die Organisation gilt, sollte wohl für den Einzelnen auch gelten.

Identität ist das Wissen um die eigenen Besonderheiten und deren Wertschätzung als zentrale Orientierung für Entscheidungen. Identität bedeutet nicht die Unabhängigkeit von einer sozialen Umwelt. Sie ist nicht etwas, was man von vornherein einfach „hat", sondern etwas, das man progressiv „gewinnt". Und – so Luc Ciompi – Identität ist etwas, was insbesondere aus dem Echo des sozialen Umfeldes erwächst.

Da die Identität Gewissheit über einen nicht verhandelbaren Kern der Persönlichkeit gibt, ist sie auch die Voraussetzung für Flexibilität. Anders formuliert: Jene Menschen, die nicht bei jeder Veränderung überlegen müssen, ob sie in ihrem Kern angegriffen werden, sondern ein Bewusstsein über den nicht oder zumindest nicht schnell verhandelbaren Teil haben, sind in der Lage, sich rasch zu verändern.

Menschen mit viel Identität beschäftigen sich oft und gerne mit sich selbst. Sie reflektieren ihr Leben und ihre Entwicklung. In ihren Urteilen und Entscheidungen orientieren sie sich an eigenen Zielen, einem Gefühl von Verantwortung, Prinzipien und Werten. Sie sind in einem hohen Maße selbstbestimmt und aus ihrem Inneren gesteuert. Ihr positiver Selbstwert erlaubt ihnen, sich als bedeutend in ihrem sozialen Kontext zu erleben, und bestärkt wiederum das Gefühl der inneren Autonomie. Ein Gefühl, in Ordnung zu sein, wie man ist, und Bestätigung aus seiner Umwelt dafür zu bekommen. Empfehlenswerte Detaillierungen zu diesem Identitätskonzept finden sich in den Arbeiten von Arno Gruen, einem deutsch-schweizerischen Schriftsteller, Psychologen und Psychoanalytiker.

Beziehungsfähigkeit

Mit Beziehungsfähigkeit ist der „Klebstoff" zwischen Menschen gemeint. Sie beschreibt die Fähigkeit einer Person, in Verbindung mit anderen Menschen zu gehen und diese Verbindung auch zu halten und zu gestalten. Der emotionale Anteil umfasst die Fähigkeit, einander zu vertrauen, Zuneigung und Mitgefühl auszudrücken, sowie den Wunsch, anderen Menschen sympathisch zu sein. Der Begriff umfasst aber auch Anteile, die durch Überlegungen und Denken entstanden sind, wie beispielsweise Haltungen und Einstellungen zu Beziehungsorientierung, Verzichtbereitschaft und Nächstenliebe. Zur Beziehungsfähigkeit gehört auch die Bereitschaft, die genannten Punkte konkret umzusetzen und zu gestalten – also Verhalten, wie etwa zusammenführend zu agieren, Angebote an andere zu machen, Großzügigkeit im Umgang zu besitzen, ein Teamspieler zu sein und authentisch zu agieren.

Die beiden Pole in der Dimension „Beziehungsfähigkeit" werden umgangssprachlich als beziehungs- versus aufgabenorientiert beschrieben. Sind Sie auf ersterem Pol zu Hause – also sehr beziehungsorientiert –, so investieren Sie viel in soziale Beziehungen und können gut mit den Grundkonflikten des menschlichen Daseins wie beispielsweise Nähe/Distanz oder Abhängigkeit/Unabhängigkeit und den damit verbundenen Emotionen umgehen. Sie werden sich leicht tun, hilfreiche und attraktive Angebote an andere Personen zu formulieren und sind tendenziell bereit zum Verzicht im Sinne eines größeren Ganzen. Sie werben um Sympathie bei anderen Menschen. Es ist Ihnen nicht egal, was andere über Sie denken.

Sehr stark aufgabenorientierte Menschen verkörpern den unabhängigen Solisten, der lieber in andere Themen als Beziehungen investiert. Dieser Typus kann gut mit sich selbst alleine sein. In Teamsituationen betont er gerne den

Unterschied in der Sache und provoziert Output und Ergebnisse. Mit Emotionen wird er eher konfrontiert, als dass er sie unaufgefordert gegenüber anderen zum Ausdruck bringt.

Natürlich handelt es sich um kein grundsätzliches Entweder-oder. Ich kann als Person sowohl eine Ausprägung auf der Flanke Beziehungsorientierung als auch Sachorientierung zeigen. Und natürlich auch das Gegenteil. Es gibt jede erdenkliche Kombination in der „Abmischung" zwischen den beiden Ausprägungen.

Jedenfalls scheint es in einem VUKA-Kontext sehr günstig, die Fähigkeit zu kultivieren, mit anderen Menschen bewusst in Beziehung zu treten und Emotionen ausdrücken zu können, sowie eine Vorstellung davon zu haben, welche konkreten Taten Beziehung herstellen. Man kann sich die Beziehungsfähigkeit als ein Netz vorstellen, mit dem wir uns verbinden und das uns trägt, wenn unsere Welt wieder einmal sehr bebt und aufgeregt pulsiert.

Signalresonanz

Signalresonanz ist die Fähigkeit, leise, im ersten Anschein unbedeutende oder sogar störende Signale wahrnehmen zu können, diese einzuordnen und sie potenziell zu verwerten. Verwertung der Signale heißt hier, sie dem Prozess, der Organisationen oder Menschen als Vergrößerung ihrer (Selbst-) Wahrnehmung oder als Rückmeldung auf stattgefundene Ereignisse zur Verfügung zu stellen. Um dazu fähig zu sein, ist es wichtig, zwischen Eigen- und Fremdanteil – sowohl in der Beobachtung als auch in der Beurteilung – unterscheiden zu können.

Unsere Zeit ist laut. Und natürlich ist es nicht einfach, auf *leise* Signale zu hören. Ebenso schwierig ist es, in der dröhnenden Flut von Informationen *frühe* Signale wahrzunehmen. Denn auch diese sind in der Regel leise. „Ein Baum, der fällt, macht mehr Krach als ein Wald, der wächst", sagt Hans-Peter Dürr. Der deutsche Physiker und Ehrenbürger von München ist ein Fan erhöhter Signalresonanz und speist dadurch auch seine Zuversicht. Er ist der Begründer der Initiative „Global Challenges Network", einer Organisation, die ein Netz aus Projekten und Gruppen knüpft, die konstruktiv und gemeinsam an der Bewältigung von Problemen arbeiten, „die uns und damit unsere natürliche Umwelt bedrohen". Als solcher plädiert er für einen positiven Fokus: „Hören wir auf den leise wachsenden Wald verstärkter Verantwortung für den Globus."

Ja, gerade angesichts der Wucht von unkalkulierbaren Naturkatastrophen, wie sie uns in den letzten Jahren heimgesucht haben, scheint Signalresonanz eine wichtige Kategorie zu sein. Wer den Tsunami erst wahrnimmt und erkennt, wenn die Welle schon da ist und alles überrollt, der verfügt über keinen Entscheidungs- und Handlungsspielraum mehr. So werden wir zum bloßen Spielball der Geschehnisse.

Was für die große Welt gilt, das gilt ebenso im Halbgroßen und im Kleinen. Wie kann es sein, dass Banken über Nacht Milliardenschulden haben, die davor noch als kerngesund galten und Milliardengewinne schrieben? Wie kann es sein, dass Jugendliche zu Amokläufern werden, die nach generalstabsmäßiger Planung halbe Schulklassen hinrichten? Wie ist es möglich, dass ein Vater seine Tochter 24 Jahre lang in einer unterirdischen Wohnung gefangen hält, sie in dieser Zeit vielfach vergewaltigt und mit ihr insgesamt sieben Kinder zeugt? Haben wir in solchen Fällen als Gesellschaft, als Aufsichtsbehörde, als Führungskräfte, als Familie, als Bürger, als Nachbarn die leisen Signale nicht gehört, konnten wir sie nicht deuten oder wollten wir sie vielleicht gar nicht wahrhaben?

Bedeutend für ausgeprägte Signalresonanz ist eine hohe Aufmerksamkeit und Achtsamkeit in der Informationsverarbeitung. Dafür muss ich als Mensch wie als Organisation einen geeigneten Resonanzkörper in mir ausbilden. Dieser soll die Offenheit für Ereignisse, die Freude an der Möglichkeit und Beweglichkeit sowie die Fähigkeit zur Kanalisierung von Information gewährleisten.

Die Gefahr einer übersteigerten oder fehl geleiteten Signalresonanz gibt es freilich auch. Diese führt dazu, sich in diesen Signalen zu verlieren und nicht an der Sache „im Kern" dranzubleiben. Die Redewendung „das Gras wachsen hören" meint wohl, dass bei hoher Sensibilität die Gefahr besteht, auch Unbedeutendes wahrzunehmen und mit mehr Aufmerksamkeit zu bedenken, als gut wäre. So kann es manchmal durchaus sinnvoll sein, störende Signale aus dem Inneren möglichst nicht zu beachten, an ihnen vorbeizudenken, auf ein besseres, lohnenderes Ziel gerichtet zu bleiben – und, siehe da, das Signal verschwindet. Diese Vorgangsweise hat in der von Viktor Frankl (1905–1997) begründeten Logotherapie große Bedeutung.

Ambiguitätstoleranz

Ambiguitätstoleranz, auch Widerspruchs- oder Unsicherheitstoleranz genannt, meint die menschliche Fähigkeit, mit widersprüchlichen Informationen, Bewertungen sowie Doppeldeutigkeit und Unklarheit umzugehen. Die Forschung zur Ambiguitäts- oder Ungewissheitstoleranz geht auf die Psychologin und Psychoanalytikerin Else Frenkel-Brunswik (1908–1958) zurück, die beobachtete, dass sich Menschen im Umgang mit ambiguitären Situationen systematisch unterscheiden.

Die unter verschiedenen Konstruktnamen oder bezüglich verschiedener Teilaspekte der Ungewissheitstoleranz über die Jahrzehnte durchgeführten Untersuchungen belegen klar, dass ungewissheitstolerante Personen eher ungewisse Situationen aufsuchen und anders, zumeist erfolgreicher, mit diesen umgehen als ungewissheitsintolerante Personen. Letztere schneiden weniger gut im Umgang mit ungewissen Situationen ab und meiden diese oder versuchen sie zu verlassen.

Hohe Ambiguitätstoleranz befähigt, Widersprüchlichkeit wahrzunehmen und in einer adäquaten Form zu bewältigen, ohne die damit verbundenen Unklarheiten zwangsläufig aufzuheben. So bleibt man auch bei widersprüchlichen und unsicheren Anforderungen entscheidungs- und handlungsfähig.

Ambiguitätstolerante Menschen mögen es, ab und zu auch spontan zu handeln. Sie fühlen sich nicht gestört, wenn Überraschungen auftreten. Sie umgeben sich gerne mit widersprüchlichen Informationen sowie mit Meinungen anderer und sehen diese als Bereicherung oder Herausforderung an. Sie verfügen grundsätzlich über klare, eigene Positionen. Jedoch fällt es ihnen gleichzeitig leicht, Verständnis für andere Positionen zu entwickeln. Aus ihrer Sicht gibt es statt „richtig oder falsch" für viele Dinge mehrere, verschiedene Erklärungen.

Interessant ist die Beobachtung, dass hochgradig ambiguitätstolerante Menschen die Welt als komplexer erleben denn solche mit geringer Ambiguitätstoleranz. Salopp formuliert: Die Welt ist für uns so komplex, wie wir sie aushalten können. Wer den Drang hat, alles schwarz-weiß zu sehen, dessen Welt wird wenige Schattierungen zeigen. Wo Grautöne oder Farbvermengungen auftreten, muss dieser Typus scharf stellen auf Schwarz oder Weiß. Die Möglichkeit, die Dinge unscharf zu lassen, gibt es gleichsam nicht. Es ist ein Entweder-oder. Religiöser Fanatismus ist beispielsweise in dieser

Welt zu Hause. Die Komplexität des Lebens reduziert sich für religiöse Extremisten gewaltig – es ist alles recht einfach. Eben gut oder schlecht.

Natürlich gibt es auch alltäglichere Ausformungen schwacher Ambiguitätstoleranz. Kontrollfreaks und Perfektionisten wären zwei Kategorien von Persönlichkeitstypen, die im Umgang mit der VUKA-Welt gut beraten sind, ihre Ambiguitätstoleranz zu stärken. In Coachings üben wir mit Kunden mitunter, die Dinge bewusst „in Schwebe zu geben und zu halten". Es darf auch mal unscharf bleiben. Manchmal war das dann, mit zeitlichem Abstand betrachtet, sogar hilfreich – selbst aus Sicht eines Perfektionisten.

„Wenn ich das früher gewusst hätte, dann hätte ich mich nicht in alles eingemischt und mich nicht immer endlos geplagt. Die Dinge können auch mal ihren Gang nehmen, und es ist gut so", resümierte eine Coaching-Kundin vor gut einem Jahr. Wir hatten an ihrem Selbstmanagement gearbeitet. Sie fühlte sich stets zeitlich überfordert, war den vielen Erledigungen, die täglich auf sie warteten, völlig entnervt ausgeliefert. Doch keine Zeitmanagement-Technik war so hilfreich wie die Erkenntnis, dass sie mit ihrem Perfektionismus nur ihre innere Verletzbarkeit schützen wollte. Durch Dominanz und Kontrolle wollte sie das erneute Durchleben von Ängsten aus ihrer Kindheit vermeiden. Auf Basis dieser Einsicht, die sie im Rahmen einer parallel laufenden Gesprächstherapie gewonnen hatte, formulierte sie nun ein entschlossenes „Ja, ich möchte mich hier ändern." Und sie schaffte das. So berichtete sie bei unserem letzten Treffen vor wenigen Wochen: „Wissen Sie, beim letzten Jahresgespräch gab mir ein Mitarbeiter das Feedback, dass ich mich verändert hätte und dass das gut sei. Er merke, dass ich mehr Vertrauen geben würde und irgendwie damit noch runder laufe als davor."

Natürlich gibt es auch die übersteigerte Ambiguitätstoleranz.

Diese mündet in eine Art von Wurstigkeit. Die betroffene Person kann sich oft nicht aufraffen, Entscheidungen zu treffen. Die Dinge bleiben liegen. Der Wille zum Handeln ist nie stark genug, und Entscheidungen sind damit unmöglich.

Resilienz

Resilienz ist die menschliche Fähigkeit, widerstandskräftig, flexibel und leichtfüßig zu sein, sodass sie sich auch in schwierigen Zeiten, in Krisen, in Phasen der Veränderung und bei Rückschlägen wieder aufrichten können und so entscheidungs- und handlungsfähig bleiben. Das gelingt durch Rückgriff auf persönliche und sozial vermittelte Ressourcen. Von besonderer Bedeutung sind eine klare Zukunftsorientierung und eine gute Vernetzung.

Menschen, die hohe Werte in der Dimension Resilienz erreichen, sind dazu in der Lage, sich schnell von Rückschlägen zu erholen. Resiliente Menschen sehen Krisen als unvermeidlichen Teil des Lebens an, glauben aber zuversichtlich an zukünftigen Erfolg und vertrauen ihren eigenen Fähigkeiten. Während des Durchlebens von Turbulenzen verhalten sie sich ruhig und fokussiert. Sie handeln lösungsorientiert, wenig impulsiv und geplant. Da Stress von ihnen als eine positive Herausforderung gewertet wird, sind sie gut belastbar. Langfristige Beziehungen zu bilden gelingt ihnen nicht zuletzt dadurch, dass sie einfühlsam und offen für andere Perspektiven sind. Sie neigen in ihrer Kommunikation zu einer ehrlichen und direkten Art.

Resilienz als Begriff wird in verschiedenen Fachbereichen unterschiedlich interpretiert. In der Werkstoffkunde bezeichnet der Resilienzfaktor die Fähigkeit eines Stoffes, wieder in den ursprünglichen Zustand zurückzukehren, nachdem man ihn zieht, drückt oder sonst irgendwie verformt. In der Ökologie beschreibt Resilienz die Fähigkeit eines Ökosystems, angesichts von ökologischen Störungen seine grundlegende Organisationsweise zu erhalten anstatt in einen qualitativ anderen Systemzustand überzugehen. In Bildern gesprochen: Erinnern Sie sich an den Industrieunfall im Oktober 2010, als bei Kolontár in Westungarn der Damm eines Deponiebeckens der Aluminiumhütte MAL AG (Magyar Alumínium) brach? In dem Becken wurde Rotschlamm gelagert. In der Folge traten circa eine Million Kubikmeter des ätzenden und schwermetallhaltigen Schlamms aus. Dieser gelangte in den Hochwasser führenden Bach Torna und überflutete die entlang des Baches gelegenen Gemeinden. Die Frage nach der Resilienz des Gewässers als Ökosystem wird in diesem Kontext klären, ab welcher Distanz zum Unfallort der Wasserlauf so resilient ist, um weiterhin eine intakte Fauna und Flora darin und rundherum zu gewährleisten.

In der Psychologie bezeichnete Resilienz ursprünglich die spezielle Eigenschaft von Personen – insbesondere Kindern –, die ihre psychische Gesundheit unter Bedingungen erhielten, unter denen die meisten Menschen zerbrochen wären. Laut Auskunft von Wikipedia wurden Kinder beispielsweise als resilient definiert, wenn sie „trotz Bedingungen wie Armut oder Flüchtlingssituation in der Kindheit (...) im Erwachsenenalter eine qualifizierte Berufstätigkeit ausübten, nicht mit dem Gesetz in Konflikt kamen und psychisch unauffällig waren. Später wurde die Bedeutung ausgeweitet. Dies ist mit der Erkenntnis verbunden, dass psychische Widerstandsfähigkeit nicht nur in Extremsituationen, sondern immer von Vorteil ist."

Auch die Soziologie nahm den Begriff auf. Sie weitete ihn auf gesellschaftliche Phänomene aus. Resilienz wird als die robuste Widerstandskraft ganzer Gesellschaften gegen flächendeckende Krisen und Verheerungen verstanden.

Und da wir uns bekanntlich in krisenhaften Zeiten befinden, wurde Resilienz in den letzten Jahren zum großen Zauberwort, das es aus den engen Kreisen der Wissenschaft in die breite Öffentlichkeit schaffte. Jeder Mitarbeiter, jede Führungskraft, jedes Unternehmen, jedes Land, ja, unser ganzer Kontinent sollte in Resilienz investieren. Das Wort wurde gleichsam zum Kürzel für die Herausforderung, der wir mit den multiplen Krisen ausgesetzt sind – nämlich das Unwägbare zu meistern.

Wenngleich bei einem solchen Hype eines Begriffes auch Vorsicht angebracht ist, so scheint uns die prominente Aufwertung der Dimension „Resilienz" richtig und stimmig. Denn ja, auch Resilienz ist ein Merkmal von Persönlichkeiten, Organisationen und Gesellschaften, das entwickelbar ist. In einem modernen systemischen Verständnis ergibt sich Resilienz im Zusammenspiel von Widerstandskraft und Wandlungsfähigkeit. In dieser Interpretation bedeutet Resilienz nicht mehr zwangsläufig die Herstellung des ursprünglichen Zustands, nachdem eine außerordentliche Belastung das System erschüttert hat. Resilienz birgt nämlich ebenso das Potenzial, sich durch diese Erschütterung auf eine höhere Ebene zu schwingen – also einen grundlegenden Entwicklungs- und Entfaltungsschritt zu machen.

In diesem Sinne wird sich unser Finanzsystem wahrlich dann als resilient erwiesen haben, wenn es nicht mit einer astronomischen Zahl von Milliarden Euro wieder im ursprünglichen Zustand zementiert ist, sondern wenn es die Krise als Chance erkennt, sich weiterzuentwickeln. Ebenso gilt dies für Organisationen und Personen: Ein Unternehmen wird nach einer gemeisterten Krise ein anderes sein als davor. Ein Mensch wird aus einer tiefgehenden Erschütterung verändert hervorgehen. Ein nicht-lineares Verständnis, das Systeme als Lebewesen begreift, öffnet den Blick für die große Chance, die eine Krise birgt: Ohne Krise keine Entwicklung.

Im Rahmen von prototypischen systemischen Strukturaufstellungen haben wir nachgespürt, wie die fünf Leadership-Dimensionen zueinander stehen. Personen übernahmen dabei als Repräsentanten die Rolle der fünf Dimensionen. Sie suchten sich einen Platz im (Seminar-)Raum und traten miteinander in Austausch, indem Gefühle und andere Wahrnehmungen der Repräsentanten ausgesprochen wurden. Im Laufe der Aufstellung konnten sie auch ihre Positionen ändern, um insgesamt in ein stimmigeres Gesamtbild zu kommen. Diese „Tests" und Umstellungen werden wesentlich von den Empfindungen der Repräsentanten geleitet. Ziel dieser Aufstellungsarbeit war, ein Bild über die Struktur der Leadership-Dimensionen im Verhältnis zueinander zu bekommen.

Wenngleich unsere Forschungsarbeiten diesbezüglich noch nicht abgeschlossen sind, haben wir bisher doch Klarheit darüber erhalten, dass die Identität eine Art „Anker-Dimension" darstellt. Sie ist der Dreh- und Angelpunkt in der inneren Struktur der fünf Dimensionen. Die Dimension „Beziehungsfähigkeit" nährt sich stark aus der „Identität" und bildet mit ihr einen Spannungsbogen, der gleichsam als Gefäß verstanden werden kann, in dem sich das Leben entfaltet. Die „Resilienz" zeigt in ihrer Dynamik Verwandtschaft mit der „Beziehungsfähigkeit". Dies erscheint plausibel, wenn wir bedenken, dass – wie bereits ausgeführt – eine gute Vernetzung als zentraler Zubringer für hohe Resilienz fungiert.

Die Dimensionen „Signalresonanz" und „Ambiguitätstoleranz" zeigen sich als eine Art von „Adjutanz-Dimensionen". Ein Adjutant ist ein dem Truppenbefehlshaber zur Unterstützung beigegebener Offizier. Das Wort „Adjutant" stammt vom lateinischen „adiuvare", das mit „helfen, unterstützen" übersetzt werden kann. Die zwei Dimensionen sind wichtige Gehilfen für die Identität. Sie sind gleichsam in einer Dienstleistungsfunktion, in der sie die Identität durch die VUKA-Welt leiten und begleiten.

Das Bild der „Identität" als Anker-Dimension findet gute Übereinstimmung mit dem Konzept des „Self-Leadership". Nur wer sich selbst führt, kann andere führen. So wie Eigenliebe die Basis für Nächstenliebe darstellt, erwächst Leadership aus Self-Leadership. Gemeint ist der Prozess, in dem eine Person sich selbst besser kennenlernt und durch dieses vertiefte Selbst-Verständnis ermächtigt wird, das eigene Leben besser zu leiten.

„Erkenne dich selbst." Diese Inschrift war der Überlieferung zufolge am Eingang des Tempels von Delphi angebracht. Die Griechen erkannten, dass kein Orakel so hilfreich sein konnte wie die Auseinandersetzung mit der eigenen Persönlichkeit. Die Erkenntnis der eigenen Innenwelt sollte als Zugang zur Problemlösung in der Außenwelt dienen. Es ist dies ein Plädoyer für die reifende Persönlichkeit. Wir sind bis ans Lebensende auf dem Weg zu uns selbst. Hoffentlich, denn natürlich kann ich mich auf meiner Lebensreise auch von meinem Wesenskern wegbewegen. Dies wird mich jedoch genau in jene destruktiven Gassen führen, die wir im ersten Teil des Buches bereits ausführlich besprochen haben. Das geglückte Leben hingegen ist immer eine Reise zu sich selbst.

Unsere eigene Persönlichkeit ist der Resonanzkörper, der die Schwingungen der Welt aufnimmt. Idealerweise kommen wir mit diesen in eine gemeinsame Melodie. Sonst bleiben die Welt und das Ich asynchron. Abgespalten. Das führt zu Entfremdung dieser zwei Sphären voneinander. „Der ist nicht von dieser Welt", sagt der Volksmund gelegentlich, wenn das Verhalten von Personen beurteilt wird, das sich als nicht stimmig mit der Welt rundherum zeigt.

Im Rahmen unseres Forschungsprojekts haben wir auch ein software-basiertes Feedback-Tool entwickelt, das auf den dargestellten fünf Dimensionen – Identität, Beziehungsfähigkeit, Signalresonanz, Ambiguitätstoleranz und Resilienz – ein persönliches Profil liefert. Neben der Darstellung des Selbstbildes kann dieses Instrument auch einen Vergleich mit Fremdwahrnehmungen vornehmen. Es liefert also Auswertungen auf die Fragen: Ich aktuell – Wie sehe ich mich aktuell hinsichtlich dieser fünf Dimensionen? Ich ideal – Wie ist mein Idealbild von mir? Wie werde ich von meinem Umfeld – von ausgewählten Personen – gesehen? Es sind diese Auswertungen sehr hilfreiche und anregende Ausgangspunkte für die Begleitung von Veränderungsprozessen von Personen und Teams. Die positiven Erfahrungen in unserem Berufsalltag bestätigen die Hypothese, dass die dargestellten fünf auriga-Dimensionen zentrale Zutaten für eine gelungene (Selbst-)Führung in der VUKA-Welt darstellen.

11. Exkurs: Führen in Organisationen

Unsere auriga-Forschungsarbeiten basieren auf einem spezifischen Organisations- und Führungsverständnis. Dieses möchten wir abschließend zu diesem zweiten Hauptkapitel im Rahmen eines Exkurses detailliert erläutern. Wir halten dies für eine hoffentlich spannende und hilfreiche Vertiefung für Personen, die an Führungsfragen interessiert sind. Diese Ausführungen stellen quasi die Befüllung eines Seitenfaches unseres VUKA-Mastering-Werkzeugkoffers dar.

Auf Grundlage der Einsichten des Konstruktivismus, der Systemtheorie und der Kommunikationstheorie sehen wir die Führungskraft in besonderem Maße gefordert, sinnvolle Anpassungsleistungen in ihrem dynamischen Umfeld zu liefern. Begründet auf ihrer Persönlichkeit, formal-hierarchischer Autorität, Kompetenz und Fachwissen ist es ihre Aufgabe, eine Art von Resonanzraum für die Organisation zu bilden, der die Basis dafür bietet, zu entscheiden, zu handeln sowie schöpferisch tätig zu werden.

Unser Organisationsverständnis folgt dabei jenem der *Lernenden Organisation*. Diese ist idealerweise ein System, das sich ständig in Bewegung befindet, um seine Wissensbasis und Handlungsspielräume an die neuen Erfordernisse anzupassen. Es basiert auf einer Offenheit und einem systemischen Verständnis, die ein innovatives Lösen von Problemen erlauben und fördern. Mechanismen und Dynamiken, die derartige Lernprozesse unterstützen, sind insbesondere folgende (zitiert nach Matthias Strolz: „Warum wir Politikern nicht trauen ...", Wien 2011):

- klare Visionen und wertschätzende Zielsetzungsprozesse;
- ausgeprägte Fähigkeit zur (Selbst-)Beobachtung und Prognose;
- Unterstützung und laufende Integration neuer Ideen und Personen (v. a. durch die Führung direkt und durch permanente Personal- und Organisationsentwicklung sowie strukturiertes Ideen- und Innovationsmanagement);
- kontinuierliche Optimierung/Anpassung der Aufbau- und Ablaufstrukturen;
- nachhaltige Einbindung wichtiger Akteurs- und Bezugsgruppen (z. B. Stakeholder, Mitarbeiter);
- hohe Prozessorientierung und -qualität in den Geschäftsabläufen;

- gut funktionierende Informations- und Kommunikationssysteme;
- laufendes Controlling und Anpassung der internen und externen Schnitt-/Nahtstellen;
- Pflege des wechselseitigen Vertrauens und des Teamgeistes;
- stetes Kultivieren von Kooperations- und Konfliktlösungsfähigkeit;
- Belohnung von Engagement und Fehlertoleranz insbesondere bei riskanten Vorhaben.

Führungskraft in einer konstruierten Welt

Wer als Führungskraft eine konstruktive Rolle spielen will, sollte im Lichte des hier geschilderten Systemverständnisses und der bereits weiter vorne beschriebenen subjektiven Weltkonstruktion insbesondere folgende Aufgaben erfüllen:
- Über Wissen und kognitive Fähigkeiten verfügen, um Systeme in ihrer Widersprüchlichkeit zu erfassen. Dazu ist es hilfreich, Komplexität verringern zu können, ohne zu viel Informationen zu verlieren. Es geht darum, Muster zu erkennen und Superzeichen bilden zu können. Superzeichen sind wahrgenommene Gesamtheiten, die aus mehreren Elementen zusammengesetzt sind. Einzelne Informationselemente werden durch Bildung von Komplexen, Klassen oder Relationen zu neuen Einheiten verknüpft. Ein Beispiel: Das Kleinkind erkennt irgendwann, dass die Katze, der Hund und die Schlange unter dem Superzeichen Tier abzulegen ist. Das ist sehr hilfreich in der Bewältigung des Alltags. Führungskräfte sollten Phänomene in ähnlicher Weise verdichten können. Dass zum Beispiel die Anzweiflung der Autorität der Teamleitung, eine gehobene Aggressivität untereinander und das

wechselseitige Infragestellen der Fachkompetenzen unter Teammitgliedern in einer gewissen Gruppenentwicklungsphase ganz normale Phänomene sind. Das Superzeichen lautet dann auf „Gruppe ist gemäß Tuckman-Modell der Gruppenentwicklung in Stormingphase (Sturm und Drang)".

– Gleichzeitig muss die Führungskraft mit dem Umstand umgehen, dass das von ihr so erfasste System eine Wirklichkeitskonstruktion ist, die auf andere Konstruktionen trifft. Ziel der Tätigkeit von Führungskräften ist die Verschmelzung verschiedener Konstruktionen zu einer brauchbaren, das heißt kommunizierbaren gemeinsamen Konzeption. Denn wenn Menschen miteinander arbeiten sollen, bedarf es einer Wirklichkeitskonstruktion mit deren Hilfe Kommunikation möglich ist.

– Um handlungsfähig zu bleiben, müssen Führungskräfte Unklarheit und Doppeldeutigkeit aushalten und in der Lage sein, auf hybrider Basis Entscheidungen zu treffen. Also auf einer neuen Basis, die sich dadurch bildet, dass mehrere Ebenen oder Konstrukte aufeinandertreffen.

– Führungsarbeit ist keine individuelle, einsame Angelegenheit an der Spitze. Die Zusammenarbeit mit anderen und die Auseinandersetzung mit der Umwelt sind zentrale Führungsaufgaben. Das heißt, Führungskräfte müssen im Sinne einer gemeinsamen Arbeit beziehungsfähig sein.

– Führen heißt, zwischen möglichen und sinnvollen Anpassungen unterscheiden zu können und die Anpassungsleistung nicht der Beliebigkeit freizugeben. Voraussetzung dafür ist ein bestehender Wertekanon und eine Sinnorientierung.

– Führen heißt auch, die Möglichkeiten zu ergreifen, die sich bieten.

III. Von der Kränkung zur Lebendigkeit

Ein Bekannter, mit dem wir unser Buchprojekt diskutierten, stoppte uns in unseren Ausführungen irgendwann ab und meinte: „Ja, ich habe den VUKA-Ansatz jetzt verstanden. Aber Kaiser Neros Welt war auch schon VUKA. Nehmen wir uns nicht zu wichtig? Ist dieses VUKA- und Krisen-Getue nicht nur eine Form der Selbsterhöhung? Ist das nicht ganz einfach unser verständlicher Wunsch, in besonderen Zeiten leben zu wollen?"

Leben wir in einer Scheitelzeit?

Ja, vielleicht war die Welt zu Lebzeiten Kaiser Neros (37–68) sogar volatiler, unsicherer und ambivalenter als heute. Das große Reich war schwer zusammenzuhalten, Rom brannte, die befohlene Christenverfolgung verbreitete großen Schrecken, Intrigen kosteten vielen Menschen das Leben, und seiner eigenen Frau ließ Nero eine Affäre andichten, um sie anschließend zuerst zu verbannen und ihr später die Pulsadern aufschneiden zu lassen. Als der Senat ihn zum Feind des Volkes erklärte, wählte Nero den Freitod, indem er sich mit einem Dolch in die Kehle stach. Das alles – und noch viel mehr – in gut drei Jahrzehnten. Wer will da nicht sagen, dass es offensichtlich VUKA-Zeiten waren?

Leben wir also nun wirklich in einer besonderen Zeit?

Oder entspringt diese Idee unserem Narzissmus? Schmeicheln wir damit nicht schlicht und einfach unserem Selbstwert? Mag sein. Ganz in Anlehnung an Berthold Brechts (1898–1956) Herrn Keuner gibt es da eine Antwort, die uns stimmig scheint:

Herr K fragt: Leben wir in einer besonderen Zeit? In einer Scheitelzeit?
Frau R antwortet: Macht es für dich einen Unterschied, ob wir das tun?
Herr K: Ja.
Frau R: Dann brauchst du wohl eine besondere Zeit.

Jedenfalls gewiss erscheint uns *ein* Unterschied zu Kaiser Neros Zeiten: Wir leben in einer VUKA-Welt *und* sind noch dazu gekränkt. Gekränkt, dass wir die von uns miterschaffene Welt nicht so beherrschen können, wie wir das geglaubt haben. Wir haben nicht alles im Griff, obwohl wir davon träumten und uns diesem Zustand so nahe wähnten.

Die gute Nachricht: Wir sind nicht hilflos ausgeliefert. Wie im Kapitel II aufgezeigt, gibt es viele konstruktive Möglichkeiten, dieser Welt zu begegnen. Im Grundsätzlichen wird es für unseren Kulturkreis darum gehen, die Kränkung zu verlassen und sich mit der VUKA-Welt zu versöhnen. „Wer sich kränkt, der wird krank", weiß der Volksmund. Im Gegenzug dazu: Wer sich in seiner Würde und Selbstachtung rund und stimmig erlebt, der fühlt sich vital. Es geht also darum, von der Kränkung in die Lebendigkeit zu kommen.

Wir bewegen uns im Fluss des Lebens. Der ist mitunter reißend, mitunter ruhig. Die Stelle, die wir aktuell durchwandern, scheint ziemlich an uns zu zerren. Und das ist okay so. Die Leichtigkeit und Schönheit, mit der der Schriftsteller und Maler Hermann Hesse (1877–1962) in seinem Buch

„Das Glasperlenspiel" diesen Fluss des Leben beschreibt,
kann uns allen Mut machen:

Stufen

Wie jede Blüte welkt und jede Jugend
dem Alter weicht, blüht jede Lebensstufe,
blüht jede Weisheit auch und jede Tugend
zu ihrer Zeit und darf nicht ewig dauern

Es muss das Herz bei jedem Lebensrufe
Bereit zum Abschied sein und Neubeginne,
um sich in Tapferkeit und ohne Trauern
in andre, neue Bindungen zu geben

Und jedem Anfang wohnt ein Zauber inne,
der uns beschützt und der uns hilft zu leben.
Wir wollen heiter Raum um Raum durchschreiten,
an keinem wie an einer Heimat hängen,
Der Weltgeist will nicht fesseln uns und engen,
er will Stuf' um Stuf' uns heben, weiten.

Kaum sind wir heimisch einem Lebenskreise
und traulich eingewohnt, so droht Erschlaffen,
Nur wer bereit zu Aufbruch ist und Reise,
mag lähmender Gewöhnung sich entraffen.

Es wird vielleicht auch noch die Todesstunde
Uns neuen Räumen jung entgegensenden
Des Lebens ruf an uns wird niemals enden ...
Wohlan denn, Herz, nimm Abschied und gesunde!

Drei Herzensthemen

An dieses Plädoyer für die Lebendigkeit knüpfen wir an. In diesem abschließenden Kapitel vertiefen wir drei unserer Herzensthemen. Wir sind davon überzeugt, dass sie in unserem Kulturkreis zukünftig eine gewichtigere Rolle spielen werden als zuletzt. Wir glauben, dass es sich dabei um drei Hebel handelt, die uns von der Kränkung in die Lebendigkeit hieven können. Ein Beitrag zur Gesundung. Wir bieten Perspektiven an, die es nach unserem Dafürhalten lohnt, einzunehmen. Sie sollen Ihnen als Leser einen guten Rahmen bieten, um nachzuspüren, welches Wachstum es zu nähren gilt.

Doch bevor wir das tun, noch ein Blick auf die Kränkung. Was ist das, worin wir stecken? Wovon sollen und wollen wir uns befreien?

Das Wesen der Kränkung

Die deutsche Psychotherapeutin Bärbel Wardetzki analysiert in ihrem Beitrag „Kränkungen – verletzte Gefühle" in der Zeitschrift „Gestaltkritik" (Ausgabe 1–2000), dass Kränkungen die Reaktion auf nicht erfüllte Erwartungen sind. Dieses Nichterfüllen greift unseren Selbstwert an. Wir reagieren üblicher Weise mit

- Wut, Ärger, Verachtung, Gewalt und Beziehungsabbruch zum Kränkenden;
- Ohnmacht und Enttäuschung machen sich als Gefühle breit und
- der Schmerz der Entbehrung, weil unsere überhöhten Sehnsüchte nach Akzeptanz, angenommen sein und geachtet werden keine Erfüllung finden.

Dahinter verborgen liegen Angst und Scham, die aber oft nicht bewusst werden und eigentlicher Motor der Kränkungsreaktion sind.

In Organisationen und Gesellschaften, wo es viel um Bewertung und Zurechtweisung und in Folge um Schuldzuweisungen geht, sind Menschen schneller gekränkt. Solche Umfelder härten uns nicht ab, sondern bauen die Wege in Richtung Beschämung zu richtigen Autobahnen aus. Und von der Beschämung ist es nur noch ein Katzensprung zur Kränkung. Dass Erwartungen nicht erfüllt werden, gehört zum Leben. Das ist Alltag. Darauf schnell mit Beschämung und Kränkung zu reagieren, ist keinesfalls zwingend notwendig. Und einmal in diesem Zustand angekommen, gibt es auch wieder Marschrouten hinaus. Wir müssen nur wollen.

Ein konstruktiver Umgang mit der Kränkung ist, sich die Angst und Scham, die hinter dem Ohnmachtsgefühl stehen, bewusst zu machen und mit sich selbst eine Lösung dafür zu finden. Letztendlich etwas zu tun, was unseren Selbstwert stärkt. Den Weg in die Kränkungswut, der Verachtung und Kontaktabbruch bedeutet, sollte man sich im eigenen Interesse schnell abschneiden. Er führt nicht hinaus aus der Kränkung, sondern zu einem Kollaps der Kontaktfunktionen. Mit Mitgefühl und Verständnis für den Kränkenden ist das relativ leicht zu bewerkstelligen. Aber auch das Erkennen von Sinn in der Kränkung zeigt uns den Weg hinaus.

Kränkungen zu überwinden heißt, sich auf etwas Neues einzulassen und jene Anteile, die zur Kränkung geführt haben, hinter sich zu lassen.

Gute Vorbeugung gegen Kränkung sind Hoffnung und Gelassenheit. Wenn wir hoffen und nicht erwarten, sind wir eben traurig, wenn unser Wunsch und unser Vertrauen nicht erfüllt werden. Wenn wir erwarten, sind wir gekränkt. Wir sollten hoffen, ohne zu begehren. Wir tragen dann das Bild einer Möglichkeit in uns, auf das wir mit Liebe schauen. Wenn wir so hoffen, sind wir gelassen. In der Gelassenheit hören wir auf zu kontrollieren. Und vertrauen uns an. Wir lassen geschehen, was wir nicht beeinflussen können und wenden keine unnötige Kraft auf, etwas außerhalb unserer Macht Stehendes steuern zu wollen.

Was für jeden einzelnen Menschen gilt, gilt auch für uns als Gesellschaft. Stellen wir uns den Ängsten und der Beschämung, die hinter der Kränkung stehen. Lassen wir einfach nicht zu, dass uns die Kränkung in den Rückzug treibt und wir uns nicht mehr als Menschheit verbunden fühlen. Geben wir nicht auf, diese Welt gemeinsam zu gestalten. Hoffen und vertrauen wir gelassen auf das, was kommen mag.

12. Freiheit und Verantwortung

Wenn das Leben jedes einzelnen und der gesamten Menschheit ein Fluss ist, wohin fließt er denn? Was ist das Ziel? Was ist der Sinn? Naheliegende Fragen. Die Antworten darauf muss jeder für sich selbst finden.

Eines scheint uns als Autoren klar: Unser Wandeln auf Erden hat irgendetwas mit dem Erringen von Freiheit zu tun. Freiheit ist eine mächtige Triebfeder für unser Tun – als Individuen und als Gesellschaft. Die Freiheit ist ein schillernder Begriff, der wohl ganze Wagenladungen an Aspekten und Dimensionen umfasst.

Freiheit leben – Von den Griechen lernen

Freiheit kann als eine Art Idealzustand verstanden werden, den es anzustreben gilt. So etwas wie das weltliche Paradies.

Eine Frage, mit der sich der schon erwähnte französische Philosoph Michel Foucault in den letzten Jahren seines Lebens beschäftigte. Einer seiner Ausgangspunkte war: Freiheit bedeutet die Abwesenheit von Herrschaft und von Armut. Eine große Aufgabe für unsere Welt, die bestimmt noch nicht vollkommen erledigt ist. Aber was dann? Sind wir alle, die wir mit gesichertem Lebensstandard in westlichen Demokratien leben, frei? *Leben* wir Freiheit? Zweifel scheinen berechtigt.

Doch wie lebt man Freiheit? Dieser Frage ging Foucault in seinem Buch „Ästhetik der Existenz" nach. Er wühlte in den Texten der griechischen Philosophen. Ist doch der freie griechische Bürger sprichwörtlich. Doch wie lebten sie ihre Freiheit?

Vier *Techniken der Freiheit* offenbaren sich in den Schriften der Griechen:

– Die Sorge um sich selbst. Diese umfasst auch die Sorge um den anderen und meint: auf sich achten; sich selbst und sein Umfeld versorgen können. Es ist eine Technik der Freiheit, die die Lebendigkeit am Fließen hält. Es ist ein vitalisierender Gegenpol zum katholischen „Du bist von Erbsünde gezeichnet. Bekenne deine Sündhaftigkeit. Hole dir Absolution".

– Die zweite Technik der Freiheit ist die Beherrschung der Begierde. Die meisten Freiheitsüberlegungen tragen diesen Ansatz in sich: Der Obsession etwas entgegensetzen. Jeder Mensch, der einmal einer Sucht frönte, weiß, wie sehr einen diese Begierde beherrschen kann. Obwohl uns gerade Suchtmittel oft als besondere Symbole der Freiheit vermittelt werden. Die Beherrschung der Begierde birgt auch die Freiheit der Lust am Genuss. Ab und zu nachgeben zu können, ohne gleich den Wolf des „Ich muss" auf den Plan zu rufen. Das Orakel von Delphi weist uns den Weg. Denn die zweite Inschrift – neben dem Plädoyer

„Erkenne dich selbst" – trug gemäß Überlieferung die Aufforderung: „Alles in Maßen!"
- Die nächste Überlegung, Freiheit zu leben, war: Seinen Platz in der Polis einnehmen. Es ist nach Auffassung der griechischen Philosophen also eine Form gelebter Freiheit, wenn man das, was man zum Gemeinwohl beitragen kann, auch wirklich einbringt. Wenn man den damit verbundenen Rang – also jenen Platz in der Gesellschaft, der einem zugestanden wird – auch wirklich einnimmt.
- Zu guter Letzt ist die Gestaltung von Beziehung eine Technik der Freiheit. Es geht um die aktive Entwicklung von Beziehungen. Das meint keinesfalls, dass ich frei von jeglicher Verantwortung und Struktur Beziehungen lebe, sondern ganz im Gegenteil. Die Freiheit liegt gerade im Ausgestalten der Struktur und im Leben der Verantwortung. Es gibt in griechischen Texten beispielsweise umfassende Anleitungen, wie man den brieflichen Austausch gestaltet. An wen – ob zum Beispiel an einen Lehrer oder an einen Freund – man sich mit welchen Fragen wendet. Es bleibt die Freiheit, hier einen großen Gestaltungsspielraum zu nutzen.

Freiheit ist in diesen Überlegungen also ein Zustand, den man erringt. Auch mit Techniken, die dafür entwickelt und gepflegt werden. Erst dadurch, dass dieser Zustand gelebt wird, entfaltet er seine Kraft. Diese Idee von Freiheit ist uns heute eher fremd. Und doch eine mögliche Antwort.

Freiheit durch Bindung

In unserem Denken wird Freiheit sehr oft mit der Abwesenheit von Abhängigkeit und Bindung assoziiert. Viele von uns werden beim Wort Freiheit die eindringliche Stimme von

Janis Joplin (1943–1970) hören. Genauer gesagt: ihren Song „Me and Bobby McGee". Die Ikone der Hippiekultur beschwört die Freiheit als „Freedom's just another word for nothing left to loose. Nothing, I mean nothing honey, if it ain't free." Es ist die Idee, befreit zu sein von allem, was man verlieren kann, in erster Linie von materiellen Dingen. Sobald man sich bindet, sobald einem dies wirklich etwas wert ist, ist man unfrei. Das Leben ist gemäß diesem Ansatz ein Weg in die Unfreiheit. Da man offensichtlich immer mehr von dem ansammelt, was man verlieren kann.

So fühlt es sich zumindest mit 17 Jahren an. Mein Erleben ist ein anderes. Meine Freiheit wächst mit jedem Lebensjahr, obwohl ich doch so manches angehäuft habe, von dem mir Trennung nahezu unmöglich scheint. Vielleicht sollten wir diesen überhöhten Freiheitsbegriff der Jugend überlassen und ihn als eine gute Ausgangsbasis für ein freies Leben sehen, aber keinesfalls für eine ausgereifte Haltung.

Wir können diesem Ansatz die Idee entgegenhalten, dass Freiheit kein Zustand ist, sondern ein Prozess. Freiheit bedeutet, sich entfalten zu dürfen und zu können, seinem Wesen, seiner Berufung, seinen Träumen und seinem Lebensfluss zu folgen. Ein sich durch Entwicklung vollendendes Wesen.

Virginia Satir (1916–1988), die „Mutter der Familientherapie", beschäftigte sich viel mit dieser Idee von Freiheit als Prozess. Ihre großartige Grundhaltung drückte sie in den „Fünf Freiheiten" aus, zu denen sie ihren Patienten verhelfen wollte:

Die fünf Freiheiten

Die Freiheit zu sehen und zu hören, was im Moment wirklich da ist – anstatt das, was sein sollte, gewesen ist oder erst sein wird.

Die Freiheit, das auszusprechen, was ich wirklich fühle und denke – und nicht das, was von mir erwartet wird.

Die Freiheit, zu meinen Gefühlen zu stehen – und nicht etwas anderes vorzutäuschen.

Die Freiheit, um das zu bitten, was ich brauche – anstatt immer erst auf Erlaubnis zu warten.

Die Freiheit, in eigener Verantwortung Risiken einzugehen – anstatt immer nur auf „Nummer sicher zu gehen" und nichts Neues zu wagen.

Der hier vorgestellte Freiheitsbegriff definiert sich auch durch Bindung. Ein eindrückliches, andauerndes Erlebnis in dieser Kategorie ist für mich meine Ehe. Als ich im Alter von gut 30 Jahren meine damalige Freundin fragte, ob sie mich heiraten will, handelte ich aus einem Impuls heraus. Wenn ich mich recht erinnere, veranstalteten wir gerade eine kleine Polsterschlacht im Gästebett auf dem Dachboden und plötzlich lag mir diese Frage auf der Zunge: „Willst du mich heiraten?" Sie kam nicht aus dem Kopf. Denn intellektuell hatte ich am Konzept der monogamen Zweierbeziehung ziemliche Bedenken: Wie sollte ich ein Leben lang einer Frau treu sein? Das schien mir weder plausibel oder erstrebenswert noch realistisch. Auf emotionaler Ebene hatte ich regelrecht Angst davor. Und doch zog mein Herz in Richtung dieser Bindung – und ich fühlte, dass es auch der Wunsch nach Freiheit war, der sich hier artikulierte. Eine Freiheit zur Entfaltung.

Zwischenzeitlich hat sich unsere Familie entfaltet – unter anderem in Form unserer Liebe und in Gestalt unserer drei Töchter. Meine Frau und ich spüren beide viel Verantwortung, aber keine Enge. Trotz all der Bindungen als Ehemann und Vater spüre ich mehr Freiheit als früher. Das ist schwer in Worte zu fassen. Es hat wohl etwas damit zu tun, dass ich mit diesen Bindungen meinem Wesenskern einen großen

Schritt nähergekommen bin. Und tatsächlich erlebe ich es auch als Freiheit, nicht mehr bei jeder Begegnung mit einer Frau die Frage potenzieller Paarung als eine der ersten abarbeiten zu müssen. Hier hat sich eine gewisse zwanghafte Begierde gelegt. Die Lust ist geblieben.

Freiheit als Prozess des Ganzwerdens

Virginia Satirs Freiheiten kann man nicht nur einzelnen Menschen ans Herz legen, sondern auch Organisationen und Gesellschaften. Vor allem die Freiheit, zu dem zu stehen, was da ist; auch zu den Dingen, die man nicht so gerne sieht. Diese Freiheit zu leben, erweist sich manchmal als ein wichtiger Hebel, um Möglichkeitsräume zu öffnen. Als Organisationsberater beobachten wir, dass gerade im „Unmöglichen" – das, was nicht sein kann, weil nicht sein darf – große Dynamik steckt. Diese sollte man bewusst ins Konstruktive fokussieren, sonst gleitet sie ins Destruktive ab. Wenn es beispielsweise einfach nicht sein darf, dass in einer sozialen Non-Profit-Einrichtung Konkurrenz ein wichtiger Motor ist, dann können genau in dieser Unfreiheit unfassbare Übergriffe und aggressive Verhaltensweisen blühen. Ein ungezügeltes, vernichtendes Konkurrenzverhalten wuchert und niemand traut sich, hinzuschauen.

Das Akzeptieren unserer eigenen Anteile ist ein wichtiger Meilenstein auf dem Weg zur Freiheit. So gesehen können wir Freiheit auch als einen Prozess verstehen, in dem wir *ganz werden*. Dazu ist es notwendig, uns jenen eigenen Teilen zu stellen, die wir nicht wahrhaben wollen. Der französische Psychoanalytiker Jacques Lacan (1901–1981), der bereits zitierte Psychiater Viktor Frankl und der Begründer der prozessorientierten Psychologie, Arnold Mindell, weisen wie viele ihrer Kollegen darauf hin, dass es sogenannte primäre Prozesse und Zustände gibt. Das sind jene, die wir von uns kennen. Sie rahmen, wie wir uns definieren, wie wir sein wollen und wie wir nicht sein wollen. Sie schaffen das Bild mit dem Titel „Das bin ich." Dahinter gibt es aber noch ein anderes Bild, eines, das wir abschotten, weil es nicht sein soll. „Schlimme Wahrheiten", wie Lacan sagt, die wir in ihrer Gesamtheit für das erste gar nicht ertragen. In einem Coaching tätigte einmal ein Politiker folgende Aussage: „Manchmal habe ich Angst, dass ich nur noch da bin, weil ich mich an der ganzen Bagage rächen will." Hier hat sich eine unerträgliche Wahrheit für einen Moment zeigen dürfen. Kann die betroffene Person nun diesen Aspekt ihres Wesens und Seins bewusst integrieren, so öffnen sich für sie neue Erkenntnis- und Handlungsräume.

Diese hintergründigen Prozesse zeigen sich nicht nur in Gedanken, sondern beispielsweise auch in sich wiederholenden Verhaltensmustern oder körperlichen Symptomen. Je besser wir es schaffen, uns diese unerträglichen Wahrheiten, diese unkontrollierbaren Energien, diese unzulässigen Wünsche, diese ungehörigen Sehnsüchte oder beängstigenden Stärken bewusst zu machen, umso freier sind wir. Wenn wir sie in den Vordergrund holen, werden sie gestaltbar. Wir werden als Menschen damit auch „ganzer", wir „laufen runder".

Die Freiheit wohnt in meiner Brust

Oft hilft uns auch der Körper bei diesem Prozess der Bewusstwerdung. Als ich im Februar 2010 im Kloster Pernegg im niederösterreichischen Waldviertel eine Fastenwoche zubrachte, packte mich am dritten Tag eine Enge in der Brust.

Ich hatte das Gefühl, zu wenig Luft zu bekommen. Für die Mittagszeit hatte ich eine Einheit bei der Osteopathin gebucht. Die Therapeutin erkannte, dass ich etwas verkrampfte. Mit ihren Berührungen und Handgriffen versuchte sie, die Blockaden zu lösen und meine Selbstheilungskräfte zu aktivieren. Bei der Verabschiedung meinte sie: „In der Brust wohnt die Freiheit. Manchmal ist ihr dort zu eng."

Ich war berührt. Das hatte mit mir zu tun, was sie mir da mitgab. Aber ich wusste nur „dass" und nicht „inwiefern". Ihre zwei Sätze gingen mir nicht mehr aus dem Kopf. Ich versuchte zu fassen, wodurch ich mich beengt fühlte. Was habe ich zu tun oder zu lassen, um meine Brust zu weiten? Doch mit dem Kopf war nichts zu machen. Nach einem Tag beschloss ich, Ruhe zu geben und eine Einladung an „meine Freiheit" zu formulieren. Sie lautete wie folgt:

Meine Freiheit

Du warst nah an mir dran,
ein froher Geist, der mir folgt.
Es war mir eng, mein Atem streng;
hab' nicht erkannt, dass du wartest.
Lad' dich nun ein, komm herein.
Flute mein Leben, lass mich beben.
Weite meine Brust und mein Herz.
Tanz mit der Liebe und sing' mit Freud'.
Ich möchte gut auf dich schauen,
wachsam hören dein Lied.
Werd' ein Heim dir bauen,
mit Lust und zufried'.

Die plötzliche Enge in der Brust sollte mich in den Folge-
monaten gelegentlich wieder heimsuchen. Ich begrüßte sie
manchmal freundlich, oft genervt. So wie sie kam, verflüchtigte sie sich auch wieder. Wenn ich heute, gut zwei Jahre
später darüber nachdenke, fällt mir auf, dass mir diese Enge
schon lange nicht mehr begegnet ist. Ich glaube, ich habe sie
bei meinem Vision Quest im Wald zurückgelassen. Darüber
werde ich im nächsten Kapitel erzählen.

Verantwortung heißt antworten

Jetzt könnte man natürlich einwenden, dass „den eigenen
Lebensfluss verfolgen" und „ganz werden" schon recht ego-
zentrische Motive sind. Dem kann man leicht entgegenhalten: Der eigene Lebensfluss ist ja kein isoliertes Wässerchen,
sondern eingebunden in ein großes Fließen. Letztendlich ist
Freiheit nie losgelöst von Verantwortung zu denken. Verantwortung kommt von antworten. Da gibt es immer ein Gegenüber, immer eine Form des Miteinanders. Freiheit und Verantwortung sind quasi ein Doppelschlüssel zum Glück. Sie
drehen nur gemeinsam. Dabei ist Verantwortung mehr als
die Bereitschaft, die Konsequenzen meines Tuns zu tragen.

Verantwortung meint, sich nicht nur der Lebendigkeit des
eigenen Lebensflusses verpflichtet zu fühlen, sondern auch
jenen Menschen, die man liebt. Vielleicht auch der Menschheit als Ganzes und dem Leben insgesamt. Konsequentes
Antworten, das kein Abblocken ist, braucht die Liebe. Verantwortlich handeln heißt, in einen Austausch zu treten und
dem Lebendigen nicht mit Gleichgültigkeit zu begegnen.
Das heißt auch, den einen oder anderen Schritt anders oder
nicht zu setzen. Jedenfalls im Auge zu behalten, dass es allen
am Prozess Beteiligten möglich sein soll, ihre Lebendigkeit
zu vergrößern. Das gilt natürlich auch für einen selbst. Es

liegt also nahe, dass Verantwortung wahrzunehmen ein Verhandlungsprozess ist, mit sich selbst und anderen.

Für meine Freiheit brauche ich den Mut, mich auf meinem Weg der Beeinflussung durch mein Umfeld auszusetzen, in Verbindung zu treten mit anderen Menschen, Veränderung zuzulassen. Freiheit, die frei von Verantwortung ist, wäre zynisch. Sie verweigert Antworten. Freiheit, die Verantwortung als ein Aufstellen von freundlich angemalten Mauern versteht, ebenso. Die Mauern sollen dafür sorgen, dass mein Fluss möglichst unberührt bleibt. Das ist keine echte Freiheit. Es ist ein zynischer Weg, sich Distanz zu Emotionalität, zum Treiben der Welt, zum großen Fluss des Lebens zu schaffen.

Wenn man alle bisherigen Ausführungen integriert, verdichtet sich unser Bild von Freiheit: Ich gehe meinen Weg im regen Austausch – in der Bereitschaft, in etwas Größerem aufzugehen; in der Entschlossenheit, dabei immer wieder selbst Form zu geben und zu wahren. Der individuelle Fluss geht vollkommen auf und bleibt dennoch erkennbar. Ein eindrucksvolles Zeugnis dieses Freiheitsverständnisses legt in größter Bedrängung durch die Nazis die bereits erwähnte Etty Hillesum in ihren posthum veröffentlichten Tagebüchern ab:

Das Leben ist so grotesk und überraschend, so ungeheuer vielfältig, und nach jeder Wegbiegung ist die Aussicht wieder völlig anders. Die meisten Menschen haben Klischeevorstellungen über das Leben im Kopf, man muß sich innerlich von allen gewohnten Vorstellungen und Parolen befreien, man muß jegliche Geborgenheit aufgeben und den Mut haben, auf alles zu verzichten, jede Norm und jeden konventionellen Halt loszulassen und den großen Sprung in den Kosmos zu wagen, und dann, erst dann wird das Leben überreich und unerschöpflich, auch im tiefsten Leid.

Man muss jetzt nicht der spirituellen Idee von Freiheit sein Leben verschreiben, aber man sollte nicht außer Acht lassen, dass es wohl keine Kultur in der Menschheit gibt, die diese Idee nicht in irgendeiner Form entwickelt hat. Nämlich, dass die größte Freiheit darin liegt, den Unterschied zwischen Ich und Wir aufzuheben. Das heißt nicht, das Ich völlig aufzugeben, sondern eins zu werden mit dem Wir. Oder andersrum, das Wir zum Ich zu machen.

Suche nicht, finde!

Der appellative Charakter dieser Ausführungen mag den Schluss nahelegen, wir sollten uns jetzt zügig auf die Suche nach der Freiheit und Verantwortung machen. Das ist eine Möglichkeit. Aber sie hat was von Getriebensein. Die Freiheit, die uns ganz werden lässt, ist weniger das Ergebnis von Suchen, sie ist ein Finden. Pablo Picasso (1881–1973), spanische Malerikone des 20. Jahrhunderts, formulierte es so:

Ich suche nicht – ich finde.

Suchen, das ist das Ausgehen von alten Beständen und das Finden-Wollen von bereits Bekanntem im Neuen. Finden, das ist das völlig Neue! Das Neue auch in der Bewegung. Alle Wege sind offen, und was gefunden wird, ist unbekannt. Es ist ein Wagnis, ein heiliges Abenteuer!

Die Ungewissheit solcher Wagnisse können eigentlich nur jene auf sich nehmen, die sich im Ungeborgenen geborgen wissen, die in der Ungewissheit, der Führerlosigkeit geführt werden, die sich im Dunkeln einem unsichtbaren Stern überlassen, die sich vom Ziele ziehen lassen und nicht, menschlich beschränkt und eingeengt, selbst das Ziel bestimmen.

Dieses Offensein für jede neue Erkenntnis im Außen und Innen: das ist das Wesenhafte des modernen Menschen, der in aller Angst des Loslassens doch die Gnade des Gehaltenseins im Offenwerden neuer Möglichkeiten erfährt.

Freiheit ist ein Prozess, der uns zu uns selbst führt. Zu dem, was uns ausmacht und groß macht; aber auch zu dem, was wir nicht wahrhaben wollen und trotzdem ein Teil von uns ist, der integriert werden möchte. Es ist ein Prozess der Reifung, um uns dem zuzuwenden, was wir der Welt bedeuten und was uns die Welt bedeutet. Frei sind wir, wenn wir verantwortungsbewusst realisieren, was wir auf dem Weg immerwährenden Wachstums an Möglichkeiten haben.

Es scheint die Aufgabe des menschlichen Lebens zu sein, sich dieser Zuwendung und Hingabe zu widmen. So ist die menschliche Reifung angelegt. Der deutsch-amerikanische Psychoanalytiker Erik H. Erikson (1902–1994) beschreibt diesen psychosozialen Entwicklungsprozess in seinem Stufenmodell sehr trefflich. Andreas Salcher fasst in seinem Buch „Meine letzte Stunde" dieses Modell so zusammen: „Die erste Hälfte unseres Lebens sind wir sehr von der Frage ‚Was will ich vom Leben?' getrieben. In der zweiten Lebenshälfte gewinnt eine andere Frage immer stärkere Bedeutung für uns: ‚Was will das Leben von mir?' Ersteres erfordert den Mut, seine Stimme zu erheben und für seine Ziele zu kämpfen, Letzteres die Bereitschaft, genau hinzuhören."

Auch für Organisationen geht es auf ihrem Weg zur Freiheit um Reifung und Zuwendung. Wollen sie ihre Freiheit kultivieren, sind für Organisationen folgende Fragen hilfreich:
– Was macht uns aus? Was ist unser Wesenskern? Wo liegt unsere Größe?

- Was können wir entfalten, um noch lebendiger zu sein und die Welt noch lebendiger zu erfahren?
- Worauf und auf wen müssen und wollen wir antworten?

Kann man Freiheit bewahren?

Wer Freiheit als Zustand begreift, der wird zugeben, dass sie täglich bedroht ist. Wer Freiheit als Prozess versteht, der wird erkennen, dass sie täglich nach Bewährung ruft. Etliche Möglichkeiten zur Bewährung haben wir mit den ausgeführten Ansätzen und Techniken beschrieben. Sie helfen auf dem Weg in die Freiheit. Auf diesem Weg gilt es auch, sich vor den Feinden der Freiheit zu schützen, ihnen möglichst wenig Raum im Leben zu geben. Hier sind drei bedeutende Feinde der Freiheit:

Die Lieblosigkeit

Die Lieblosigkeit ist ein großer Feind der inneren Autonomie. Wer nicht in Liebe und Zuneigung Bestätigung von seinem Umfeld bekommt, wird schwer die Sicherheit gewinnen, die ihm ermöglicht, seinen Weg vorwärts zu gehen. Er wird sich in der Suche nach Anerkennung um die eigne Achse drehen. Achten Sie daher gut darauf, mit wem Sie sich umgeben, wer Ihr näheres Umfeld ist und wie Sie Bestätigung erhalten. Dabei meinen wir nicht das Loben, sondern die grundsätzliche Begegnung in der Haltung: Du bist okay!

Angst vor der Angst

Die Idee, die Angst aus dem Leben verbannen zu wollen, führt zu Kontrolle ohne Ende. Das ist auch das Ende jener Freiheit, die die Entfaltung ins Unbekannte vorantreibt.

Sobald das Unbekannte im Spiel ist, sitzt die Angst mit im Boot. Wir sollten sie willkommen heißen und sie gut kennenlernen, so dass wir sie, wenn sie aufsteht, gegebenenfalls auch wieder auf ihren Platz verweisen können. Sie ist Torwächter und nicht Reiseführer.

Es gibt kein Leben ohne Angst. Es geht darum, der Angst in unserem Leben einen guten Platz zu geben. Sie soll nicht unser ganzes Tun bestimmen, sondern die Torwächterschaft zum Unbekannten übernehmen, damit wir nicht achtlos und unvorbereitet hineinstolpern.

Gefallen an der Unfreiheit

Mit seinem Lied „Ich war noch niemals in New York" schrieb Udo Jürgens eine Freiheitshymne, die wohl schon vielen Millionen Menschen ein Kribbeln beschert hat.

… Ich war noch niemals in New York, ich war noch niemals richtig frei, einmal verrückt sein und aus allen Zwängen fliehn.

… Noch einmal voll von Träumen sein, sich aus der Enge hier befrein, er dachte über seinen Aufbruch nach …

Er bringt den in uns wohnenden Wunsch nach Freiheit zum Ausdruck. Ganz sich folgen, einfach lebendig sein, nicht lange nachdenken. Handeln. Erleben. Aber dann:

... Dann steckte er die Zigaretten ein und ging wie selbstverständlich heim, durchs Treppenhaus mit Bohnerwachs und Spießigkeit. Die Frau rief „Mann, wo bleibst Du bloß, ‚Wetten, dass?' mit Gottschalk geht gleich los", sie fragte „War was?" – „Nein, was soll schon sein?"

Es ist ein dünner Grat zwischen der Solidarität mit jenen, die in Unfreiheit sind, und dem Glorifizieren dieser zu Helden, gepaart mit viel Verständnis, dass sie daran nichts ändern können.

Viele Menschen erleben sich in ihrer Lebensrealität als nicht wirkmächtig, als in keinster Weise in der Lage, ihrem eigenen Weg zu folgen. Sie singen mit Tränen in den Augen „Ich war noch niemals in New York" Und irgendwie gefallen sie sich dabei. Das Leiden an der Unfreiheit darf ihre umfassende Ästhetik entfalten. In mir gibt es dann eine innere Stimme, die sagt: „Flieg doch nach New York. Und wenn du keine Zigaretten mehr kaufst, kannst du es dir auch leisten." Ich weiß, so einfach ist es nicht. Aber wer sich zu heftig an der Glorifizierung der Unfreiheit beteiligt und sich dann noch über das Kopfweh beschwert, der sollte über Verantwortung nachdenken. Der sollte sich seinem Leben und sich selbst zuwenden.

Hier abschließend eine Erinnerung an Christian von Oppen, von dem ich im Prolog erzählte. Er nahm an einem Essen teil, bei dem er wegen seiner Erkrankung nichts mehr von den angerichteten Speisen zu sich nehmen konnte. Er hatte ein kleines Gefäß mit Nahrung bei sich, die bei Weitem nicht so attraktiv war, wie das, was am Tisch stand. Aber es war irgendwie das Normalste auf der Welt. Er erklärte uns, dass er Metastasen im Verdauungstrakt seines Körpers habe und deswegen sehr gut aufpassen müsse, was er sich zuführe, weil er eben mit dieser Einschränkung nicht mehr alles verdauen könne. Dies sei für ihn leidvoll. In mir regte

sich Mitgefühl und ich sagte: „Das tut mir leid, Christian."
Er meinte lachend: „Nicht so schlimm. Das ist meine, zu-
gegeben, recht eigenwillige körperliche Entfaltung. Die Ein-
schränkungen, die damit einhergehen, sind so. Ich möchte
mir keinesfalls in ihnen gefallen."

13. Geborgen in der (Un-)Endlichkeit

Eine Kundin und Theologin meinte einmal während einer
Klausur: „Sie sagen immer: ‚Alles wird gut.‘ Das ist eigentlich die Domäne von uns Theologen. Bei uns dauert es aber
manchmal sehr, sehr lange."

Sie erinnerte uns daran, dass der Glaube die nährende
Quelle ist – für die Hoffnung, dass es gut wird. Wir kamen
zur Erkenntnis: Er ist wohl auch eine wichtige Zutat für jede
Veränderung. Denn ein Veränderungsprozess ohne Hoffnung auf ein gutes Morgen ist eine Strafexpedition; eine
Last, die man kaum tragen kann. Veränderungsprozesse
von Menschen, Organisationen und Gesellschaften brauchen Hoffnung und nicht Erwartung als wesentliche Quelle der Energie. Wer hofft, glaubt an etwas. Er ist dankbar,
wenn das Erhoffte eintritt und traurig, wenn es nicht so ist.
Wer erwartet, weiß, wie es sein soll und ist befriedigt, wenn
es eintritt und gekränkt, wenn es ausbleibt.

Daher kommen wir als Autoren zur Überzeugung, dass
wir uns im ständigen Fluss der Veränderung Gutes tun,
wenn wir das Hoffen mindestens genauso kultivieren, wie
wir das mit dem Erwarten in den letzten Jahrzehnten gemacht haben. Doch dazu ist es wichtig, glauben zu können.

Vom Wert des Glaubens

Ist der Glaube in Religion gebettet, neigt er dazu, ferne Heilsversprechungen abzugeben. Diese sind mitunter dazu geeignet, die Gegenwart und unsere Möglichkeit zu gestalten, aus den Augen zu verlieren. Doch ausschließlich diesen Aspekt in Religion zu sehen, wäre so, als würden wir Sonnentage ausschließlich als Hautkrebsrisiko begreifen. Natürlich kann der religiöse Glaube auch auf sehr positive Weise unser Sein und Tun im Hier und Jetzt leiten. Die Weltgeschichte ist voller großartiger Zeugnisse dafür. Allerdings auch voller beklemmender Belege, dass die religiöse Handlungsleitung in die Zerstörung führen kann.

Glauben ist – wie die Liebe – eine Kulturtechnik. Wir integrieren eine Wahrnehmung beziehungsweise eine Wahrheit in unser inneres Abbild der Welt auf einer Basis von Vertrauen und Annahmen. Das zu können, ist eine wesentliche Voraussetzung, um beispielsweise leistungsfähig zu sein. Bei den Forschungen im Rahmen meiner Diplomarbeit zum Thema „Lernstile im Erwachsenenalter" erkannte ich, dass es vor allem der Glaube an die eigene Leistungsfähigkeit ist, der prognostischen Wert hat. Er entscheidet wesentlich mit, ob jemand eine Aufgabe löst oder nicht.

Unsere Konstruktion der Wirklichkeit – also wie wir die Welt für wahr halten – setzt sich aus Quellen des Glaubens und des Wissens zusammen. Glauben ist also eine Form, meiner inneren Wirklichkeit etwas hinzuzufügen, sie konsistenter und für die Fragen meines Lebens brauchbarer zu machen. Können wir nicht glauben, fehlt uns eine wesentliche Quelle, die wohl zu einer Verarmung unserer inneren Wirklichkeit führen würde. Der Konjunktiv ist hier angebracht, denn es ist kaum vorstellbar, dass ein Mensch nicht glauben kann. Er kann es nur für sich verleugnen. Soweit können sich wohl auch die rationalsten und glaubenskritischsten Menschen auf das Thema „Glauben" einlassen. Glauben heißt also nichts anderes, als vertrauensvolle Annahmen zu treffen, zu verinnerlichen und danach zu handeln.

Die kritische Frage ist, ob es unser Ziel sein muss, das, was wir glauben, auch zu beweisen. Es somit auch in unserer naturwissenschaftlichen Denkweise zur Wahrheit zu adeln. Dazu lassen wir den Philosophen, Psychoanalytiker und Kulturkritiker Slavoj Zizek, der an der Universität von Ljubljana lehrt, zu Wort kommen. Er schreibt in seinem Buch über den französischen Psychoanalytiker Lacan:

Liberal-skeptische Zyniker wie Fundamentalisten teilen eine grundlegende Eigenschaft: den Verlust der Fähigkeit, im eigentlichen Sinn des Wortes zu glauben. Für sie ist die grundlose Entscheidung undenkbar (…)

Er hält dagegen:
Man denke an Anne Frank, die im Angesicht der erschreckenden Verderbtheit der Nazis (…) ihren Glauben behauptete, daß in jedem menschlichen Wesen ein göttlicher Funke sei, wie verdorben auch immer er oder sie ist. (…) Auf der grundlegendsten Ebene betrifft der authentische Glaube keine Fakten, sondern verleiht einer bedingungslosen ethischen Verpflichtung Ausdruck.

Glauben ist also Ausdruck einer tiefen ethischen Überzeugung, der keine weiteren Gründe für eine Entscheidung braucht. Der Glaube füllt einen Raum, den die Naturwissenschaft nicht füllt; nicht füllen kann. Er braucht keine Beweise, ganz im Gegenteil: Das Wesen des Glaubens ist das Glauben.

Bewährung in der VUKA-Welt ist untrennbar verbunden mit dem Glauben als Ausdruck einer tief wurzelnden Überzeugung; mehr noch: Verpflichtung, nach der zu handeln ist. Egal, ob es im traditionellen Sinn ein Gottesglauben oder ein

Glauben an die Menschheit oder an fernöstliche Ideen über das Tao des Lebens ist. An etwas glauben bringt uns in Verbindung mit einer „größeren Wahrheit", die uns Orientierung gibt und uns die Pflicht zum Handeln auferlegt. Glauben versorgt uns aber auch mit der Energie, um ins Tun zu kommen und Rückschläge zu ertragen. Der Glaube und die Hoffnung erlauben uns den Zugang zu wesentlichen Emotionen, die es uns ermöglichen, was auch immer geschieht, in den Fluss des Lebens zu integrieren und weiterzugehen: Dankbarkeit, so eine Hoffnung sich erfüllt, und Traurigkeit, so die Hoffnung sich nicht erfüllt. Diese beiden Emotionen haben hohe Integrationskraft und sind Ausdruck großer Lebendigkeit.

Das „Glauben an etwas" ist in den letzten Jahrzehnten in unseren Breitengraden immer mehr in Verruf gekommen. Wohl haben wir das Kind mit dem Bade ausgeschüttet. Denn die mitunter berechtigt kritische Haltung zu Kirchen und Religionsgemeinschaften hat den Glauben gleich mitgegriffen. Es stehen sich zwei Parteien gegenüber: Jene, die die Kritik an ihren Kirchen als unerhört begreifen und diese gleichsam als unantastbar sehen. Und jene, die in Religionsgemeinschaften nichts Sinnvolles und Hilfreiches für die Menschheit erkennen können oder wollen. Diesen beiden Seiten mangelt es an lebensbejahender Lebendigkeit. Und an Fantasie dahingehend, dass das Glauben nicht ausschließlich eine Domäne der Religionsgemeinschaften sein sollte.

Wenn das Glauben das Wissen verbietet, ist das ein Akt gegen die Lebendigkeit. Wenn das Wissen das Glauben als naive Kinderei abtut, ebenso. Wer wissen will, ob er geliebt wird, wird die Liebe verlieren. Und wahrscheinlich ist es genauso mit der Frage, ob man selbst liebt. An manches muss man einfach glauben.

Wir können natürlich an Wissen und wissenschaftliche Erkenntnis glauben. Doch wenn wir meinen, dass dies der

einzige Weg ist, sich die Welt zu erklären, sich Handlungs-
grundlagen zu schaffen und sich weiterzuentwickeln, dann
haben wir eine Religion mit fundamentalistischen Zügen geschaffen. Denn wir versuchen dann, das, woran wir glauben, ständig zu beweisen und als einzigen möglichen Gott
darzustellen.

Letztendlich findet unsere Entwicklung als Gesellschaft
stark an der Grenze von „Was können wir wissen?" und
„Was müssen wir glauben?" statt. Diese Grenze hat sich im
letzten Jahrhundert unfassbar zugunsten des Wissens verschoben. Viele heutige Wissensgebiete waren vormals Glau-
bensgebiete. Und wahrscheinlich ist es für den Fortschritt
wichtig, nicht zu glauben, wo wir wissen können und sollten. Doch als sich entwickelnde Menschheit verlieren wir
eine wesentliche Qualität, wenn wir auf diesem Weg das
Glauben verlieren. Es gibt Themen in unseren Leben, die
fordern uns besonders in unserem authentischen Glauben
heraus, weil das Wissen dort versagt. Wenn ich nur an das
Wissen glaube, dann muss ich solche Fragen verdrängen.
Sie sind auf Basis des Wissens unbeantwortbar. Als gesell-
schaftliches Phänomen erleben wir dies bei der Frage nach
der Endlichkeit: Wo kommen wir her? Wo gehen wir hin?
Was kommt nach dem Tod?

Wir leben in einer Vorstellung von Ewigkeit und sind zutiefst beunruhigt, wenn der Tod auf den Plan tritt. Wenn wir
uns den Umstand vor Augen führen müssen, dass alles im
Leben endlich ist. Daher bemühen wir uns, diese Beunru-
higungen zu kurzen Momenten unseres Daseins werden zu
lassen. Der Preis dafür ist hoch.

Die Beschleunigung der Welt durch Wissenschaft und Technologie hat das moderne Postulat „alles & überall & gleichzeitig" zum Imperativ erhoben. Ich schreibe ein Buch, während ich auf Twitter das globale und nationale Geschehen und seine Kommentatoren verfolge, um zeitgleich auf Facebook meinen Status zu posten. Auf meinen Lippen liegt der Trinkhalm meines Eiskaffees und mein Blick geht sehnsüchtig auf die Hängematte, die jenseits des Fensters im Garten auf mich wartet. E-Mails werben mit dem sanften Klingelton ihrer Ankunft um meine Aufmerksamkeit, die Kinder schauen zur Tür herein und mein Filofax zeigt mir für den heutigen Tag noch fünfzehn offene Aufgaben. Diese bauen – garniert mit den klingelnden Erinnerungen meines Outlook-Terminkalenders – leichten Druck auf, der jedoch durch das stumme Vibrieren meines Handys ignoriert wird. Drei Kunden wollen heute noch bedient werden, wenn da nicht mein Vater am Festnetz mit mir plaudern wollte. Da hilft nur Zeitung lesen – eine online, eine auf Papier. Ach ja, die Pflanzen brauchen Wasser, die Unterkunft für den Wochenendausflug ist noch zu buchen und der Parkschaden von gestern noch der Versicherung zu melden. Wann ist nochmals der Abgabetermin für das Buch? In all dem Trubel erreicht mich die Meldung, dass meine Freundin Hermine eine Tochter geboren hat – auf die Stunde zeitgleich mit der Explosion einer Bombe in Bagdad, die 19 Tote brachte. „Hat's eh nicht so viel erwischt heute", murmle ich vor mich hin. Die Zäsur: Am Klo ist es dann ruhig. Da denk ich mir: „Ein echter VUKA-Tag heute."

Ja, so wie selbst Könige auf die Toilette müssen, bleibt auch der VUKA-Mensch in Raum und Zeit gebunden. Das ist unumstößliche Conditio humana. Wir werden weiter unsere Möglichkeiten vermehren, wir werden weiter unsere Mobilität steigern und wir werden weiterhin, am Ende des Tages, sterben.

„Wir sind nur Gast auf Erden." Dieses Kirchenlied des deutschen Dichters Georg Thurmair (1909–1984) berührte mich schon als junger Ministrant. Denn es machte mir bereits als Volksschüler klar: „Wenn dem so ist, dann kommen wir von irgendwoher und gehen dann irgendwohin. Und das dazwischen, das ist dann das Leben." Damit war ich auch empfänglich für die Segnungen der modernen Welt. Denn wenn das Leben schon begrenzt ist, sollten wir es doch optimieren und maximieren. Das war selbst dem kleinen Jungen einleuchtend. Daher möglichst viele Gummibären auf einmal essen, wer weiß, ob sich das morgen noch ausgeht.

Maximierung und Optimierung sind in ihrer Essenz Antworten auf die Angst vor dem Tod. Unsere Besessenheit mit Voraussagen, Planen und Kontrollieren sowie unsere Neigung zum gierigen Raffen nach Materiellem ist nichts anderes als Ausdruck unserer – zumeist unterdrückten – Angst vor dem Ende und den fehlenden Antworten, die damit verbunden sind. Wir versuchen, die Endlichkeit abzuschaffen; aber sie holt uns immer wieder ein.

Dem Sterben seine Würde geben

Die naive Verdrängung des Todes hat in unserer Gesellschaft viele Gesichter. Drei Beispiele.

Fall 1: Sämtliche krisengeschüttelten Banken in Europa sind offensichtlich „too big to fail" – zu groß, als dass sie sterben dürfen. Wir können uns ihren Tod nicht leisten, uns diesen gar nicht erst vorstellen. Wir deklarieren sie damit für „unsterblich". Ein fast religiöses Bekenntnis. Denn was ist schon unsterblich, außer Gott – so man an ihn glaubt. Und an etwas Übersinnliches haben wir bei den Bankenrettungen „bei Gott" nicht gedacht.

Unsterblichkeit – was für eine Korrumpierung nicht nur der freien Marktwirtschaft, sondern auch des Prinzips des Lebens, wonach alles, was ein Anfang hat, auch ein Ende haben wird. Wenn Banken Organisationen sind, und wenn wir solche im Sinne unseres systemischen Weltentwurfs für Lebewesen halten, dann haben wir höchst zweifelhaft gehandelt. Diese Lebewesen mittels Milliarden-Krediten an „Versorgungsschläuche und Herz-Lungen-Maschinen" anzuhängen, ist eine Möglichkeit. Doch so zu tun, als wäre dann wieder alles wie zuvor, das ist jämmerlich, zudem ignorant und fahrlässig. Denn der Organismus lebt zwar noch, er hat jedoch vorerst seine Vitalität verloren. Das müssen wir akzeptieren. Und Sterben ist in solchen Fällen eine Option, die wir ernsthaft in Erwägung ziehen sollten.

Wir haben die Option des Sterbens für unsere todkranken Großorganisationen aber nicht ernsthaft in Erwägung gezogen. Zu viel Angst vor dem Ende. Hier warten große Aufgaben, die uns einiges an Mut abverlangen werden. Den Mut, dem Tod als Teil des Lebens ins Antlitz zu schauen. Die gemeinsam akkordierte Entwicklung eines Insolvenzrechts für Banken in der EU ist eine Aufgabe, der sich die Politik aktuell stellt. Wenn auch zögerlich – wir bewegen uns damit in die richtige Richtung. Wir zollen der Endlichkeit Respekt. Das wird einiges ins rechte Lot bringen.

Fall 2: Das alltägliche Schlachten von Millionen von Tieren hat scheinbar nichts mehr zu tun mit unserem alltäglichen Fleischgenuss. Die Chicken Wings kommen aus dem Gefrierfach und die Milch aus dem Tetrapak. Ich bin auf einem kleinen Bergbauernhof in einem Vorarlberger Gebirgsdorf aufgewachsen. Wir hatten im Winter meist drei Zimmer belegt mit deutschen Gästen. Mir waren die Touristen stets eine Freude, denn sie brachten für mich neue, andere Welten in unser Haus. Und umgekehrt war die Erfahrung wohl eine ähnliche. Der achtjährige Sohn eines Gastes verweigerte eines Morgens seinen Frühstücks-Kakao. Die verwunderten Eltern versuchten, ihm diesen schmackhaft zu machen, doch nichts ging. Auch zwei weitere Löffel an süßem Kakaopulver konnten nicht helfen. Schließlich rückte er mit seiner Offenbarung heraus: „Ich mag keine Milch von der Kuh." Er hatte tags zuvor zum ersten Mal in seinem Leben realisiert, wie es denn zu diesem Getränk Milch kommt, und das hinterließ bei ihm offensichtlich einen durchwachsenen Eindruck. Seine Milch kam stets aus der Packung, und so sollte es auch bleiben.

Der Film „We feed the World" von Erwin Wagenhofer hat manchen von uns mit Erschrecken die Augen geöffnet. Als erfolgreichster österreichischer Dokumentarfilm, der allein im deutschsprachigen Raum rund 600.000 Kinobesucher erreichte, warf er ein kritisches Licht auf die Industrialisierung der Nahrungsmittelproduktion, insbesondere auf die Massentierhaltung. Das Bild der auf dem automatischen Fließband zur Enthauptung beförderten Junghühner sehe ich seit damals stets vor mir, wenn ich Chicken Wings bestelle.

Ich habe auf unserem Bergbauernhof vor 30 Jahren noch erlebt, wie unserem Schwein – wir hatten stets eines, das sich vor allem von unseren Essensresten ernährte – mit dem großen Handschlegel so treffsicher oder so lange auf den Kopf geschlagen wurde, bis es bewusstlos zu Boden ging. Dann wurde es gestochen und vom Metzger aufbereitet. EU-Regelungen und Hygienevorschriften haben diese Form der Hausschlachtung längst verboten. Ich finde es gut, dass Schweine heute mit dem Elektroschlegel wohl schneller in den Tod befördert werden. Doch wenn ich die Bilder von Tiertransporten sehe, dann höre ich heute noch das ohrenbetäubende Quicken unserer Schweine auf dem Weg in die „Waschküche". Sie ahnten wohl, was sie erwarten würde.

Manchmal habe ich Zweifel, ob mein Fleischkonsum dem Leben angemessen ist. Keine Zweifel habe ich jedoch darüber, dass wir unseren Kindern zeigen sollten, woher das Fleisch kommt. Wenn ein durchschnittlicher Jugendlicher im Alter von vierzehn Jahren bereits mit Zigtausenden Toten auf dem Bildschirm konfrontiert wurde, wenn viele unserer Jugendlichen mit demselben Alter schon Zigtausende virtuelle Ermordungen selbst durchgeführt haben, dann sind auch die Bilder von Tiertransporten und Schlachthöfen zumutbar.

Manche Indianerstämme hatten das Ritual, dass sie dem Großen Geist und dem Tier vor der Schlachtung dankten, dass sie Letzterem nun das Leben nehmen dürfen. Wir sollten in unserer Gesellschaft eine moderne, adäquate Form dieses demütigen Umgangs mit dem Sterben von Tieren kultivieren. Jeder herzlose Umgang mit dem Tod von Tieren wird negativ auf das Lebewesen Mensch zurückfallen.

Der Tod als Teil des Lebens

Fall 3: Als junger Bursch wachte und schlief ich neben meinem Großonkel – in den Nächten vor seinem Ableben und auch in seiner Todesnacht. Er war kinderlos, und als unsere Familie einige Jahre nach dem Tod seiner Frau zu ihm ins Haus zog, entwickelten wir eine innige Beziehung. Ich war sein „Bua". Ich erinnere mich noch heute, dass die Erwachsenen am Bettrand darüber diskutierten, ob sie mich als neunjährigen Jungen angesichts des nahenden Todes im Zimmer lassen sollten. Ich spürte, dass sie angespannt waren. Mehr als ich. Natürlich übernahm ich ein Teil ihrer Angst, und es war mir bewusst, dass hier etwas Großes ansteht. Aber es war auch okay. Und es war ein schönes, ein ergreifendes Erlebnis. Die Erfahrung, einen Sterbenden zu begleiten, ist wohl eine, die zum Leben dazugehören sollte.

Es ist doch absurd, dass viele Erwachsene im Alter von 40 oder 50 Jahren noch nie einen toten Menschen unmittelbar gesehen oder gar berührt haben. Während wir den Tod in unseren Tagesnachrichten, Fernsehfilmen und Computerspielen zu unserem steten virtuellen Begleiter hochstilisieren, verbannen wir das echte Sterben aus unserem Leben. So wie der Tod von Tieren zur industriellen Maßnahme verkommen ist, so degenerierte der menschliche Tod zum bürokratischen Akt.

Wir bahrten unseren Großonkel am nächsten Tag in seinem Bett auf, zogen ihm den besten Anzug an, und die Verwandten und Nachbarn kamen, um Abschied zu nehmen. Wir verneigten uns vor ihm im Kreis der Familie und Freunde. Auch dieses Geschehen ist heute wegreglementiert – entspricht nicht mehr unseren Standards. Die Leiche ist rasch zu entsorgen, eine Aufbahrung wie damals würden wohl viele als obszöne Zumutung empfinden. Der Tod findet seinen Platz in einer wohlgebeizten Holzkiste und auf der Sterbeurkunde. Aus und vorbei.

Eine Gesellschaft, die so mit dem Tod umgeht, korrumpiert ihre Lebendigkeit. Wenn wir den Tod nicht als Teil unseres Lebens anerkennen, wenn wir uns unseren Ängsten, unserer Verantwortung und unseren tiefen Überzeugungen nicht stellen, dann unterminieren wir unsere freie Entfaltung als Menschen. Wir agieren in plumper, kopf- und herzloser Verdrängung. Wir sollten dem Sterben und dem Tod also wieder einen besseren Platz geben, als sie ihn derzeit in unserer Gesellschaft innehaben. Wir sollten die VUKA-Welt mit dem Tod versöhnen. Diese Versöhnung wird uns ein Feuerwerk an echter Vitalität bescheren.

Das Sterben markiert die Endlichkeit. Deswegen verdrängen wir es. Und wo wir doch mit der Endlichkeit allen Irdischen und des menschlichen Lebens konfrontiert sind, wird es plötzlich intim. Vor dem Tod sind wir alle gleich. An diesem Punkt fragen wir Menschen uns nach dem Sinn des Lebens. Alles Materielle rückt dann in den Hintergrund. Die schweizerisch-amerikanische Psychiaterin Elisabeth Kübler-Ross (1926–2004) gilt als Begründerin der Sterbeforschung. Sie befasste sich über Jahrzehnte mit dem Tod und dem Umgang mit Sterbenden. Gemäß ihrer Erfahrung beurteilen Menschen am Ende ihres Lebens ihre eigene Geschichte entlang der Fragen:

– Liebe: Habe ich genug Liebe gegeben und bekommen?
– Authentizität: Habe ich meine eigene Musik gespielt? Habe ich wirkliche mit meiner Stimme gesprochen?
– Idealismus: Habe ich die Welt ein bisschen besser gemacht?

Andreas Salcher zitiert diese „Lebensfragen" in seinem Buch „Meine letzte Stunde. Ein Tag hat viele Leben". Und er regt dazu an, seine eigene Todesstunde zu besuchen, um sich diesen Fragen schon früher zu stellen. Denn die letzte Stunde sei unser bester Freund für das Leben.

Auf jeden Menschen warten Lebensaufgaben. Manche sagen Mission dazu, andere Vision, Berufung oder dem Fluss des Lebens folgen. Wir finden diesen Gedanken in vielen archetypischen Erzählungen der Menschheit. Jede Heldengeschichte ist – meist dramaturgisch überhöht – um die Entdeckung und Erfüllung einer Lebensaufgabe herum gebaut. Wir finden das Konzept der Mission eines Menschen in den meisten Religionen und den Ritualen vieler Urvölker.

Diese Aufgabe für sich zu finden, ist wohl für die meisten Menschen eine große Herausforderung. Wege dazu gibt es zahlreiche. Zwei von mir gewählte will ich hier gerne beschreiben.

Habe ich mein Lied gesungen?

Wie in meinem Vorwort bereits erwähnt, ging ich im Sommer 2011 für fünf Tage in die Natur. Ich folgte dem Ritual nordamerikanischer Indianerstämme, die ihre jungen Männer fünf Tage in die Wildnis schicken, bevor sie in den Kreis der erwachsenen Männer aufgenommen werden. Sie sollen in der Natur innehalten und wahrnehmen, unterstützt durch rituelle Handlungen eine Schwelle überschreiten und schlussendlich „ihr Lied des Lebens" erhalten. Das, was die Sterbeforscherin Kübler-Ross „meine eigene Musik" nennt.

Begleitet von einem Schamanen widmete ich mich diesem Abenteuer. Er erläuterte mir den rituellen Ablauf des „Quests" und empfahl mir das Buch „Visionssuche" von Steven Foster und Meredith Little. Die zwei Autoren haben in den Vereinigten Staaten schon Tausende Menschen auf ihrem Vision Quest begleitet. Da ich während meines Ausflugs ohne direkten Kontakt sein wollte, vereinbarten wir lediglich einen Ort, an dem ich unter einem Stein täglich ein Lebenszeichen deponieren würde. Sodann widmete ich mich fünf Tage und vier Nächte der Absichtslosigkeit. Es war ein tiefes Eintauchen in den „open will", wie Otto Scharmer in seiner Theory U jenen Zustand nennt, in dem wir loslassen und in dem sich Neues zeigen kann. Ich wollte mich vor allem meinen Ängsten stellen. Denn in der Verlassenheit der Nacht würde mich im dunklen Wald die Angst überkommen. Das wusste ich aus früheren Erfahrungen. Die Zeit war nun reif, mich mit diesen Ängsten zu konfrontieren und herauszufinden, was sie mit meinem Wesenskern zu tun haben.

Der US-amerikanische Psychotherapeut Paul Rebillot (1931–2010) wurde weltweit mit seinem gestalttherapeutischen Konzept der „Heldenreise" bekannt, das exakt der Dramaturgie dieses indianischen Initiationsritus folgt. Entlang der Thesen des Mythenforschers Joseph Campbell (1904–1987) spürt er den universalen Aufgabenstellungen der Helden aller Kulturen nach. Sein drei- bis fünftägiges „Heldenreise"-Seminar umfasst die Etappen „Ruf und Herausforderung", „Angst und Schwelle des Aufbruchs", „Begleiter" und eine (Fantasie-)Reise in ein magisches Land, in dem „innere Aufgaben" zu bestehen sind. In diesen Herausforderungen zeigt sich die Konfrontation der „eigenen Heldenseite" mit der „eigenen Dämonenseite". Im Ergebnis und als Belohnung wartet die Klärung der eigenen Kräfte. „Abschließende Aufgabe", so weiß Wikipedia, „ist die Rückkehr in die reale Welt mit dieser neuen Erfahrung, die mehr Klarheit, Sicherheit und Offenheit gegenüber der Umwelt bringen soll." Im Buch „Die Heldenreise. Das Abenteuer der kreativen Selbsterfahrung" von Paul Rebillot und Melissa Kay lässt sich Genaueres nachlesen.

Und genau so erlebte ich meine Tage „da draußen". Es war ein großes Abenteuer. Mein Vision Quest wurde für mich zum idealen Rahmen, um mit spiritueller Naturverbundenheit und mit meinem inneren Weg in Verbindung zu treten. Die Anspannung vor diesen Tagen war groß – bei mir *und* meiner Frau. Wie würde ich zurückkommen? Was würde ich anschließend in meinem Leben ändern? Was würde anders sein?

Ich dachte, dass ich da draußen womöglich viel über unser Unternehmen nachdenken würde. Wir hatten gerade ein Angebot von einem führenden internationalen Beratungsunternehmen am Tisch. Wir sollten unsere Firma dort einbringen und als Equity Partner an Bord kommen. Ich überlegte mir, ob mich wohl Fragen zu meiner Beziehung beschäftigen würden oder ob die Gefahr bestünde, als skurriler Aussteiger heimzukehren. Doch nichts von dem. Ich grübelte im Wald weder über die Firma, noch über meine Frau oder Familie. Alle drei waren da, und es war gut so. Und ich war auch da, einfach da. Ich nahm wahr, ich staunte, ich schlief, ich wachte. Nachts hatte ich Angst. Ich sang, ich tanzte, ich betete. Ich machte Ausflüge. Ich traf auf Tiere und Menschen. Ich sprach mit Bäumen, den Sternen und dem Vollmond. Nach drei Tagen trank ich den ersten Schluck Wasser. Der Verzicht auf feste Nahrung fiel mir nicht schwer, weil ich darin Erfahrung hatte. Die dritte Nacht durchwachte ich am Feuer – die Schwelle. Am vierten Tag bekam ich mein Lied – als Bilder im Kopf. In der Früh des fünften Tages nahmen sie als geschriebene Worte wie von selbst Gestalt an. Ich bekam Klarheit. In einer unspektakulären Form und auf einer Ebene, die sich schwer in Worte fassen lässt. Aber die Klarheit währt seit damals und leitet mein Handeln.

Ein „Innerer Ort" leitet unser Tun

„Mein Lied" ist also nun ein großer Verbündeter im VUKA-Alltag. Es ist an einem „Inneren Ort" zu Hause, der mich leitet. Dort befinden sich noch weitere Schätze. Träume beispielsweise – Bilder, die mir die Nacht überbrachte. Und auch Bilder, die ich selbst gemalt habe. Bilder über meine Zukunft.

Im Kapitel „Im Sturm bewähren" erwähnte ich bereits, dass ich meine Coaching-Kunden hin und wieder auffordere, ihre Vision von einem glücklichen Leben in sieben Jahren zu malen. Dies ist die Einladung, wahrzunehmen, wohin das Herz zieht. Die Einladung, der eigenen Berufung nachzuspüren. Und dieser Einladung wollte ich auch selbst Folge leisten.

Ich wende diese beschriebene Zeichenübung seit über zwölf Jahren in Coachings an, und so ist es naheliegend, auch den Selbstversuch zu wagen. „Wenn es bei Coaching-Kunden hilfreich ist, warum sollte es nicht auch mir selbst helfen", dachte ich, als ich vor gut zehn Jahren im Rahmen einer Brüssel-Exkursion etwas deprimiert auf den hinteren Sesseln des Plenarsaals des Europäischen Parlaments saß. Irgendwie hatte ich gerade einen kleinen Durchhänger. Etwas lustlos fühlte sich mein Leben an. Wohin die Reise für mich und mit mir gehen sollte, war nicht ganz greifbar.

So wechselte ich über den Hinterausgang des mächtigen Gebäudekomplexes auf den Place du Luxembourg und suchte mir ein nettes Café. Dort bestellte ich ein kleines Bier und zückte ein leeres Blatt Papier und einen Stift. Zwanzig Minuten später war mein Kunstwerk vollendet. Ich war damals über das Ergebnis meines Zeichnens einigermaßen verwundert, denn es zeigte zwei spielende Kinder, einen umzäunten Garten, Bäume, ein Haus, einen Family-Van, im Hintergrund die Hochhäuser einer Großstadt. Ich hatte also tatsächlich einen Gartenzaun gezeichnet. Damals fand ich derlei Einrichtungen ziemlich spießig, „Familienkutschen" etwas abartig, von Frau, Haus und Bäumen war in meinem Leben nichts vorhanden.

Natürlich habe ich mir die Zeichnung aufbewahrt. Am Kopfende meines Schreibtisches befindet sich ein Stapel an Unterlagen und Notizen, die ich gelegentlich sortiere, um dringliche und wichtige Dinge nicht zu übersehen. Dort begrüßt mich dann immer auch mein Zukunftsgemälde. Bei jeder Begegnung ist es mir eine Freude. Ich schau mit einem zufriedenen Lächeln darauf. Heute sehe ich ein Abbild meines aktuellen Lebens. Ein drittes Kind ist zwar dazugekommen, aber sonst ist ziemlich alles 1 : 1. „Freaky", denk ich mir dann manchmal.

Vor circa fünf Jahren habe ich dann nochmals gemalt, in einer Phase, als ich unternehmerisch nach Orientierung rang. Auch diese Zeichnung schau ich mir gelegentlich an. Die private Dachterrasse ist noch nicht in die Welt gekommen. Auch das Österreichische Parlament ist noch nicht so zentral in meinem Leben zu Hause, wie als Gebäude in der

Zeichnung eingebettet. Aber immerhin: Erste Pläne für die Dachterrasse gibt es schon. Und ich bin gerade dabei, mit Leuten aus ganz Österreich eine Partei zu gründen. Ein großes Vorhaben, das aktuell mein Herzblut in Wallung bringt und viel von meiner Energie bindet. Natürlich glauben wir als Initiatoren daran, mit unserer neuen Bewegung ins Parlament einziehen zu können, auch wenn noch so viele Beobachter meinen, dass das nicht funktionieren wird. „Der Innere Ort, von dem aus ich die Intervention führe, der ist klar. Sehr klar." Das sage ich jenen, die zwar Sympathie hegen, aber unser Vorhaben für illusorisch oder naiv halten. Ich handle aus der Tiefe meines Inneren. Ich höre auf die Stimme meines Herzens.

Die Einkehr unaufgeregter Spiritualität

Oft sind es die Dinge, die uns vordergründig gar nicht so bewusst sind, die uns Hinweise geben, wer wir eigentlich sind, welcher großen Idee wir uns verbunden fühlen und was wir zum Gelingen der Welt beitragen können. Fast hat man den Eindruck, wir müssten uns selbst ein bisschen austricksen, um Zugang zu bekommen. Das Konzept von uns selbst – was und wie wir gerne sein wollen –, Erwartungen anderer Menschen, medial propagierte Lebensentwürfe und auch Ängste vor Versagen oder Einsamkeit verstellen uns mitunter den Zugang zu unserem eigenen Wesenskern. Dadurch werden wir unfrei. Wenn wir nicht einen starken Glauben haben, dass es tiefe Überzeugungen gibt, die uns als Menschen verbinden und gemäß denen jeder einzelne eine Rolle hat, ist es schwer, zu seinem Inneren Ort und zu seiner Berufung zu finden.

Was man sich getrost vor Augen halten kann, ist, dass

man in seinem Suchen und Finden bestimmt nicht alleine ist. Wir sind alle unterwegs; im Fluss des Lebens. Und auch Berufungen sind nichts Starres. Sie sind ebenfalls in Bewegung – auf dieser Reise, auf der ich einerseits zu mir selbst komme, und andererseits dem unausweichlichen Tod entgegengehe.

Im Sommer 2009 erreichte mich die Einladung von Erhard Busek, ehemaliger Vizekanzler der Republik Österreich und damals Präsident des Europäischen Forum Alpbach, bei einem Buch mitzuschreiben. Es erschien 2010 unter dem Titel „Was haben wir falsch gemacht? Eine Generation nimmt Stellung". Erhard Busek wollte neben seinen Altersgenossen 60+ noch zwei Stimmen aus der jüngeren Generation zu Wort kommen lassen. Wir sollten unser Generationengefühl und unsere Eindrücke und Erwartungen vermitteln.

Aufbauend auf der Analyse des Status quo beschrieb ich damals meine Top-3-Ahnungen und Visionen für das Zukünftige: „Ein neuer Umgang mit der Endlichkeit", „Die Einkehr unaufgeregter Spiritualität" und „Kooperation als Devise". Ich bin mit diesen drei Nominierungen auch drei Jahre später noch einverstanden und zufrieden. Damals schrieb ich: „Zum eigentlichen Kern des Lebens wird uns nicht die Wissenschaft führen und nicht die Wirtschaft. Die einseitige Ausrichtung auf Bedürfnisbefriedigung, auf Konsum, auf das Raffen von Produkten, Dienstleistungen und Wissen macht den Menschen letztlich unruhig, einsam und krank. Wir werden spüren, dass hier Neuorientierungen angesagt sind und daher anderen Ordnungslogiken verstärkt Definitionsmacht zugestehen. Der (westliche) Mensch wird sich intensiver als aktuell als sinnliches und sinngeleitetes Wesen begreifen. Ist dieses Bewusstsein geschärft, können sich die Türen öffnen für die Einkehr einer neuen unaufgeregten Spiritualität, die uns in Verbindung bringt mit dem Transzendenten, dem ‚Jenseits' und der Unendlichkeit."

Meinem damals 83-jährigen Onkel schickte ich das Buch und erhielt eine Postkarte aus dem Seniorenheim retour. Darauf zeigte er sich überrascht und erfreut über meine Buchsendung und meinte: „Die spirituelle Seite der Thematik basiert für mich in einem ihr vorausgehenden, ursprünglichen Weltvertrauen. Zu fragen bleibt, ob ein Sprung aus der Endlichkeit in ein transzendentes ‚Jenseits‘ überhaupt möglich ist."

Nun, mein Onkel ist Religionsphilosoph und schrieb zahlreiche Bücher zu diesem Thema. Ich halte jetzt gerade seine Karte in Händen und denke mir: „Wenn er darauf keine Antwort hat, dann lass ich es auch mal ruhen. Ich habe alles geschrieben, was ich momentan zu sagen habe." Jedenfalls werde ich ihm dieses neue Buch schicken. Und vielleicht bekomme ich dann wieder eine Antwort retour. Oder eine Frage. Jedenfalls schließe ich nun dieses Kapitel über „die Geborgenheit in der (Un-)Endlichkeit", bringe jetzt unsere Kleinste mit einem Fläschchen ins Bett und lege mich dann in die Hängematte im Garten. Sterne zählen statt denken. Wie viele waren es nochmal in unserer Galaxie? Und wie viele Billionen Galaxien gab es schnell nochmal?

14. Ein neuer Menschheitsbegriff: Verbundensein

Sich vernetzen ist wohl ein Megatrend unserer Zeit. Die Vernetzungsplattform Facebook dürfte bei den registrierten Nutzern wohl recht bald die Milliardengrenze knacken, der Siegeszug des Internet ergreift stets neue Lebensbereiche, und die NASA geht mit dem Mars-Rover „Curiosity" in die Berührung mit anderen Welten. Wir schleusen arbeitslose Menschen durch Vernetzungsseminare, bieten Kontaktplattformen für Jungunternehmer an und erforschen Vernetzung als die Triebfeder gesellschaftlicher Entwicklung. Diese Aufzählung könnte man noch lange fortsetzen. Die Größe des persönlichen Netzwerks ist jedenfalls zu einem Attraktivitätsfaktor geworden, der ähnliche Bedeutung gewonnen hat wie äußere Schönheit.

Zeitalter der Kooperation

Setzt man die Brille der Evolutionstheorie auf, könnte man sagen, die Menschheit hat einen essenziellen Entwicklungsschritt ins Zeitalter der Kooperation gemacht. Wesentlicher Impulsgeber dafür war der technologische Fortschritt. Die Informations- und Kommunikationstechnologien haben die Welt zum Dorf gemacht. Diese Möglichkeit der Verbindung mit anderen Menschen nutzen zu können, ist wesentliche Herausforderung für jeden einzelnen. Der technologische Fortschritt schafft dabei zwar eine wesentliche Basis zur Vernetzung – sozusagen eine Struktur –, aber gewährleistet noch keine Kooperation. Hierzu bedarf es mehr; nämlich neben der Struktur auch einer Fähigkeit: der *Kooperationsfähigkeit*. Diese Fähigkeit ist keinesfalls durch die technische Möglichkeit der Vernetzung automatisch gegeben.

Kooperationsfähig zu sein, bedeutet im Kern, die Fähigkeit zu haben, gemeinsame Absichten zu verfolgen. Das ist viel schwieriger, als wir es vielleicht im ersten Anschein vermuten würden. Denn gemeinsame Absichten zu verfolgen, erschöpft sich nicht darin, Win-win-Situationen herzustellen – ich betreibe meine Sache, du deine und weil es sich ergibt, treibt uns der Wind in die gleiche Richtung. Was wäre mit der Kooperation, wenn der Wind morgen für eine Seite unerwartet in eine andere Richtung dreht?

Kooperationsfähigkeit bedeutet also, sich über ein

Win-win-Kalkül hinaus an eine gemeinsame Absicht zu binden und eigene Absichten dabei auch hintanstellen zu können. Üblicherweise tut man das, weil man sich in der gemeinsamen Absicht gut selbst findet. Vielleicht ergibt sich nicht unmittelbar der eigene verwertbare Vorteil, aber es ergeben sich mehr Chancen auf Verwirklichung für eine große Idee. Ein Mehr, das nicht erreichbar wäre, selbst wenn bei mir – stand alone – alles perfekt laufen würde.

Im beruflichen Kontext kenne ich mehr gescheiterte Kooperationsvorhaben als gelungene. Die meisten Kooperationen werden aus der Überlegung eingegangen, ein Defizit auszugleichen. Bezugnehmend auf die Ausführungen in diesem Buch könnte man sagen, sie entspringen einem Optimierungsgedanken. Das ist dann eine sehr, sehr schwierige Spielanlage.

Echte Kooperation braucht den Glauben, dass das Ganze mehr als die Summe seiner Teile ist. Und dieses Mehr muss wirklich attraktiv sein und ist in der Regel das Ergebnis eines Verhandlungsprozesses, in den man sich eingebracht hat. Das erfordert die Bereitschaft, vorab zu investieren, großzügig zu agieren, manchmal zurückzustecken, sich auch für den anderen verantwortlich zu fühlen, miteinander zu lernen, durchzuhalten.

Vom Individualismus zur Hingabe

Wenn man sich dies alles vor Augen führt, kann Kooperationsfähigkeit als eine spezifische Form der Liebesfähigkeit gesehen werden. Die Evolution verlangt uns also Liebesfähigkeit ab. Der schon zitierte Erich Fromm erkannte schon vor Jahrzehnten, dass es letztendlich die Kulturtechnik des

Liebens sei, die darüber entscheide, wie gut wir die nächsten Entwicklungsschritte als Menschheit schaffen.

Jetzt mögen Sie vielleicht erstaunt sagen: Das Explodieren der Liebesfähigkeit ist Ihnen in unserer Gesellschaft noch nicht aufgefallen. Uns auch nicht. Denn dazu braucht es die Fähigkeit der Hingabe. Mit dieser stehen wir allerdings auf Kriegsfuß. Sie ist – auf den ersten Blick – wider den Zeitgeist. Der Siegeszug des Individualismus markiert: „Ich bin ich, und das ist gut so. Ich orientiere mich an mir." Das ist ein Imperativ, an den wir glauben. Hingabe, sich loslassen, aufgehen in etwas, kommt da nicht vor. Oder vielleicht doch? Die Hingabe ist zumindest nicht ausgeschlossen. Vielleicht ist sie sogar ein logischer nächster Schritt. Nämlich dann, wenn wir die Selbstliebe als Basis jeder tragfähigen Liebe heranziehen; wenn wir den sich entfaltenden Inneren Ort unseres individuellen Wesens als Ausgangspunkt für unser Sein und Handeln betrachten, so wie wir das in diesem Buch ausgeführt haben. Dann kann ein Individualismus auch zum Ausgangspunkt einer tragenden Liebesfähigkeit werden.

Die Hingabe an eine gemeinsame Absicht – beispielsweise an die Idee der Familie oder an jene einer göttlichen Ordnung, die alle Menschen verbindet – wurde zu oft zur Legitimation von Unterdrückung und Herrschaft missbraucht. Sie ist so in Misskredit geraten. Wer nicht bereit war, sie gleichsam „freiwillig" zu verinnerlichen, wurde von einer Ordnungsmacht gezwungen. Durch sozialen Druck, kirchliche oder politische Gewalt.

Die Menschheitsgeschichte ist voll mit perversen Ideen, wie man Menschen den letzten Funken an Individualität und Unabhängigkeit austreiben kann. Wer Menschen als wertloses Kanonenfutter, als dirigierbare Ressource für die Herstellung einer diskriminierenden, höheren Ordnung oder als auswechselbare Figuren im Ringen um die eigenen Vorteile betrachtet, hat natürlich keinerlei Interesse, das eigenständige Ich eines Menschen zu fördern. Hier besteht kein Interesse an einem Ich, das auf sich selbst hören und sich selbst führen kann. Eiserne Disziplin, dogmatischer Gehorsam und blinde Pflicht sind die Wälzer, mit denen dieser Pfad der Herrschaft planiert wird.

Die eigene Mächtigkeit – Gestaltungsmöglichkeiten spüren und leben können – beendet die Herrschaft anderer in unserem Leben. Es geht darum, die eigene Freiheit im Sinne von Unabhängigkeit zu erleben. Sich aus dieser Freiheit für Bindung zu entscheiden. Und zu spüren, dass es einen ganz individuellen Lebensfluss gibt, der sich entfalten will und dem man auch verpflichtet ist. Das erlaubt uns zu lieben. Uns hinzugeben.

Aus der Loslösung in die Bindung

Eine Grenze ziehen, sich loszulösen von dem, was bis jetzt war – und sicher war –, ist in vielen Veränderungstheorien ein wesentliches Moment. Diese vollkommene – für die Umwelt oft schmerzliche – Autonomie ermöglicht erst, weiterzugehen und für sich in eine Entwicklungsstufe zu finden, die Hingabe gestattet. Hingabe dort, wo man wirklich etwas will. Jetzt ist man in der Lage, eine gemeinsame Absicht zu verhandeln und zu verinnerlichen, sich emotional an sie zu binden. Und dabei zu vertrauen, dass auch die anderen dies nach ihren Fähigkeiten tun und dabei Großzügigkeit im Umgang miteinander walten lassen. Sich einzulassen auf das, was kommen mag. So entsteht und leitet uns die Bereitschaft, immer wieder neue Erkenntnisse zu berücksichtigen und dabei zu akzeptieren, dass nicht allen das Gleiche möglich ist. So erwächst letztendlich die Fähigkeit, die eigenen Begrenzungen zu überwinden.

Hingabe bedeutet also nicht, an sich selbst festhalten zu müssen. Sie bedeutet, die eigene Form auch aufgeben zu können. Eine notwendige Voraussetzung dafür ist wahrscheinlich die empfundene Sicherheit, die eigene Form wiederfinden zu können. Wie der deutsche Psychoanalytiker Fritz Riemann (1902–1979) in seinem Buch „Grundformen der Angst" ausführt, ist es wohl die Angst vor der Selbstaufgabe, die uns an der Hingabe hindert und die es zu überwinden gilt, um sich wirklich mit etwas verbinden zu können. Um uns in Freiheit gut entfalten zu können, brauchen wir Autonomie und Hingabe. Erst die Kombination aus diesen beiden Polen verankert uns gut im Bodenlosen der VUKA-Welt.

Die letzten Jahrzehnte haben in unserer Gesellschaft den Pol Autonomie aufgewertet und einen guten Rahmen gegeben, um ihn zu entwickeln. Es steht uns heute frei, unser Leben als ein Kunstwerk zu begreifen, das wir gestalten. Wir lernen unseren Kindern, dass sie Grenzen um sich ziehen und auf sich vertrauen dürfen und sollen. Wir haben also ideale Bedingungen geschaffen, um den nächsten Schritt zu machen, nämlich Verbindungen aus Freiheit und Liebe einzugehen, echt zu kooperieren und sich als Teil der Welt zu begreifen.

Liebe, die Essenz des Lebens

Liebe ist in dem, der liebt, und nicht in dem, der geliebt wird. Sie ist mehr als ein romantisches Gefühl. Liebe ist eine Haltung oder vielmehr eine Kulturtechnik, wie Erich Fromm in seinem bereits mehrfach erwähnten Buch „Die Kunst des

Liebens" definiert. Die Liebe geht damit weit über das hinaus, was wir als Basis von Paarbeziehungen idealisieren.

Liebe meint eine Haltung der Zuwendung und des Interessiertseins, aber auch des Mitfühlens und Versorgenwollens. Also eine Zuwendung, die die Grenze zwischen meinen Interessen und der der geliebten Person verschwinden lässt oder zumindest unbedeutend macht. Eine Kraft, die mich hinzieht. Das bedeutet aber auch, dass ich den Mut haben muss, mich den Gefühlen anderer Menschen auszusetzen. Ich muss mich diesen gewachsen fühlen. Das ist bei vielen Menschen nicht der Fall. Wenn ich beispielsweise große Angst vor Traurigkeit habe, ist es schwer, mich einer traurigen Person wirklich zuzuwenden.

Doch Liebe bedeutet nicht nur Zuwendung, Mitgefühl und Fürsorge. Sie beinhaltet auch den Respekt für das Gegenüber. Dies bedeutet das Anerkennen des Seins des anderen und die Achtung vor dem Weg, den er bereits gegangen ist. Der Respekt für den anderen bewahrt uns davor, dass unsere Liebe für den anderen zur Plage wird.

Eine weitere Dimension der Liebe ist die Verantwortung. Die anlässlich von Hochzeiten gerne verlesene Textstelle aus dem Buch „Der kleine Prinz" von Antoine de Saint-Exupéry (1900–1944) bringt es auf den Punkt: „Du bist zeitlebens für das verantwortlich, was du dir vertraut gemacht hast." Dies weist auf den besonderen Bund hin, den man eben eingeht, wenn man sich in Liebe begegnet. Ich muss mir der Bedeutung meines Handelns für den anderen bewusst sein und in entsprechende Aushandlungsprozesse gehen. Wie wohltuend wäre diese Haltung, wenn wir sie unserer Gesellschaft entgegenbringen würden. Wie heilsam für viele Probleme, die wir haben.

Ein weiterer, wohl völlig unterbelichteter Aspekt der Liebe besteht darin, dass sie Basis für Erkenntnis ist. Die Liebe öffnet uns die Augen, sie lässt wahrnehmen und erkennen, was ohne Liebe mitunter nicht erkannt werden kann. Sie ist wohl die größte Inspiration, die der Mensch kennt. Begegne ich der Welt in Liebe, wird Erkenntnis, Kreativität und Innovation folgen. Liebe wird somit zur unerschöpflichen Quelle von Lebendigkeit. Sie nährt – wie bereits mit den Worten Pablo Picassos beschrieben – das Finden, nicht das Suchen. Denn die Liebe will nicht, die Liebe ist. Millionen Menschen haben in Gedichten über die Liebe diesen Aspekt der absichtslosen Hinwendung beschrieben. Die deutsche Sängerin Nena bringt es mit ihrem säuselnden Frohsinn auf die Tonspur:

Liebe will nicht,
Liebe kämpft nicht,
Liebe wird nicht,
Liebe ist.
Liebe sucht nicht,
Liebe fragt nicht,
Liebe ist so wie du bist.

Eine Art von Gegenspieler zur Liebe ist somit wohl das Begehren. Das „Ich-will-haben". Das Begehren steht der Liebe oft im Weg. Der Literatur-Nobelpreisträger Hermann Hesse (1877–1962) schreibt in seinem Buch „Lebenszeiten": „Es gibt scheinbar viele Gefühle, aber im Grunde nur eines: Die Liebe. Glück ist Liebe und nichts anderes. Wer lieben kann, ist glücklich. Jede Bewegung unserer Seele, in der sie sich selbst spürt, ist Liebe. Glücklich ist der, der zu lieben vermag, nicht nur andere, auch sich selbst. Es ist aber wichtig zwischen Liebe und Begehren zu unterscheiden. Liebe will nicht haben oder besitzen, sie will nur lieben. Man könnte sagen: Liebe ist weise gewordene Begierde."

Diese Weisheit ist bestimmt nicht durch Verdrängung zu erlangen. Sich der eigenen Begehrlichkeiten bewusst zu sein und sie auf dem beschriebenen Weg der Freiheit in den Vordergrund zu holen, erlaubt dem Menschen, dass er sich ihnen stellt und sie gestaltet. Wir sind unserem Begehren nicht schutzlos ausgeliefert. Auch als Gesellschaft nicht.

Wettbewerb und Kooperation

Liebe bedeutet, verbunden zu sein. Diese Haltung der Verbundenheit zu kultivieren ist ein steter Prozess. Natürlich wird es uns nicht immer gleich gut gelingen, aber wir haben jeden Tag unzählige neue Chancen. Aus dem Gefühl des Verbundenseins mit sich selbst, der Natur, anderen Menschen und der eigenen Arbeit erwachsen Achtsamkeit, Wertschätzung, aufmerksames und nachhaltiges Handeln. Wer verbunden ist mit Menschen, wird einen offenen, respektvollen, wertschätzenden, potenzialorientierten und solidarischen Umgang miteinander anstreben. Wer sich mit einer Arbeit verbindet, die er als sinnvoll empfindet, wird mit Freude belohnt. Es werden sich neue Zugänge zu den eigenen Talenten und Potenzialen entfalten. Dieses Verständnis von Arbeit bezieht sich nicht nur auf klassische Erwerbsarbeit, sondern beispielsweise auch auf das Engagement in der Familie, in Politik und Gesellschaft, in Kunst und Kultur. Wer Verbundenheit im Wirtschaftsleben kultiviert, der wird erkennen, dass Kooperation und Wettbewerb einander brauchen. Sie öffnen ein ambivalentes Spannungsfeld, durch das Energie entsteht.

Wettbewerb ist Teil der Natur; auch Teil der menschlichen Natur. Wer Kinder beim Erwachsenwerden zuschaut, wird dies erkennen. Wettbewerb ist als menschliche Dimension grundgelegt; genauso wie die Zusammenarbeit, das Miteinander, die Kooperation. Jüngere Erkenntnisse der

Verhaltensforschung haben hier mit einigen Vorurteilen aufgeräumt, wonach der Mensch vor allem auf Eigeninteresse und Konkurrenz angelegt sei.

Konkurrenz trägt nicht die Idee der Vernichtung des anderen in sich. Ganz im Gegenteil. Konkurrenz ist Ausdruck von Vitalität. Sich beweisen wollen, sich im Austausch bewähren wollen. Wenn ich diesen Wunsch so lebe, dass ich das Training einstelle und allen Konkurrenten vor dem Wettbewerb Abführmittel verabreiche, dann ist das eine destruktive Irrung. Wenn wir Wettbewerb so anlegen, dass es nur darum geht, Erster zu werden, dann unterstützen wir diesen destruktiven Weg. In Konkurrenzsystemen muss die Leistung belohnt werden und nicht primär der Rang, den man erringt.

Doch dazu ist es notwendig, eine Vorstellung zu haben, welche Leistungen man erhofft. Man muss sich wirklich mit Inhalten auseinandersetzen, Vorstellungen haben, wohin es eigentlich gehen soll, was man erreichen will. Den ersten Platz zu belohnen, erspart mitunter diese tiefere Auseinandersetzung. Es wächst damit aber auch die Gefahr, dass das Siegen zum Selbstzweck wird. Es ist eine Art Abkürzung des evolutionären Konzepts des Wettbewerbs, die bei kurzfristigem Einsatz Dynamik in die Situation bringt. Bei langfristigem Einsatz provoziert sie destruktive Phänomene, die zu einer völligen inhaltlichen Entleerung führen können.

Konstruktive Konkurrenz braucht so etwas wie ein höheres verbindendes Moment, eine gemeinsame Absicht, eine handlungsleitende Vision, der sie dient. Umgelegt auf unser Wirtschaftssystem bedeutet das: Wenn nicht sonnenklar ist, dass die Wirtschaft für den Menschen da ist – und nicht umgekehrt – und sich seiner Lebendigkeit (Vitalität) und Freiheit (Emanzipation) zu verpflichten hat, leben wir eine destruktive Form von Konkurrenz.

Eine „Ideologie" des Verbundenseins

So möchten wir unser Buch abschließen mit einem Resümee zu diesem dritten Hauptkapitel und zu allen bisherigen Ausführungen. Es ist gleichzeitig ein Plädoyer – für die Freiheit, das Glauben und die Liebe:

Wer die Freiheit will, muss in die Verantwortung gehen. Wir müssen die Konsequenzen unseres Handelns tragen und verhandlungsbereit sein – auf einem Weg, der der Lebendigkeit verpflichtet ist. Auch und gerade in einer VUKA-Welt. Nur weil wir unser Dasein als komplex und flüchtig erleben, bedeutet dies nicht, dass wir uns willenlos ergeben sollten. Wir können und müssen Richtung geben. Unser Sein, Denken und Tun ist nicht beliebig; wir haben und geben Bedeutung. Es kann heute und hier auch das Falsche wachsen. Wir müssen uns entscheiden und handeln. Wir haben dabei nicht die volle Gewähr, dass dabei das rauskommt, was wir uns als Ergebnis vorgenommen haben. Aber unsere Entscheidungen bleiben nie ohne Konsequenzen.

Wer sein Wesen und Handeln entwickeln will, der muss den Wunsch nach und den Willen zur Bewährung mitbringen. Wer sich im Chaos der VUKA-Welt gut zurechtfinden will, der muss sich aktiv dafür entscheiden. Das ist noch nicht die Erfolgsgarantie, aber eine notwendige Grundvoraussetzung, um die Chance auf Erfolg zu haben. So wie eine Drogenentzugstherapie nur Aussicht auf positive Wirkung hat, wenn der Patient selbst von der Droge loskommen will. Ist der Wille nicht vorhanden, ist jeder Therapieversuch aussichtslos.

Auch und gerade im Chaos der VUKA-Welt gilt: Es ist also wichtig, zu *wollen*. Und gleichzeitig in absichtsloser Liebe zu *sein*. Wir sollten unseren Fokus weg von „Voraussagen, Planen und Kontrollieren" auf „Wahrnehmen, Begreifen und gemeinsames Tun" verlagern. Wer sich selbst als wirkmächtig erlebt und aufmerksam die Entfaltung seines

Wesenskerns verfolgt, wird zu seinem authentischen Wollen kommen. Er muss nicht suchen, er wird finden. So gesehen ist das Wollen gleichsam ein Bereitsein zur Hingabe und damit auch ein Ausdruck von Liebe – in Anlehnung an Erich Fromm, der mit seinem Ansatz der „Biophilie" die passionierte Liebe zum Leben und zu allem Lebendigen propagiert. Sie drückt sich in dem Wunsch aus, das Wachstum fördern zu wollen, ob es sich nun um einen Menschen, ein Tier, eine Pflanze, eine Idee oder ein soziales System handelt. Es ist dies eine großartige Grundhaltung des Vertrauens. Eine „Ideologie" des Verbundenseins mit sämtlichen Sphären unseres Daseins. Das deutet auch in spirituelle Dimensionen. Denn alles, was wir mit Liebe und Freude machen, birgt Aspekte jenseits von Raum und Zeit.

Nachwort

Es ist getan. Es ist geschrieben. Wir freuen uns!

Herzlichen Dank all jenen, die uns auf dem Weg des Werdens ermutigt und begleitet haben. Wir sind dankbar für all das wichtige Hinterfragen, die hilfreichen Anregungen, den freundlichen Zuspruch.

Für das vielschichtige Feedback herzlichen Dank unserer *Buchgemeinde* – als „Probeleserinnen und Probeleser" engagierten sich Ralph Bräunlein, Tanja Dobart, Alexandra Haiderer, Markus Heingärtner, Johannes Holzleitner, Martin Kocher, Claus Lamm, Josef Lentsch, Ursula Puschmann, Michael Schulze, Feri Thierry und Katrin Uhlik.

Unser besonderer Dank geht an unsere Familien – sie ließen uns tun, wozu wir uns entschlossen hatten, und ermutigten uns unterwegs. Großartig! Unsere Dankbarkeit geht zudem an unser Unternehmen promitto – der Austausch im Kreise der „promittos" und mit unseren Kunden war und ist ein steter Quell der Inspiration. Als wichtig und hilfreich erlebten wir auch das großzügige Vertrauen, mit dem der Goldegg Verlag und sein Chef Elmar Weixlbaumer uns von der ersten Idee bis zum fertigen Werk begleitet haben. Das Buch gab's im Internet schon zu kaufen, als wir noch keine 30 Seiten geschrieben hatten.

Wir wollten ursprünglich im Schnellverfahren ein kleines Büchlein zum Thema „Vuka-Mastering" produzieren. Der Fluss des Lebens hat uns aber gepackt und uns dorthin geführt, wo dieses Buch nun endet. Wir sind froh, dass wir uns darauf eingelassen haben.

Über Resonanz aus dem Kreis unserer Leserinnen und Leser freuen wir uns. Mögen unsere Gedankenflüsse in vielen Lebensflüssen aufgehen und dabei für Inspiration und Frohsinn sorgen!

Literatur

Hier finden Sie eine Auswahl von Büchern und Artikeln, die uns inspiriert haben. Direkte oder indirekte Zitate sind mit ihren Quellen jeweils unmittelbar in unseren Ausführungen deklariert.

Bischöfe Deutschlands und Österreichs und der Bistümer Bozen-Brixen und Lüttich (Hg.): Die Bibel. Altes und Neues Testament. Einheitsübersetzung, Herder, 14. Auflage, Freiburg 2012.

Ciompi Luc/Endert Elke: Gefühle machen Geschichte: Die Wirkung kollektiver Emotionen – von Hitler bis Obama, Vandenhoeck & Ruprecht, Göttingen 2011.

de Shazer Steve/Schindler Andreas: Worte waren ursprünglich Zauber: Von der Problemsprache zur Lösungssprache, Carl-Auer, 2. Auflage, Heidelberg 2010.

Ebbinghaus Hermann: Über das Gedächtnis. Untersuchungen zur experimentellen Psychologie, Wissenschaftliche Buchgesellschaft, Darmstadt 2011.

Faschingbauer Michael: Effectuation. Wie erfolgreiche Unternehmer denken, entscheiden und handeln, Schäffer-Poeschel, Stuttgart 2010.

Foster Steven/Little Meredith: Visionssuche. Das Raunen des Heiligen Flusses. Sinnsuche und Selbstfindung in der Wildnis, Arun, 4. Auflage, Uhlstädt-Kirchhasel 2006.

Foucault Michel: Eine Ästhetik der Existenz. Gespräch mit Alessandro Fontana, in: Michel Foucault. Von der Freundschaft, Michel Foucault im Gespräch. Merve, Berlin 1984.

Foucault Michel: Ästhetik der Existenz. Schriften zur Lebenskunst, Suhrkamp, Frankfurt a. M. 2007.

Freud Sigmund: Massenpsychologie und Ich-Analyse. Die Zukunft der Illusion, Fischer, 8. Auflage, Frankfurt a. M. 2007.

Freud Sigmund: Das Unbehagen in der Kultur, Fischer, 10. Auflage, Frankfurt a. M. 2007.

Fromm Erich: Die Kunst des Liebens, 60. Auflage, Ullstein, München 2003.

Fromm Erich: Authentisch leben, Herder, Freiburg im Breisgau 2000.

Goldin Philippe R./McRea K./Ramel, W./Gross J. J.: The neural bases of emotion regulation. Reappraisal and suppression of negative emotion, in: Biological Psychiatry, 63, 577–586, Elsevier, 2008.

Gross James J./John Oliver P.: Individual differences in two emotion regulation processes: Implications for affect, relationships, and well-being, in: Journal of Personality and Social Psychology, 85, 348–362, American Psychological Association, Washington 2003.

Gruen Arno: Der Fremde in uns, dtv, München 2002.

Gruen Arno: Der Wahnsinn der Normalität. Realismus als Krankheit: eine Theorie der menschlichen Destruktivität, dtv, München 1992.

Guwak Barbara/Lamm Claus: Einer Intuition folgend. Auf der Suche nach Anknüpfungspunkten und Synergien zwischen Neurowissenschaften und systemischer Beratung, in: Beratung mit Hirn, 72–84, Facultas, Wien 2010.

Huber Johannes/Thirring Walter: Baupläne der Schöpfung. Hat die Welt einen Architekten?, Seifert, Wien 2011.

Jung Carl G.: Archetypen, dtv, München 2001.

Kühl Stefan: Wenn die Affen den Zoo regieren: Die Tücken der flachen Hierarchien, Campus, 5. Auflage, Frankfurt a. M. 1998.

Küstenmacher Werner Tiki/Küstenmacher Marion/ Haberer Tilmann: Gott 9.0: Wohin unsere Gesellschaft spirituell wachsen wird, Gütersloher Verlagshaus, 4. Auflage, Gütersloh 2010.

Lamm Claus/Meltzoff Andrew N./Decety Jean: How do we empathize with someone who is not like us? A functional magnetic resonance imaging study, in: Journal of Cognitive Neuroscience, Cambridge USA 2010.

Luhmann Niklas: Macht im System, Suhrkamp, Berlin 2012.

Luhmann Niklas: Vertrauen: Ein Mechanismus der Reduktion sozialer Komplexität, UTB, 4. Auflage, Stuttgart 2000.

McIntosh Steve: Integrales Bewusstsein und die Zukunft der Evolution, Phänomen, Hamburg 2009.

Mindell Arnold: Das Pferd rückwärts reiten: Prozessarbeit in Theorie und Praxis. Via Nova, Petersberg 1997.

Ortmann Günther: Kunst des Entscheidens: Ein Quantum Trost für Zweifler und Zauderer, Velbrück, Weilerswist-Metternich 2011.

Salcher Andreas: Meine letzte Stunde. Ein Tag hat viele Leben, Ecowin, 6. Auflage, Salzburg 2010.

Scharmer C. Otto: Theory U – Leading from the Future as it Emerges, The Society of Organizational Learning, Cambridge/MA 2007.

Schneider Wolf: Die Wahrheit über die Lüge: Warum wir den Irrtum brauchen und die Lüge lieben, Rowohlt, Reinbek bei Hamburg 2012.

Schultz Hans J. (Hg.): Erich Fromm: Über die Liebe zum Leben. Rundfunksendungen, dtv, Neuauflage, München 2011.

Seligmann Martin: Flourish – Wie Menschen aufblühen. Die Positive Psychologie des gelingenden Lebens, Kösel, München 2012.

Senge Peter M.: Die fünfte Disziplin. Kunst und Praxis der lernenden Organisation, Schäffer-Poeschel, 11. Auflage, Stuttgart 2011.

Senge Peter/Scharmer C. Otto/Jaworski Joseph/Flowers Betty S.: Presence. Exploring Profound Change in People, Organizations and Society, Nicholas Brealey Publishing, London 2005.

Strolz Matthias: Warum wir Politikern nicht trauen und was sie tun müss(t)en, damit sich das ändert, Kremayr & Scheriau, Wien 2011.

Strolz Matthias: Wir übernehmen!, in: Erhard Busek (Hg.): Was haben wir falsch gemacht?, Kremayr & Scheriau, Wien 2010.

von Foerster Heinz: Wie wir uns erfinden. Eine Autobiografie des radikalen Konstruktivismus, Carl-Auer, 4. Auflage, Heidelberg 2010.

von Foerster Heinz: Einführung in Systemtheorie und Konstruktivismus, Carl-Auer, 5. Auflage, Heidelberg 2011.

Watzlawick Paul: Anleitung zum Unglücklichsein, Piper, München/Paris 2009.

Wilber Ken: Integrale Spiritualität. Spirituelle Intelligenz rettet die Welt, Kösel, 4. Auflage, München 2011.

Wilber Ken: Eros, Kosmos, Logos. Eine Jahrtausend-Vision, Fischer, 5. Auflage, Frankfurt a. M. 2011.

Wimmer Rudolf: Hat die Organisationsentwicklung ihre Zukunft bereits hinter sich? in: Fatzer Gerhard (Hg.): Gute Beratung von Organisationen. Auf dem Weg zu einer Beratungswissenschaft, S. 61–91, EHP, Köln 2005.